网络借贷
法律规制研究

Research on the Legal Regulation
of Peer to Peer Lending

秦康美/著

法律出版社 LAW PRESS · CHINA

前　言

“互联网+”思维的出现，带来了经济形态的演变，产生了许多新兴产业，互联网金融业的出现极大地改变了人们的生活方式，增加了社会投资渠道，惠及了社会大众尤其是处于弱势地位的个体及融资难的小微企业。2005年发源于英国的网络借贷平台带来了网络借贷业的发展，短短的十四年间，网络借贷业在全球得到了快速发展，已经成为大众一种流行的投资方式，也成为小微企业及被正规金融排除在外的个体的主要融资渠道，也产生了大批服务于网络借贷业的网络借贷中介机构，同时，网络借贷业的快速发展也得到了各国的立法支持。与国外的网络借贷相比，网络借贷虽然不是起源于中国，但中国的网络借贷业发展非常迅速，业务规模、平台数量、科技创新能力都居于全球前列，成为引领世界的风向标，然而，新生事物发展，一定会经历无序的野蛮发展时期，也会爆发出一系列的问题，中国的网络借贷业同样暴露出来许多问题，问题的存在会影响新兴行业的发展。

本书以网络借贷业的主体建构、主体间的交易基础利率确立和确保交易规范的监管制度构建进行框架建构，基本包括了网络借贷业主要框架结构。

第一，界定网络借贷业中相关的概念。网络借贷属于民间借贷，民间借贷属于民间金融范畴，民间金融在国外又称为非正式金融，但国内有学者认为非正式金融还包括不法金融和灰色金融部分，民间金融与正式金融共同构成了一国的金融体系。民间金融包括线下民间金融与线上互联网金融，互联网金融包括网络借贷、网络众筹等方式。网络借贷是通过网络借贷平台撮合达成的交易，其产生的体制性根源在于金融抑制所带来的“长尾现象”，金融不能覆盖的长尾部分借款人在网络借贷平台撮合下能够实现资源的重新配置，众多的放贷人由于分担信息成本降低了风险和提高了收益，再加上社会对于创新的推动，这些都促进了网络借贷的萌芽及发展。网络借贷相对于传统民间借贷，主体和资金更广泛，融资成本更低，风险更分散，交易更具便捷性、无区域性和多层次法律关系。网络借贷能够合法存在相应的理论支撑，主要包括经济学上的信息不对称理论、金融抑制理论、经济的二元理论和长尾理论，同时包括社会学上的人际关系“嵌入性”理论和法律上的国家干预理论。在此理论基础上，各国对于网络借贷纷纷予以立法确认，尤其以英、美国家为代表。

第二，探讨网络借贷放贷人的法律规制。网络借贷、放贷人规制法来源有两个：一个是传统的民间借贷、放贷人规制；另一个是专门的网络借贷法规制。对于放贷人主体类型，各国都规定为自然人、法人和其他组织，但对于是否区分专职放贷人与非专职放贷人，各国规定不一，多数国家对于专职放贷人实行准入制度，要求具有相应资质的投资人及相应的管理人员。对于放贷人资金来源，各国一般都规定不能吸收公众存款进行放贷，但对于是否能从正规金融进行融资放贷规制不同，英美两国规定可以，我国目前关于放贷资金来源不合法借贷合同无效的规定不能有效保护投资人，司法应该重新审视投资人保护原则，以善意保护制度为原则重新裁判合同有效。各国对于网络借贷、放贷人一般都有特别规定，以此保护放贷人权益，首先，体现在放贷人的合格性（主要从总资产及单笔投资金额来规制）及适当性（放贷人应该有相应的知识,平台负有投资者审查义务及信息披露义务)制度。其次,对借款人进行规制,主要从借款人的信用方面及借款金额来进行规制。再次,保护投资人还从担保权利方面进行规制。目前对于抵押物权设置还存在不能登记到众多债权人名下的问题,学者建议应该建立网络担保债权公示委托制度,由网络借贷机构来代理投资人进行担保债权登记及收付。最后,对于投资人保护还体现在诉权的实现,众多小额投资人很难去通过诉讼实现权利,学者建议建立网络借贷业诉权转让制度,由网络中介机构来受让债权,以保护投资人债权的实现。

第三,探讨网络借贷中介机构的法律规制。网络借贷交易需要网络借贷中介机构进行撮合,网络借贷中介机构有信息中介、增信中介和信用中介,各国对于信用中介都予以禁止,但对于增信中介一般都予以承认,诸如第三方担保、引入保险及提供风险保证金等方式,我国目前对增信中介和信用中介都予以禁止,这样规定不利于投资人保护,立法应该允许第三方为网络借贷中介提供增信。网络借贷中介机构的实力影响借贷交易及利率,各国对于其一般都规定准入条件,包括牌照管理、注册资本金法定限额、管理人员的专业化等,我国也应该顺应潮流,采取准入制度提高中介机构进入门槛。同时,网络借贷中介的有序退出也很重要,各国对于平台的退出都有相应的制度安排,诸如退出方案的事先安排,退出时的平台业务法定转让原则,我国也应该建立退出制度。有关网络借贷中介机构自营权利方面,多数国家予以承认,从提高中介机构的营利机会及营利权利享有来说,我国应该放开自营禁令,增加营利机会,更好地服务借贷双方。中介机构的义务主要包括信息披露义务、资金托管义务、投资者教育义务等,立法应该明确义务类型,由行业协会来实施具体标准。

第四,探讨网络借贷利率的法律规制。网络借贷利率是借贷交易的核心,网络借贷利率受借款人、交易平台、期限、用途影响而有不同,网络借贷利率范围是否包括居间费,美国已司法确认应该包括,国外网络借贷业实践做法也是包括在内,我国目前立法对此还未规定,司法对此也不统一,为防止平台通过提高居间费用来变相提高借贷利率,学者们建议统一利率标准,确认居间费用属于利率一部分,统一适用利率法定标准。网络借贷利率是否区分生产性与消费性利率,学者们还存在争论,由于消费利率受政策影响较小,同时不以营利为目的,各国对此予以规制是惯例,我国也应该对此进行区别,设置不同类别的利率标准。网络借贷利率的上限规定,目前不能适应网络借贷业的市场化需求,统一上限设定会让投资人承担信用低的借款人的违约风险,学者们建议应该对消费性借贷设置客观标准的上限,对于生产性借贷设置主客观相结合的利率上限标准。网络借贷的高利贷是否入刑也存在争论,尽管有些国家规定高利贷入刑,但很多学者认为刑法不能干扰民事交易的有效性,尤其是网络借贷业具有涉众性,损害众多投资人利益,因此,网络借贷业不应适用高利贷入刑制度。

第五,建立健全网络借贷的法律监管机制。网络借贷的监管是网络借贷业健康发展的保障,对于网络借贷增加监管已是各国通行做法,但究竟采取单一监管还是多头监管还存在争论,学者们争论的焦点主要是监管成本太高是否会影响新兴行业的发展。目前我国对于网络借贷由无监管到严格监管,监管机构是否适当存在争议,监管机构职责还没有确定,从网络借贷的民间金融属性来看,学者建议监管机构应该由银行业监督管理委员会转由地方政府监管,建立监管机构原则监管和高标准行业自律并行的监管体系,实行强制入会制度。监管的严格已经受到国内外学者们的一致批评,他们提出应该借鉴英国的宽松监管理念,并且不断修正监管措施的做法。监管的内容主要是对平台的内部管理和风险管理监管,同时,对借款人信用风险进行监管，保障市场的信息透明、市场公正、客户资金安全，由此需要配套制度来保障监管的有效性：首先，需要建立借款人信用风险体系，有人提议建立网络借贷业统一信用平台，国家承担平台建设，行业提供相关数据；其次，需要配套信息披露制度，应该由行业协议制定高标准的信息披露标准；再次，需要配套客户资金托管制度，强制平台托管客户资金到第三方机构，保障资金安全；最后，需要配套网络借贷业纠纷解决机构，建立网络平台的争议代理机制。

目　录 Contents

绪　论 ………………………………………………………… 001

一、问题的提出 ………………………………………… 001

二、研究意义 …………………………………………… 003

三、国内外研究现状 …………………………………… 004

四、所需解决的问题 …………………………………… 022

五、主要研究方法 ……………………………………… 024

六、创新之处 …………………………………………… 025

第一章　网络借贷概述 ………………………………… 028

第一节　相关概念内涵界定 …………………………… 028

一、相关概念辨析 ……………………………………… 028

二、网络借贷的起源 …………………………………… 040

三、网络借贷特点 ……………………………………… 041

第二节　网络借贷的生成原因 ………………………… 045

一、体制性根源：金融抑制与长尾现象 ……………… 045

二、根本性原因：信息成本的分担 …………………… 047

三、环境原因：社会对创新的需求 …………………… 048

第三节　网络借贷的相关理论 ………………………… 049

一、经济学中的理论依据 ……………………………… 049

二、社会学“嵌入性”(embeddedness)理论 …… 056
三、法律上的国家干预理论 …… 058
第四节 网络借贷立法规制 …… 060
一、立法规制必要性 …… 060
二、各国立法规制现状 …… 061
三、立法规制内容 …… 064

第二章 网络借贷放贷主体法律规制 …… 066

第一节 概说 …… 066
一、网络借贷放贷主体概述 …… 066
二、网络借贷放贷主体分类 …… 068
三、网络借贷放贷主体法律规制的必要性 …… 073
第二节 域外法的经验借鉴 …… 075
一、美国的做法 …… 075
二、英国的做法 …… 086
三、法国的做法 …… 098
四、德国的做法 …… 100
第三节 我国法的立场及存在的问题 …… 103
一、我国现行法的立场 …… 103
二、现行法存在的问题 …… 107
第四节 网络借贷放贷主体立法论 …… 119
一、学者的立法论 …… 119
二、笔者的立法论主张 …… 121

第三章　网络借贷中介主体法律规制 …… 139

第一节　概说 …… 139

一、网络借贷中介主体概述 …… 139

二、网络借贷平台经营模式及性质 …… 143

三、网络借贷中介功能 …… 147

四、网络借贷中介主体规制的必要性 …… 151

第二节　域外法的经验借鉴 …… 157

一、美国的做法 …… 157

二、英国的做法 …… 170

三、法国的做法 …… 182

四、德国的做法 …… 188

第三节　我国法的立场及存在的问题 …… 192

一、我国现行法的立场 …… 192

二、现行法存在的问题 …… 198

第四节　网络借贷中介机构立法论 …… 210

一、学者的立法论 …… 210

二、笔者的立法论主张 …… 214

第四章　网络借贷利率法律规制 …… 239

第一节　概说 …… 239

一、网络借贷利率概要 …… 239

二、网络借贷利率规制必要性 …… 242

第二节 域外法的经验借鉴…………………………………… 246
一、美国的做法 …………………………………………… 246
二、英国的做法 …………………………………………… 251
三、法国的做法 …………………………………………… 254
四、德国的做法 …………………………………………… 255
第三节 我国法的立场及存在的问题…………………………… 259
一、我国现行法的立场 …………………………………… 259
二、现行法存在的问题 …………………………………… 260
第四节 网络借贷利率立法论………………………………… 276
一、学者的立法论 ………………………………………… 276
二、笔者的立法论主张 …………………………………… 278

第五章 网络借贷监管法律规制……………………………… 289

第一节 概说 ………………………………………………… 289
一、网络借贷监管由来 …………………………………… 289
二、监管必要性 …………………………………………… 290
三、金融监管演变 ………………………………………… 295
第二节 域外法的经验借鉴…………………………………… 296
一、美国的做法 …………………………………………… 296
二、英国的做法 …………………………………………… 308
三、法国的做法 …………………………………………… 321
四、德国的做法 …………………………………………… 325
第三节 我国法的立场及存在的问题…………………………… 327
一、我国现行法的立场 …………………………………… 327

二、现行法存在的问题 …… 331
第四节　网络借贷监管立法论 …… 338
一、学者的立法论 …… 338
二、笔者的立法论主张 …… 342
参考文献 …… 362
一、著作类 …… 362
二、论文类 …… 364
中文期刊 …… 364
外文资料 …… 370
后　记 …… 377

绪　论

一、问题的提出

自2005年英国一家叫Zopa(Zone of Possible Agreement)的网站在网络上推出"人人贷"(peer to peer lending)网络借贷服务平台后，这种方式在世界范围内被很快复制，中国第一家网络借贷服务平台是2007年成立的"拍拍贷"。经过十年的发展，此行业已渐成规模，2016年全国P2P网贷参与人数日均45.86万人，同比上升98.83%。其中，2016年12月全国P2P网贷参与人数日均55.55万人，环比(较上月55.93万人)下降0.69%，同比(较去年2015年12月30.74万人)增长80.71%。较中国P2P网贷指数基期，增长30.93倍。与前年同期(较2014年12月13.61万人)比较，增长3.08倍。[①]

网络借贷在高速增长的同时，也出现了很多问题。首先，是问题平台的产生。问题平台随着平台数量增加而快速增加，比例也在快速上升，到2017年3月，有30%左右的平台产生问题，[②]问题平台的频繁出现，极大地影响了网络借贷业的信心指数。其次，网络借贷业定价机制还不规范。江苏省高级人民法院民二庭对于网络借贷进行了调

---

① 第一网贷：《2016年全国P2P网贷行业大数据报告》，载搜狐网：http://www.sohu.com/a/123282443_351022，最后访问日期：2017年5月30日。

② 网贷之家：《网贷数据》，载网贷之家：http://shuju.wdzj.com/problem-1.html，最后访问日期：2017年3月20日。

研，发现网络借贷平台中的借款人需要支付的费用包括：充值费用，借款人在线充值的，将收取 0.1% 的手续费；提现费用，借款人提现，每月前 5 笔手续费由平台承担，超过 5 笔部分由平台代收每笔 1 元的提现手续费；信贷审核费，按实际发生的成本支付；借款管理费，按有无担保、借款缓急等划分不同的收费标准，最高可达每日 2‰。[①] 网络借贷业居间费用没有法律规范，导致居间费用过高，直接提高了借款人的融资成本，削弱了网络借贷业低成本融资特点。同时，2016 年 8 月由中国银行业监督管理委员会（已撤销，以下简称银监会）、中华人民共和国工业和信息化部、中华人民共和国公安部、国家互联网信息办公室四部门联合制定的《网络借贷信息中介机构业务活动管理暂行办法》（以下简称《网络中介机构暂行办法》）出台，之后网络借贷业监管进入严格监管状态，但短短一年时间，面对"史上最严网贷监管"，已有 40% 的网贷平台被淘汰。[②] 严格监管是否需要，监管该何去何从，同时在行业自律还没有完全建立的情况下，行业自律如何建设，这些都是关系网络借贷业建康发展的基础。

当前来说网络借贷业存在以下一些典型问题：

（一）有关网络借贷放贷人方面问题

首先，由于当前没有区分专职放贷人与非专职放贷人，故对于专职放贷人从事金融业务也没有按金融机构来进行要求，这会带来风险。其次，放贷人的资金来源没有规定，这样会带来非法吸收公众存款不法行为，放大金融杠杆，带来金融风险。最后，网络放贷人特别保

---

① 江苏省高级人民法院民二庭课题组：《互联网金融纠纷民商事审判实务问题研究》，载《法律适用》2016 年第 1 期。

② 王雅乐：《"最严监管"出台一年　超 4 成网贷平台消亡》，载金证券网：http://www.jinzq.net/html/jintoutiao/2018/0126/14551.html，最后访问日期：2017 年 3 月 20 日。

护制度没有形成，放贷人的债权及担保物权不能得到有效保护，放贷人诉权不能有效实现，合格投资者制度还未完全建立，这些都会使放贷人权利不能被有效保护，影响行业的信心指数。

(二) 网络借贷中介机构制度存在问题

首先，将网络借贷中介机构定性为纯信息中介存在的问题，不利于对投资者的保护。其次，中介机构的设立制度存在问题，使劣质平台低成本进入市场，带来市场风险。最后，中介机构的自营权利是否应该放开，中介机构信息披露义务的主要内容如何明确，风险保障金如何定性，中介机构退出制度如何建立，这些问题多是当前探讨但还未深入之处，需要对之进行深入探讨。

(三) 网络借贷利率问题

首先，网络借贷利率范围不明确，出现了通过提高居间费用来变相提高利率的现象。其次，利率不按用途来区分及严格设置上限的做法会影响借款人的融资，不利于市场的发展。最后，网络借贷高利率的合同效力规定存在问题。

(四) 网络借贷监管问题

首先，当前监管机构还存在争议，需要重新审视。其次，监管机构的职责还未有明确规定，监管内容也没有清晰化。再次，行业自律才开始建立，行业自律的原则，行业自律与监管的内容分配都没有明确。最后，监管的对象没有加以区分，会增加监管成本。网络借贷监管存在的这些问题严重影响了网络借贷业的持续稳定发展。

二、研究意义

(一) 理论意义

新兴行业发展需要有创新的思维，法律的规范与变革也是对于新兴行业不断发展的评估与改变。网络借贷是借贷者之间的资金融通,网络借贷中介机构能够把众多的放贷人资金集中起来提供给借款人,具有聚集社会资金的功能,因此网络借贷具有典型的金融性质,对于新兴金融业务需要明确参与主体如何进入、行业规则如何建立、监管制度如何安排。然而,目前有关网络借贷业立法层次还较低,很多内容还没有明确,仍值得商榷。当前对这些问题进行法律体系化和系统化研究的还很少,多数都是从经济学角度来进行研究,法律研究还处于碎片化研究阶段。本书将对网络借贷业的相关理论进行重新梳理,提供适合网络借贷业发展的理论,为新兴行业发展提供理论支持。

(二)实践意义

当前,我国网络借贷业交易规则还未完全建立,通过对规则的梳理及平衡,研究适合当前的交易规则和适当的交易秩序,能够起到鼓励交易,促进经济发展的作用。本书将探索监管制度的建立和修正,增加消费权益保护的监管目标,建立透明、公正的市场,为新兴行业防范风险,保障有序的市场交易秩序。这些研究在有助于新兴行业发展的同时,还能为社会增加资金,解决弱势群体融资难和融资贵的问题,为经济发展提供资金支持。金融是经济的润滑剂,法律是经济的保障,也是金融发展的方向标,这些研究的意义主要在于能为新兴行业提供法律支持的建议,推动新兴行业发展,保护社会大众投资权益及金融资源享受权。

三、国内外研究现状

(一)国内研究现状

1. 网络借贷的特征和风险

(1)网络借贷特征

马运全认为,与传统借贷相比,P2P 网络借贷平台上的借贷参与主体广泛及融资成本低;①葛庆稳认为当前网络借贷业利率高,借款人仍然选择P2P平台,融资效率高是重要原因之一;②史建平认为,网络借贷由于有多人共同承担放贷项目,其金额较小,属于小额信贷范围;③黄震、何璇认为P2P网贷平台摆脱了传统金融模式中必须由银行等作为借贷中间人的束缚,网络借贷具有脱媒性。④

学者们的研究表明网络借贷的特征主要体现在涉众性、脱媒性、小额性、低成本、低风险、高效率等方面。

(2)网络借贷业的风险

陈冬宇等认为,网络借贷业风险的核心问题是信息的不对称;⑤学者杨涛认为网络借贷业风险来自投资人的羊群效应,来自借款人道德风险,来自平台的流动性风险等方面。⑥ 总体来说,网络借贷业存在信息不透明、羊群效应,以及借款人的信用风险和平台的流动性风险等。

2.放贷人资格

岳彩申认为民间借贷放贷人应该区分专职放贷人与非专职放贷人,专职放贷人应该实行准入制度,需要持有相应的放贷牌照;⑦刘萍、孙天琦、张韶华认为美国也存在专业放贷人及非专业放贷人,专业放

---

① 马运全:《P2P网络借贷的发展、风险与行为矫正》,载《新金融》2012年第2期。

② 参见葛庆稳:《对当前我国P2P网络借贷平台发展的思考》,载《时代金融》2014年第5期。

③ 参见史建平主编:《中国中小微企业金融服务发展报告(2014)》,载史建平主编:《中央财经大学民泰金融研究所系列报告》,中国金融出版社2014年版,第2~3页。

④ 参见黄震、何璇:《P2P网络借贷平台的法律风险及防范》,载《金融电子化》2013年第2期。

⑤ 陈冬宇、朱浩、郑海超:《风险、信任和租借意愿——基于拍拍贷注册用户的实证研究》,载《管理评论》2014年第1期。

⑥ 参见杨涛主编:《真实的P2P网贷:创新、风险与监管》,经济管理出版社2016年版,第5~12页。

⑦ 岳彩申:《民间借贷规制的重点及立法建议》,载《中国法学》2011年第5期。

贷人又叫非存款类专职放贷组织(NDTL),实行牌照管理,专业放贷人设立人需要有相应的资质,并且,放贷人不能公开吸储。[①]

学者们有关网络借贷放贷人资格的研究主要涉及:

第一,放贷人的类型,即是否专职放贷。

第二,放贷人的设立人。对于专职放贷人应该实行设立人资质要求,以及实行牌照管理。

第三,专职放贷人资金来源,即是否有吸收公众资金资格。

3. 网络借贷中介机构

(1)网络借贷中介机构合法性

纪海龙认为,《最高人民法院关于审理非法集资刑事案件具体应用法律若干问题的解释》第3条规定,个人非法吸收公众存款数额在20万元以上或吸收公众存款对象30人以上的,单位非法吸收公众存款数额在100万元以上或吸收公众存款对象150人以上的,应追究刑事责任。该条规定会使网络借贷平台陷入非法集资状况,使平台经营合法性存在疑问。[②] 同样地,刘建民、蒋雨荷也认为,目前,我国部分P2P平台实际从事的是资金融通业务,却以贷款咨询的名义在工商机关注册,缺乏相应融资资质,鉴于此,P2P模式可能因为涉嫌非法发行证券或变相吸收公众存款而被清出市场。[③] 冯果等认为对于网络借贷平台首先应该承认其合法性地位,辅以刑法进行规制。[④] 孙永祥认为

---

① 参见刘萍、孙天琦、张韶华:《有关美国非吸收存款类放贷人(NDTL)的考察报告》,载《西部金融》2008年第9期。

② 纪海龙:《P2P网络借贷法律规制的德国经验及其启示》,载《云南社会科学》2016年第5期。

③ 刘建民、蒋雨荷:《P2P网贷的风险控制:金融分析与模式构建》,载《西南政法大学学报》2016年第2期。

④ 冯果、袁康:《社会变迁视野下金融法理论与实践》,北京大学出版社2013年版,第15页。

推进我国网络众筹监管的当务之急是通过法规明确网络众筹的合法性。[①] 网络借贷中介机构的合法性承认是学者们研究内容之一。

(2)网络借贷中介机构成功因素

王朋月等在分析 Lending Club 平台之后认为,网络平台运行良好离不开优秀的专业管理,它是 P2P 平台成功的重要因素。[②]

(3)网络借贷中介机构准入

有关准入观点,学者封延会等认为 P2P 网络借贷归根结底只是个人与个人之间借款合同的网络化,并不涉及是否需要金融牌照的问题;[③]而学者姚海放认为这种认识是"只见树木,不见森林";[④]宋怡欣、吴弘认为 P2P 平台目前没有市场准入门槛,违规成本较低,这样会使 P2P 平台普遍存在违规现象;[⑤]冯果认为,对于网络借贷平台应该实行市场准入制度,这样既能将一部分资质差的申请人排除在外,同时也能让监管部门掌握平台的真实经营状况。[⑥] 中央财经大学《个体网络借贷(P2P)监管办法(学者建议稿)》专家组认为,网络借贷平台应该实行注册资金准入制度,经过统计认为,目前 5000 万元以上注册资本的平台占有 1/3 左右,因此可以建议将 5000 万元作为网络平台设立

---

① 孙永祥等:《我国股权众筹发展的思考与建议——从中美比较的角度》,载《浙江社会科学》2014 年第 8 期。

② 王朋月、李钧:《美国 P2P 借贷平台发展:历史、现状与展望》,载《金融监管研究》2013 年第 7 期。

③ 封延会、贾晓燕:《"人人贷"的法律监管分析——兼谈中国的影子银行问题》,载《华东经济管理》2012 年第 9 期。

④ 姚海放、彭越、肖建国、刘东、左坚卫:《网络平台借贷的法律规制研究》,载《法学家》2013 年第 5 期。

⑤ 宋怡欣、吴弘:《P2P 金融监管模式研究:以利率市场化为视角》,载《法律科学》2016 年第 6 期。

⑥ 冯果、蒋莎莎:《论我国 P2P 网络贷款平台的异化及其监管》,载《法商研究》2013 年第 5 期。

的注册资本法定限额要求。[①] 由此可见,学者们对于网络借贷平台是否实行准入虽然有不同观点,但准入观点还是主流观点。

(4)网络借贷中介机构性质

刘建民、蒋雨荷认为网络借贷中介机构经营模式有三种,分别是纯中介,债权转让模式和担保交易模式。[②] 杨东认为,鉴于网络借贷中介机构具有金融属性,因此,应该明确网络借贷中介机构为准金融机构。同时,如果规定中介机构独立于交易之外,会更不利于对投资者的保护,他认为平台引入第三方担保机制是正常的商业模式,尽管第三方都是与平台有着关联关系的关联方,只要做好平台与第三方关联方业务之间的切割和风险控制,平台引入担保机制是可行的。[③] 王家卓、徐红伟认为,纯粹的不介入任何担保的网络借贷如同让借款人风险处于"裸奔"的状态,适度提供担保是有利于放债人的。[④] 曹晓路也认为,将平台界定为纯信息中介,这一制度设计大大提高了对放贷人风险识别和承受能力的要求,同时会降低对投资者的吸引力,不符合我国国情,应该引入保险进行增信担保。[⑤] 张永亮、张蕴萍认为,针对中国征信市场不健全、资本市场不发达的客观实际,允许平台根据自身实际决定其是信息中介或信用中介可能是较为现实的选择。[⑥]

---

① 中央财经大学《个体网络借贷(P2P)监管办法(学者建议稿)》专家组:《个体网络借贷(P2P)监管立法例及解读》,载《财经法学》2016 年第 1 期。

② 刘建民、蒋雨荷:《P2P 网贷的风险控制:金融分析与模式构建》,载《西南政法大学学报》2016 年第 2 期。

③ 参见杨东:《P2P 网络借贷平台的异化及其规制》,载《社会科学》2015 年第 8 期。

④ 王家卓、徐红伟主编:《2013 年中国网络借贷行业蓝皮书》,知识产权出版社 2014 年版,第 87 页。

⑤ 曹晓路:《金融消费者利益保护与 P2P 网络借贷监管博弈分析——兼评现行网络借贷监管办法》,载《金融监管研究》2016 年第 11 期。

⑥ 张永亮、张蕴萍:《P2P 网贷平台法律监管困局及破解:基于美国经验》,载《广东财经大学学报》2015 年第 5 期。

郑扬扬等认为,我国应该给予网络借贷业适当的包容性,可以允许一定程度的增信中介在一定时间内存在,最终确定为信息中介,禁止网络借贷平台成为信用中介。① 由此可见,对于平台是纯信息中介,多数学者是持反对意见的,学者们更多建议是平台应该引入担保或保险,增加增信功能。

(5)网络借贷中介机构的退出

宋怡欣、吴弘认为,网络借贷平台的退出机制要从两方面来考虑,一是平台违规经营时适用公司人格否认制度来追究股东的责任;二是平台退出后要安排原有业务的接管。② 俞林等人通过建立包括 P2P 网络借贷平台、借款人、投资人和监管者在内的博弈模型,提出了完善平台进入、退出机制等对策建议。③

4. 网络借贷利率

(1)网络借贷利率特征

周耿、范从来和叶茜茜认为网络借贷利率具有市场化特征,交易双方都有自主选择交易利率的能力;④廖理等认为,由于存在利率上限限制,我国 P2P 市场利率是非市场化的,在这种非利率市场化的环境下,利率仅仅反映了部分借款人的违约风险。⑤

---

① 郑扬扬、汪炜:《国内外 P2P 平台角色差异及对我国监管的启示》,载《现代经济探讨》2016 年第 4 期。

② 宋怡欣、吴弘:《P2P 金融监管模式研究:以利率市场化为视角》,载《法律科学》(西北政法学院学报)2016 年第 6 期。

③ 参见俞林、康灿华、王龙:《互联网金融监管博弈研究:以 P2P 网贷模式为例》,载《南开经济研究》2015 年第 5 期。

④ 参见周耿、范从来:《货币政策对 P2P 网贷市场利率的影响研究》,载《中央财经大学学报》2016 年第 6 期;叶茜茜:《影响民间金融利率波动因素分析——以温州为例》,载《经济学家》2011 年第 5 期。

⑤ 参见廖理、李梦然、王正位:《聪明的投资者:非完全市场化利率与风险识别——来自 P2P 网络借贷的证据》,载《经济研究》2014 年第 7 期。

(2)网络借贷利率的影响因素

郑迎飞等学者认为,银行背景、国资背景、上市公司背景或VC/PE背景可以降低平台利率,网贷平台对客户资金实行第三方存管有利于降低利率,网贷平台提供的保障方式可显著降低借款利率,由于借款期限显著影响借款利率,[①]因此,研究表明,利率影响因素有平台投资人、客户资金托管、借款期限、借款人信用和社会关系等因素。

(3)利率规制问题

有关变相利率的研究方面,冯果认为网络借贷业存在变相高利贷嫌疑,投资人除了收到借款人支付的利率外还收到平台所谓的"奖励利率",两项相加会超过我国法律规定的民间借贷利率上限。[②] 江苏省高级人民法院民二庭课题组对于网络借贷进行了调研,发现网络借贷平台中的借款人需要支付的费用包括:充值费用、提现费用、信贷审核费、借款管理费,按有无担保、借款缓急等划分不同的收费标准,最高可达每日2‰。[③]

有关利率上限规定方面,Karen等学者认为,外国在消费信贷领域对贷款利率实行上限管制限制,其目的是要保护消费者免受高利贷的伤害。[④] 贺绍奇认为,我国民间借贷利率上限管制目标定位错误,我国民间借贷利率的法律规制目的停留在维护社会秩序、维护金融秩序而

---

① 郑迎飞等:《中国P2P网贷利率决定——基于跨平台横截面数据的实证研究》,载《当代财经》2017年第4期。

② 冯果、蒋莎莎:《论我国P2P网络贷款平台的异化及其监管》,载《法商研究》2013年第5期。

③ 江苏省高级人民法院民二庭课题组:《互联网金融纠纷民商事审判实务问题研究》,载《法律适用》2016年第1期。

④ Karen E. Francis,"Rollover,Rollover: A Behavioral Law and Economics Analysis of the Payday-Loan Industry",*Texas Law Review* 88(3),2010,pp. 611 - 638.

不是保护消费者。[①] 束姗、高凛认为，超过36%利率无效的规定存在漠视正常的对临时资金周转的市场需求的问题。[②] 岳彩申认为，借贷双方当事人对借贷利率的约定应是完全自由的，既有约定高利率的自由又有约定低利率的自由。[③] 廖理等认为，由于存在利率上限限制，我国P2P市场利率是非市场化的，在这种非利率市场化的环境下，利率仅仅反映了部分借款人的违约风险。[④]

有关是否区分生产性与消费性利率方面，强力认为生产性借贷用于营利，而消费性借贷用于生活，应该予以区别。[⑤] 蒋爱群认为，在世界各国，生产性借贷和消费性借贷普遍利率水平不同，应该区分这两种利率。[⑥] 当然，也有持反对意见的学者，刘卫锋指出对于某些群体生产和消费是一体的，根本无法区分。[⑦]

宋怡欣、吴弘认为，要想使网络借贷业上的利率市场回归正常，必然需要对网络借贷业加强监管，使借贷双方信息透明，选择充分，同时要使专业平台能从专业角度为投资者进行风险识别和把关。[⑧] 高圣平、申晨认为，对于放债人借贷，其利率规制应由专门性法规单独加以规定，不

---

① 贺绍奇：《利率自由化条件下民间借贷利率监管法律机制重构》，载《中国市场》2015年第4期。

② 束姗、高凛：《论我国民间借贷利率的法律规制——以新司法解释第26条为视角》，载《法制博览》2016年第10期。

③ 岳彩申：《民间借贷规制的重点及立法建议》，载《中国法学》2011年第5期。

④ 参见廖理、李梦然、王正位：《聪明的投资者：非完全市场化利率与风险识别——来自P2P网络借贷的证据》，载《经济研究》2014年第7期。

⑤ 强力：《我国民间融资利率规制的法律问题》，载《中国政法大学学报》2012年第5期。

⑥ 蒋爱群：《法制经济学：经济转型和法制改革》，中央编译出版社2012年版，第442页。

⑦ 参见刘卫锋：《农村信贷需求与农村金融改革创新》，载《湘潭大学学报》（哲学社会科学版）2009年第1期。

⑧ 宋怡欣、吴弘：《P2P金融监管模式研究：以利率市场化为视角》，载《法律科学》（西北政法学院学报）2016年第6期。

适用一般民事主体和商事主体的借贷利率上限。①

有关高利贷是否入刑方面，徐德高、高志雄认为，应增设职业放高利贷罪，以加大对非法贷款活动的打击力度；②龚振军认为，高利贷罪惩罚的重点是恶意放高利贷，并牟取暴利的行为，如果行为人明知借款人进行非法活动，而予以高利贷的，则可作为其他犯罪的共犯论处。③ 对于高利贷入刑也有反对意见。邱兴隆认为，民间高利贷行为不违反“国家规定”，不具有刑法意义上的非法性，因此，民间高利贷应当非罪化。④ 付丽芳也认为，民间高利贷没有侵犯我国刑法所保护的法益，不具有应受刑法处罚的社会危害性。⑤ 陈志武认为，民间高利贷并没有人们描画的那么可怕，高利贷反而能够刺激区域经济发展。⑥

围绕着利率问题，学者们对于利率是否按用途进行区别还有争议，对于利率上限规定很多学者持反对意见，学者们对于网络借贷业存在隐形利率普遍认同，对于高利贷入刑，学者意见还不一致。

5. 网络借贷监管

(1)监管必要性

赵静在人人贷的分析基础之上，认为法律规制是必要的，必须纳

---

① 高圣平、申晨：《论民间借贷利率上限的确定》，载《上海财经大学学报》2014 年第 2 期。

② 徐德高、高志雄：《增设“职业放高利贷罪”确有必要》，载《人民检察》2005 年第 18 期。

③ 龚振军：《民间高利贷入罪的合理性及路径探讨》，载《政治与法律》2012 年第 5 期。

④ 邱兴隆：《民间高利贷的泛刑法分析》，载《现代法学》2012 年第 1 期。

⑤ 付丽芳：《民间高利贷不应当入罪》，载《法制与社会》2009 年第 12 期。

⑥ 陈志武：《反思高利贷与民间金融(上)》，载《北方经济时报》2005 年第 7 期。

入监管体系中去。[①] 李爱君则认为，我国的 P2P 网络借贷平台是准金融机构的性质，应对其进行监管。[②] 对于监管的必要性，学者们都给予了认可。

(2)监管内容

刘绘、沈庆劼在分析英美两国 P2P 网络借贷监管实践的基础上指出，我国应完善 P2P 网络借贷相关的法律体系，制定和规范信息披露及消费者保护等监管措施，并从征信体系建设和产品信用评级两个方面推动国内信用制度的完善。[③] 黄梦怡、谢新文等人认为，我国 P2P 网络借贷业在信用评价体系建设方面尚不完善，不能有效降低网络借贷行业的违约风险。[④] 江苏省高级人民法院民二庭课题组也认为，目前 P2P 平台尚不能接入人民银行征信系统，无法利用现有征信资源降低交易风险。[⑤] 华东政法大学的雷华顺教授主张构建全国统一的信用体系，在原有的征信系统的基础之上，逐步将中国证券监督管理委员会(以下简称证监会)、中国保险监督管理委员会(已撤销，以下简称保监会)、银监会掌握的信息纳入系统，建立以政府主导，市场动作的信息共享机制。[⑥]

曹晓路认为，当前监管部门对于客户资金没有保护措施，监管不

---

① 参见赵静：《"金融创新的法律规制与防控"研讨会会议综述》，载《犯罪研究》2012 年第 6 期。

② 李爱君：《民间网络借贷平台的风险防范法律制度研究》，载《中国政法大学学报》2012 年第 5 期。

③ 参见刘绘、沈庆劼：《P2P 网络借贷监管的国际经验及对我国的借鉴》，载《河北经贸大学学报》2015 年第 2 期。

④ 黄梦怡等：《P2P 网络借贷监管的国际经验及借鉴》，载《福建金融》2017 年第 7 期。

⑤ 江苏省高级人民法院民二庭课题组：《互联网金融纠纷民商事审判实务问题研究》，载《法律适用》2016 年第 1 期。

⑥ 雷华顺：《众筹融资之信息失灵与制度克服》，载《金融与经济》2015 年第 5 期。

到位,导致网络借贷平台毫无顾忌地使用客户资金,发生风险时也能提取客户资金而携款潜逃。为保护客户资金安全,应该建立资金托管制度,强制网络借贷平台将客户资金托管到第三方金融机构去,并且第三方金融机构与平台之间不能有关联关系。① 王小丽认为,我国P2P网络借贷没有对应的监管措施,资金安全无法控制。② 黄砚丽认为,P2P网络借贷的借贷双方是通过网络平台实现资金往来的,在这一过程中会产生大量的在途资金,所以应将监管重点放在P2P网络借贷平台的资金管理方面。③

在监管宽严方面,魏鹏认为适度宽松原则是指对互联网金融的原则性监管,在不违反原则的情况下,预留有一定的风险容忍机会,如果过早、过严监管将会极大地抑制行业创新,不利于互联网金融效率的提高。④ 王曙光等认为,需遵循从自律到监管再到适度放松的步骤,在监管原则上,鼓励发展与防范风险兼顾。⑤ 彭冰提出监管者可以在P2P平台不触及犯罪底线和控制风险的前提下,进行适度监管,允许其在一定范围内自由发展。⑥ 黄震等提出了"渐进式"的监管思路,指出监管部门可先为P2P经营模式划出红线加以约束,并不断修正以适应行业的发展。⑦

---

① 曹晓路:《金融消费者利益保护与互联网金融监管的规制路径——基于比较法视域的考察探究》,载《时代法学》2017年第1期。

② 参见王小丽、丁博:《P2P网络借贷的分析及其策略建议》,载《国际金融》2013年第3期。

③ 黄砚丽:《P2P网络借贷平台的法律问题研究》,载《法律适用》2015年第11期。

④ 魏鹏:《中国互联网金融的风险与监管研究》,载《金融论坛》2014年第7期。

⑤ 参见王曙光、孔新雅、徐余江:《互联网金融的网络信任:形成机制、评估与改进——以P2P网络借贷为例》,载《金融监管研究》2014年第5期。

⑥ 彭冰:《P2P网贷与非法集资》,载《金融监管研究》2014年第6期。

⑦ 参见黄震等:《英美P2P监管体系比较与我国P2P监管思路研究》,载《金融监管研究》2014年第10期。

在监管机构方面，冯果认为当前对于网络借贷业的监管应该实行统一原则，地方政府金融办应该承担起具体的监管职责。①

在监管的内容上，学者们一致认为应该从客户资金保护、信息披露、信用体系建设方面着手，对于监管措施的实施，多数学者认为应该实行适度宽松的渐进式监管。

（3）监管立法的效果

郑仁荣认为，英国 FCA 有关网络借贷平台立法坚持了成功三原则，一是适当型原则，立法能与平台发展阶段相适应；二是过渡性原则，立法充分考虑了网络平台对于法律规则所带来的调整需要的适应时间；三是成本与效益考量原则。② 曹兴华认为，英国 2015 年版的高水平《运营准则》覆盖更为全面、内容更为合理、规定更为具体，并且在信息系统建设、明确性和透明性等方面都比国家监管法律法规更为详尽和符合实际。③ 温信祥、叶晓璐认为，法国互联网金融监管与法制互相补充，制定了世界上首个监管法规则。④ 学者们对于英国监管立法都持赞许态度，对于美国监管措施多有批评之味，对于法国态度也较赞扬。

6. 网络借贷行业自律

曹兴华认为中国目前大量的问题平台存在，与中国 P2P 网络借贷行业缺少完善的行业自律性运营准则息息相关。⑤ 王峰认为，监管部

---

① 冯果、蒋莎莎：《论我国 P2P 网络贷款平台的异化及其监管》，载《法商研究》2013 年第 5 期。

② 郑仁荣：《英国借贷众筹平台的法律规制及对我国的启示》，载《行政与法》2016 年第 3 期。

③ 曹兴华：《英国 P2P 网贷〈运营准则（2015）〉及其借鉴》，载《金融法苑》2017 年第 1 期。

④ 温信祥、叶晓璐：《法国互联网金融及启示》，载《中国金融》2014 年第 4 期。

⑤ 曹兴华：《英国 P2P 网贷〈运营准则（2015）〉及其借鉴》，载《金融法苑》2017 年第 1 期。

门在后续出台的监管细则中,应当逐渐加强整个行业的自律性,维护行业良好形象。① 加强行业自律是学者们的一致观点,行业自律规制的建立也有学者们在探讨。

7. 网络借贷业消费者保护

中央财经大学专家组有关网络借贷监管立法建议稿提出网络借贷监管的宗旨为充分保护投资者的合法财产权益。② 李健男认为,在投资者适当性方面,放贷人作为投资者存在风险与自身不匹配即不适当问题,立法应该规定投资者对金融风险的吸收能力能够与金融风险相互匹配,从而维护市场信心。③ 曹晓路认为,合格投资者制度应该包括投资者进入网络借贷业的资产门槛、投资经验、风险承受能力、单笔最高限额投资门槛。④

江苏省高级人民法院民二庭课题组认为,在"一对多"借款中,借款人提供抵押担保的,抵押权依法应当办理在出借人名下,但实践中部分登记机关以抵押权人数不能超过一定限额为由拒绝办理此类业务,导致平台采取将抵押权登记在平台工作人员名下的变通方式,形成相关法律风险,因此司法实践应该确立放债人与平台之间的委托关系,以使债权与抵押权为一体。⑤

学者们有关放贷人投资保护主要从投资者适当性角度考虑建立

① 王峰:《我国 P2P 网络借贷平台风险监管及防范》,载《中国流通经济》2016 年第 11 期。

② 中央财经大学《个体网络借贷(P2P)办法(学者建议稿)》专家组:《个体网络借贷(P2P)监管立法例及解读》,载《财经法学》2016 年第 1 期。

③ 李健男:《金融消费者法律界定新论——以中国金融消费者特别保护机制的构建为视角》,载《浙江社会科学》2011 年第 6 期。

④ 曹晓路:《金融消费者利益保护与互联网金融监管的规制路径——基于比较法视域的考察探究》,载《时代法学》2017 年第 1 期。

⑤ 参见江苏省高级人民法院民二庭课题组:《互联网金融纠纷民商事审判实务问题研究》,载《法律适用》2016 年第 1 期。

投资者适当制度,借款人信用制度建设,同时,从担保权实现方面进行保护研究。

(二)国外研究现状

1. 网络借贷特征和风险

(1)网络借贷特征

Slavin 认为网络借贷涉及多个放贷人,因此网络借贷涉众性明显,同时由多个放贷人共同承担借贷风险,因此,网络借贷风险更低,[①] Peter Renton 认为 P2P 网贷平台为中小微型企业和个人提供了新的融资渠道,开启了"大众金融"的时代。[②]

(2)网络借贷业的风险

Krumme 和 Herzenstein 等认为网络借贷业存在明显的"羊群效应",应该进行监管规制,[③] Aleksandra Todorova 认为网络虚拟性使借贷人更有底气去骗贷,网络借贷业具有更大的道德风险,应该予以监管纠正。[④] Herzenstein et al. 使用美国最大的 P2P 网络借贷平台 Prosper 数据进行研究,发现借款人的信用、个人信息会严重影响借款

---

① See B. Slavin, "Peer-to-Peer lending: An Industry Insight", Accessed May 15, 2015. http//www. bradslavin. com/wp-content/ uploads/ 06/peer-to-peer-lending. pdf.

② [美]彼得·兰顿:《Lending Club 简史:P2P 借贷如何改变金融,你我如何从中受益?》,第一财经新金融研究中心译,中国经济出版社 2013 年版,第 1～10 页。

③ Coco Krumme, Andrew Lippman and Dawei Shen, *Follow the profit or the herd? Exploring social effects in peer-to-peer lending* (paper represented at Social Computing/IEEE International Conference on Privacy, Security, Risk and Trust, Minneapolis, Minnesota, USA, 2010), pp. 137 – 144; M. Herzenstein, U. M. Dholakia, R. L. Andrews, "Strategic Herding Behavior in Peer-to-Peer Loan Auctions", *Journal of Interactive Marketing* 2011 (1), 2011, pp. 27 – 36.

④ See Aleksandra Todorova, "A Craigslist Scam You Might Fall For", Aug 10, 2005, Accessed Apr 8, 2012. http://www. smartmoney. com/spend/familymoney/a-craigslist-scam-you-might-fall-for/.

成功率。① Matthias 认为，投资人面临着来自平台的虚假信息和来自借款人违约履行的风险。②

2. 放贷人资格

Arthur Lewis 指出英国主要的网络借贷放贷主体还包括各类信用合作机构、非吸收存款类放贷机构、各类储蓄贷款协会等，对于消费借贷实行牌照管理，并且对设立人也要有相应规定。③ 德国联邦金融监管局（BaFin）认为，德国民间放贷人也区分专业放贷与非专业放贷，专业放贷人包括专业放贷和达到一定规模的非专业放贷人。④

3. 网络借贷中介机构特征

Silla Brush 认为，中介主体利用网络借贷平台将借贷双方集中在一起，使交易双方能够直接在网络上见面，取代了银行的高成本和复杂贷款。⑤

4. 网络借贷利率

（1）网络借贷利率特征

Peter Tufano 认为 P2P 网络借贷利率打破了传统的以融资者和金融中介为主导的利率定价模式，而以信用风险为主导定价，利率具有

---

① M. Herzenstein et al., "The democratization of personal consumer loans? Determinants of success in online peer-to-peer lending communities", Boston, *Boston University School of Management Research Paper*, June 2008.

② Matthias Raddant, "Structure in the Italian overnight loan market", *Journal of International Money and Finance* 41(3), 2014, pp. 197 – 213.

③ See Arthur Lewis, *Modern Business Law Principles and Practice* (*second edition, Tudor Business Publishing*), Liverpool, Liverpool Academic Press, 1997, p. 231.

④ BaFin, "Merkblätter-Merkblatt Einlagengeschäfts", Accessed Jul 20, 2017. http://www.bafin.de/Shared Docs/Veroeffentlichungen/DE/Merkblatt/mb_140311_tatbestand_einlagengeschaeft.html.

⑤ See Silla Brush, "Online Lender Lobbies Congress for Industry Consumer Regulator", *The Hill* 17(65), 2010, p. 14.

自发性。[①]

(2)网络借贷利率的影响因素

英国 Seth Freedman 和 Ginger Zhe Jin 的研究表明,在 P2P 平台上具有更多社会网络关系的借款人容易得到借款,并且具有更低的利率。[②] 他们对美国网络平台 Prosper 的借贷样本进行了研究,也发现了具有较多社会链接的借款人更容易得到较低的利率。[③]

(3)利率规制问题

美国财政部2016 年5 月发布的网络借贷市场调研报告显示,根据2015 年小微企业信贷调研,借款人满意度仅为 15% ,最令人不满的一项就是 70% 的企业认为借贷利率过高。[④] 2016 年英国第三方咨询公司 Oxera 于 2016 年 9 月与 P2PFA 共同发布有关 P2P 业的研究报告,报告认为网络借贷业为社会提供了一个相对合理的利率,目前利率在4% ~8% ,包括消费与商业贷款类利率。[⑤] 德国学者 Lindacher 认为为了防止或减少违反善良风俗行为的发生赋予《德国民法典》第 138 条一般预防或"威慑"功能是必要的,应将构成暴利的高利贷合同认定为

① Peter Tufano, " Financial innovation and First-Mover advantages ", *Journal of Financial Economics* 25(2) ,Dec. 1989 ,pp. 213 –215.

② Seth M. Freedman and Ginger Zhe Jin, " The Signaling Value of Online Social Networks: Lessons from Peer-to-Peer Lending ", *National Bureau of Economic Research* w19820 ,January 2014.

③ Seth M. Freedman and Ginger Zhe Jin, " The Information Value of Online Social Networks: Lessons from peer-to-peer Lending ", *International Journal of Industrial Organization* 51 ,2017 ,pp. 185 –222.

④ U. S. Department of The Treasury, " Opportunities and Challenges in Online Marketplace Lending" ,May 10 ,2016 ,Accessed Aug 21 ,2016. https://www. treasury. gov/connect/blog/Documents/ Opportunities_and_ Challenges_ in_Online_Marketplace_Lending_white_paper. pdf.

⑤ Oxera and P2P FA, " The economics of peer-to-peer lending ", September 2016, Accessed Feb 7 ,2017. http://www. lendacademy. com/wp-content/uploads/2016/10/Oxera_P2P-report_FINAL. pdf.

自始无效，即利息条款无效。[①] 当然也有学者就高利贷合同认定无效持反对意见，学者 Bunte 认为有关高利率结果全部无效规定不合理，合同整体无效会使债权人无偿提供资金给借款人使用，借款人会获得无偿使用资金的权利，会从无效合同中受益，此种规定显然也不合理。[②]

5. 网络借贷监管

(1)监管必要性

Rate Setter 网络借贷平台的创始人兼首席执行官雷迪安·刘易斯(Rhydian Lewis)先生认为，监管一是有利于行业规范发展，能够保护行业可持续发展；二是有利于获得客户的信任，增加客户对 P2P 行业的信任指数；三是监管驱逐了劣质 P2P 平台，利于提升 P2P 行业形象。[③]

(2)监管立法的效果

Fleur Pellerin 认为法国的立法措施较为宽松，法国政府的法令更强调“创新、信任和包容”。[④] Andrew Verstein 认为美国评判交易委员会对网络借贷业进行监管是错误的，这样会增加这个新兴行业的成本，使其利润下降，进而使这个新兴行业迅速消失。[⑤] Andrew Verstein 指出 SEC(美国证券交易委员会)严重误读了 P2P 这一金融创新行业的本质，未能领会 P2P 平台的真正要义，对其过度监管已危及其生存

---

① Lindacher, Grundsätzliches zu §138 BGB, ACP 173, 124, 128f.

② Bunte, NJW 1983, 2674, 2676; Canaris, WM 1981, 978, 985f.

③ Rhydian Lewis(CEO and Co-founder of Rate Setter), “What Next for Peer-to-Peer Lending? —An Interview with Rhydian Lewis”, *Boao Review* 45, Jul. 2016.

④ Fleur Pellerin, “Faire de la France le Pays pionnier du financement participatif”, Ministère de l’économie et des Finances, Paris, le 12 février 2014.

⑤ Andrew Verstein, “The Misregulation of Person-to-Person Lending”, *University of California Davis Law Review* 45(2), December 2011, p. 102.

与发展，加剧了 P2P 行业的风险外溢，并导致其交易成本的提升。[①] 对此也有学者表示反对，Chaffee 和 Rapp 认为这个行业存在很多新的问题，应该对这个行业进行监管，只是监管机构是谁还需要讨论。[②] Slattery 则认为分裂的监管给金融企业带来巨大的合规成本，同时现有的监管框架和法律难以适应 P2P 网络借贷企业的金融创新，因此应该由消费者金融保护局（CFPB）进行统一监管。[③]

6. 网络借贷行业自律

Ioannis Akkizidis，Manuel Stagars 认为，网络借贷行业协会自律准则立法可以采用二元规则效力方法，即高级准则不可保留性适用与具体准则可保留性适用二元共存。[④]

7. 网络借贷业消费者保护

Krumme 和 Herrero 认为投资者的投资行为具有盲目性，以收益作为主要选择要素，投资者通常对高风险类别进行过多投资，在绩效方面呈现出次优，因此，需要对于网络投资者进行特别保护，[⑤] Harry Markowitz 认为投资者投资与其自身条件要匹配，即投资者适当性理

---

① Andrew Verstein, "The Misregulation of Person-to-Person Lending", *University of California Davis Law Review* 45(2), December 2011, p. 102.

② Eric C. Chaffee and Geoffrey C. Rapp, "Regulating Online Peer-to-Peer Lending in the Aftermath of Dodd-Frank: In Search of an Evolving Regulatory Regime for an Evolving Industry", *Washington and Lee Law Review* 69(2), 2012, Rev. 485, p. 45.

③ Paul Slattery, "Square Pegs in a Round Hole: SEC Regulation of Online Peer-to-Peer Lending and the CFPB Alternative", *Yale Journal on Regulation* 30, 2013, pp. 233 – 275.

④ Ioannis Akkizidis and Manuel Stagars, *Marketplace Lending, Financial Analysis, and the Future of Credit: Integration, Profitability and Risk Management*, New Jersey, John Wiley & Sons, 2015, p. 77.

⑤ Katherine Ann Krumme and S. Herrero, *Lending Behavior and Community Structure in an Online Peer-to-Peer Economic Network* (paper represented at 12th IEEE International Conference on Computational Science and Engineering, Vancouver, BC, Canada, August 29 – 31, 2009), pp. 613 – 618.

论,以避免投资者的非理性行为,[①]Rahoen 和 Schmidt 也认为英国对于网络放贷人规定了一个“适格标准”,这是投资者适当性体现。[②]Raddant 和 Matthias 认为需要保护借款人的个人隐私,同时投资人面临着来自平台的虚假信息和来自借款人违约履行的风险,信用体系建立很重要。[③]

当前有关网络借贷方面的研究已有不少,主要集中在放贷人主体、中介机构、利率、监管方面,这些研究已经有一定的框架结构,但研究内容更多地涉及原则性研究,对于具体的内容还没有更进一步研究。同时,网络借贷业由于发展较快,出现了很多新型问题,如网络借贷放贷人资金来源与合同效力关系、放贷人物权特有的问题及保护、放贷人诉权的保护。在中介机构方面,研究其自营的还较少,基本集中在呼吁构建退出制度,对具体退出内容还不够深入;在借贷利率方面,对于网络借贷利率的范围、期限错配还基本没有研究;在监管方面,对于网络借贷监管机构、监管职责及行业自律规则方面研究还不够。

四、所需解决的问题

通过研究,需要解决以下问题:

(一)网络借贷定性

网络借贷究竟属于哪个领域,需要首先进行定性,然后才能进行

---

① Harry Markowitz,“Portfolio Selection”, *Journal of Finance* 7(1),2012,pp. 77 - 91.

② See J. P. Rahoen & R. H. Schmidt, *Developing Finance Institution Building*, Boulder, San Francisco and Oxford, Westview Press, 2001.

③ Raddant Matthias,“Structure in the Italian overnight loan market”, *Journal of International Money and Finance* 41(3),2014,pp. 197 - 213.

规制。首先,需要厘清网络借贷与民间借贷、民间借贷与民间金融、民间金融与互联网金融、民间金融与正规金融这些概念。其次,需要探究网络借贷的起源及相关理论,分析网络借贷定性为金融属性的理由,研究各国在网络借贷定性基础上的立法,以期对我国的立法规制提供参考。

(二)网络借贷放贷人

网络借贷放贷人有哪些要求?首先,其组织形式是否有要求,专职与非专职放贷是否有所区别,放贷人是否实行准入制度,以及准入所需的具体条件。其次,放贷人的资金来源是否有要求,对于不合法的资金来源其放贷效力如何,也需要明确。最后,网络放贷人特别保护的内容主要有哪些,放贷人的债权及担保物权如何实现,如何限制借款人来保护放贷人的权利,放贷人实体权利受到侵害后其程序上的权利,尤其是诉权有何特别保护要求,对于这些问题当前学者们的研究还不够。

(三)网络借贷中介机构

网络借贷中介机构应该如何定性,是纯信息中介还是可以适度增信,需要重新界定;中介机构的设立要件也是需要探讨之点,中介机构是实行登记备案制度还是实行准入制度需要重新进行探讨;中介机构的自营权利是否应该放开,中介机构的信息披露义务的主要内容如何明确,风险保障金如何定性,中介机构退出制度如何建立,这些问题多是当前探讨但还未深入之处,需要对之进行深入探讨。

(四)网络借贷利率

网络借贷利率的范围是否包括居间费用,以及在何时支付都是当前热点问题,也是学者们还未进行探讨之处。同时,利率是否要按用途来设置生产性与消费性利率,也是学者们探讨很多但却存在争论之处。另外,网络借贷利率是否需要设置上限,对于上限设置受到了很多学者的批判,利率规制何去何从需要从新厘定。最后,网络高利贷是否入刑需要进行讨论,学者们对于传统的民间借贷高利贷入刑还存在争议,对于网络高利贷还没有进行研究,这是本文研究探讨之处。

(五)网络借贷监管

对网络借贷增加监管已是各国及学者们一致认同之点,但监管机构是谁还存在争议,监管机构还需要重新审视,监管机构的职责还未有明确规定,监管内容也没有清晰化。同时,行业自律才开始建立,行业自律的原则,行业自律与监管的内容分配都需要进行界定。最后,监管的对象也需要重新界定,国外对于监管对象进行了区别,分为个人间的借贷、个人与企业间的借贷及企业间的借贷,对于这三种借贷在监管上是一视同仁还是有所区别,从降低监管成本角度来看应该对其进行细分。

五、主要研究方法

(一)文献研究方法

在研究过程中,参阅了大量相关的资料,对国内外文献进行了大量地搜集和深入地分析,包括相关的书籍、期刊、报纸、网络评论及其他内容的文章。这些资料既是本书许多观点形成的前提,也是对一些观点进行论证的有力材料。

(二)比较研究方法

在研究过程中,都是按照先域外再国内的方式进行研究,对于国内外相关的立法和做法进行了体系化的比较。首先,对国内外的立法进行比较,得出我国立法空白之处或不足之处。其次,对国内外相关平台的实践做法进行比较,找出我国立法对于平台规范所存在的空白和不足。

（三）案例研究方法

在研究过程中还运用了很多案例。这些案例有两类：一类是网络借贷业的第一案，研究分析第一案对于网络借贷业的影响；另一类是司法实践中对相似案件有不同裁判结果的案例，研究分析裁判的理论依据，以其作为立法建议的依据。

六、创新之处

（一）领域创新

本书主要研究网络借贷的法律规制问题，这一研究领域本身就比较新颖，具有创新价值。互联网金融是当前新兴行业，网络借贷是互联网金融的代表业务，国内开展的法律研究时间较短，内容较少，高水平、有深度的学术论文还较少。目前，只看到对外经济贸易大学孟广辉于2015年完成的《P2P网络借贷法律问题研究》博士论文具有一定开创性和研究深度，该文主要从网络借贷的金融属性、担保等角度来探讨网络借贷的法律问题。其他一些同期或后期的相关论文，多为非法学或研究目标不同类的博士论文，且数量也不算多。

（二）观点创新

本书中有一些其他学者涉及很少的内容，主要体现在以下几点：

1. 关于放贷人

有关放贷人法律规制方面，提出了一些新观点：

（1）网络放贷人类型区分为专职放贷人与非专职放贷人

网络专职放贷人由于其从事货币资金融通业务，并且因人数众多而具有大众化特点，从金融机构的准入性惯例来看，应该对于专职网络放贷人进行准入设置，要求其有相应的投资人和专业的管理人的资质。

(2)对于放贷人资金来源非法的放贷效力进行重新界定

由于网络放贷具有涉众性,对于借款人和其他放贷人来说,将非法来源的放贷效力界定为无效不能起到保护市场交易秩序及众多放贷人利益的作用,因此应该重新认定其为有效行为。

(3)网络借贷担保的登记代理制度

实践中,放贷人的担保物权在登记时无法登记到每个债权人名下,应该建立适应网络放贷人的平台代理制度,由平台作为债权的代理人,将担保物权登记在平台名下,视为登记在债权人名下,以此来保护放贷人的权利。

(4)网络借贷诉权制度构建

当放贷人权利受到侵害时,需要对其诉权重新设置,允许平台通过债权转让来保护其诉权的实现。

2.关于网络借贷中介机构

对于网络借贷中介机构法律规制,提出以下新观点:

(1)适当开放网络借贷中介机构自营权

对于网络借贷中介机构提出了自营权的适当放开,允许平台用自有资金进行放贷,增加营利能力。

(2)适度放开中介机构增信功能

对于中介机构的增信功能提出建议,认为中介机构增信功能应该适度放开,保护投资人利益。

(3)中介机构的退出机制

提出了中介机构退出制度的建设意见,中介机构的退出制度应该包括平台继续存在业务的妥善安排,平台的风险保证金的处置,平台清偿顺序安排,以及平台客户资金分别情形的退还。

3.关于利率规制

对于利率方面,提出了以下观点:

(1)提出利率范围界定观点

认为利率范围应该包括居间费用。

(2)提出期限错配限制观点

对于网络借贷的期限错配进行限制。

4.关于监管规制

对于监管方面,提出了如下观点:

(1)提出监管机构的重新调整

提出由地方监管机构单一监管的方式,同时提出监管职权明确化。

(2)提出监管与自律并行的监管模式

对于行业自律与监管间关系进行了二元职权划分和强制进入行业协会的原则。

(三)视角创新

本书主要研究域内外各国的立法和实践做法,虽然也有学者在研究类似问题,但能全方位从放贷人、中介、利率和监管四个方面进行研究的还没有。本书从上述四个方面进行了详细的介绍和系统的研究,再结合国内外学者的理论观点,提出一些立法建议,更注重法律制度的建设。

第一章　网络借贷概述

第一节　相关概念内涵界定

民间借贷在我国有着悠久的历史，既是一个现实问题，又是一个理论问题。经济学和法学等领域的专家学者分别采用不同研究方法从不同角度对这一问题进行了深入探讨和分析。但是，对民间借贷概念的界定学界仍存在争议，不同的研究者出于自身研究目的和方法的需要，给出了各自不同的定义和分析，因此在研究过程中出现了术语不完善、内涵不确定的情况，人们使用时也是模糊不清，因此，概念的界定也就成了深入研究本课题的开始。本书首先通过辨析与民间借贷相关的民间金融的概念，进而界定民间借贷的内涵。

一、相关概念辨析

（一）民间金融与正式金融

随着国内学者对民间金融研究的不断深入，学者们开始结合我国的国情对民间金融进行研究而不是简单地直接移植国外的研究经验。当然，随着经济体制的转变，对民间金融的内涵界定也发生了一定的变化。

在计划经济体制时期，有学者从经营权、产权关系的角度对民间金融的内涵进行界定，如姜旭朝认为民间金融是为民间经济活动融通资金的非公有制、非官方的资金运动。[①] 可见,此时的民间金融是与官办金融相对的,并且这一时期的民间金融所涵盖的范畴包括了一切进行资金融通活动的私人借贷、私人钱庄、合会、基金会、地下钱庄以及各种形式的集资等资金交易活动,外延形式是十分宽泛的。

然而,随着确定建立市场经济的目标后,我国的所有制结构也转变成以公有制为主体、多种所有制成分并存的形式。在这种社会环境中,先前从经营权、产权关系角度对民间金融进行界定出现了严重的不足,直接导致将民间金融与灰色金融等除官方以外的一切金融活动形式混为一体,使金融活动的合法性和非法性无从区分。例如,曾经在我国沿海地区存在的各种集资活动和类似于典当、合会的资金活动方式,以及政府支持过的私人钱庄都因界定不清,国家在监管时无法判断这些活动的合法性而不得不选择将这些资金活动方式与老鼠会、非法的地下钱庄等非法的金融活动一起打击取缔。

可见,随着我国多种经济成分并存及共同发展,将民间金融作为官办金融的对立面进行定义已经不符合经济发展的需要。为此,有学者提出了以是否符合《公司法》和《商业银行法》的规定来判断是否属于民间金融,认为凡是未经审批而只经过工商行政部门注册登记的各种金融组织形式、金融行为、金融市场和金融主体都应归为民间金融的范畴。[②]

通过辨析民间金融和相关概念可以看出,国内对民间金融这一概念的界定还是比较混乱的,一些学者将其等同于非正式金融,另一些学者则将其作为地下金融的对立物来看待,但从上文的讨论看出,民

---

① 姜旭朝:《中国民间金融》,山东人民出版社 1996 年版,第 6 页。

② 姜旭朝、丁昌峰:《民间金融理论分析:范畴、比较与制度变迁》,载《金融研究》2004 年第 8 期。

间金融与非正式金融之间存在一定的差异,与非地下金融之间又存在交叠。

据此,本书将民间金融定义为:在经济发展中自发产生的,游离于国家金融监管体系之外的金融行为和金融组织;与之相对的正规金融则是已纳入国家金融监管体系之内的金融行为和金融组织。

将正式金融定义为通过国有商业银行、政策性银行、股份制商业银行等正式金融中介机构和金融市场进行的资金融通。

(二)民间金融与非正式金融

“民间金融”一词颇具中国特色。国外对于金融仅有“正规金融”和“非正规金融”区分,没有“民间金融”一说。① 非正式金融通常是相对于正式金融而言的,但从历史角度来看,在正式金融产生之前,金融活动往往都是以非正式金融存在的,因此,非正式金融先于正式金融出现。较之于国内学者的研究,国外对非正式金融的研究起步较早,其研究成果已经较为成熟。早在 1965 年世界粮农组织便提出“非正式金融是个人之间所进行的金融活动”,这一界定十分接近于“非机构金融”的定义。可见,当时的粮农组织只观察到了非正式金融中的个人信贷这一种形式,具有一定的局限性。随着非正式金融的不断发展,越来越多的金融活动形式为人们所了解。世界银行从金融监管的角度对非正式金融进行了界定,认为非正式金融是没有被中央银行金融监管当局所控制的金融活动,同时还将非正规金融机构分为非信贷机构、处理个人和企业关系的机构以及为借贷双方提供服务的机构三

① 国外有关非正规金融的观点可参见:Dale W. Adams and Delbert A. Fitchett, *Informal finance in low-income countries*, Boulder, Westview Press, 1992; E. Aryeetey, *Informal Finance in Africa: Filling the Niche* (AERC/East African Educational Publishers, Nairobi, 1995)。

种类型。[①] Anders Isaksson(1980)指出地下经济是为了规避当局对正规经济的管制或过高交易费用而产生的一种交易形式，而非正式金融恰恰是在正规金融之外存在的规避管制的信用形式。他认为非正式金融机构应当是没有受到国家监管和控制的，它们从事着不受国家信用控制和中央银行管制的信贷活动及其他金融交易。[②] Germidis Dimitri 认为非正式金融的主要特征在于存在一种金融中介机制。[③] Krahene 和 Schmidt 都赞同非正式金融和正式金融之间的区别在于交易执行所依靠的对象不同的说法，他们认为正式金融依靠社会法律体系，而非正式金融则依靠法律以外的体系。[④] M. Schreiner 同样认为非正式金融的合同承诺不依据现有的法律体系而制定。[⑤] 在国外学者看来，非正式金融的外延范畴主要有自由借贷、钱庄、轮转基金、批发商、信用合作社以及某些非政府组织等，他们更多的是从政府监管角度来进行定义的。

相比于国外学界对非正式金融的研究，国内学者对非正式金融的研究要晚些，并且经历了从批判到基本赞同的过程。起初，国内学者对非正式金融的研究持批判的态度，将非正式金融与非法金融、灰黑

---

① Ernest Aryeetey et al. ,"Informal Financial Markets and Financial Intermediation in Four African Countries" in World Bank, *Africa Region Findings & Good Practice Infobriefs* No. 79, January 1997, pp. 79 - 91.

② Anders Isaksson, "The importance of informal finance in Kenyan Manufacturing", *Statistics and Information Networks* (*SIN*, *Branch of UNIDO*) *Working Paper Series* 2002(5), 2002, pp. 276 - 280.

③ Germidis Dimitri, "lnterlinking the formal and Informal Financial Sectors in Developing Countries", *Savings and Development* 14(1), 1990, pp. 5 - 22.

④ Jan Pieter Krahene and Reinhard H. Schmidt, *Development finance as institution building*: *A new approach to poverty-oriented banking*, Boulder, USA, Westview Press, 1994, p. 23.

⑤ Mark Schreiner, "Informal Finance and the Design of Microfinance", *Development in Pracice* 11(5), November 2001, pp. 637 - 640.

色金融等同视之。随着改革开放和经济的发展,人们的认识也有了一定的改变,目前,大多数国内学者对国外非正式金融的基本定义持赞同的态度,并且认为国外学界的非正式金融与我国的民间金融的含义基本相似,即非正式金融是金融体系中没有受到国家信用控制和央行管制的部分。但是,在对非正式金融的范畴的界定上,国内学界与国外学界却有所不同,如农村信用合作社曾被认为是非正式金融,而现在已经被归入正式金融的范畴。对于非正式金融与民间金融外延范畴的差别性,易秋霖、郭慧认为我国非正式金融应该由民间金融、银行间不规范的拆借、地下金融组成,其中民间金融包括私人借贷、互助会、农村合作基金等形式,地下金融包括高利贷等形式。① 而苑德军认为我国非正式金融包括民间自由借贷、民间合会、私人钱庄和私募基金等,其范围相当广泛。② 张宁则将我国的非正式金融分为狭义的非正式金融和广义的非正式金融,犯罪金融与违法金融属于狭义的非正式金融,民间金融与地下金融等属于广义的非正式金融。③

通过对国内外学者研究成果的比较分析,本文认为民间金融与非正式金融的差异性在于:非正式金融主要是因为正式金融制度深化不足而产生的,它的产生不具有合法的经济地位,常常和地下的、灰黑色经济相联系,其外延主要包括正规金融机构的违规金融行为及正规金融机构没有参与到的金融活动,主体包括经过正式注册的金融组织、机构和未经过正式注册的个人;民间金融则是存在于正规金融体制之外的,在经济发展过程中自发而生的一种资金融通形式,性质上通常

---

① 参见易秋霖、郭慧:《非正式金融探析》,载《金融理论与实践》2003 年第 3 期。

② 参见苑德军:《民间金融的外延、特征与优势》,载《经济与管理研究》2007 年第 1 期。

③ 参见张宁:《试论中国的非正式金融状况及其对主流观点的重大纠正》,载《管理世界》2003 年第 3 期。

是没有经过官方金融机构注册的、游离于中央当局的金融监管之外的一种资金融通活动。因此,从外延范畴的角度来看,非正式金融的外延要大于民间金融,民间金融是非正式金融中的一类,并不能将两者简单地等同视之。

(三)民间金融与地下金融、非法金融

之所以会出现民间金融与地下金融、非法金融是否属于同一对象的讨论,一方面,早期学界在对民间金融进行研究的过程中并没有对相关概念作出清晰的区分,通常将正式金融制度之外的各种金融活动统称为民间金融、地下金融、黑色金融、灰色金融、非正规金融或草根金融等。另一方面,地下金融本身在体现出了非法金融的性质同时又具备了民间金融的相关特征,以地下钱庄为例,有些地下钱庄主要的经营业务为非法买卖外汇、高利贷以及洗钱等,其活动性质显然是属于非法金融范畴的,但同时也存在一些经营传统合理的存贷款业务的地下钱庄,这些钱庄又体现出了民间金融的特点。

对于民间金融、地下金融、非法金融,不同的学者也提出了不同的定义。易宪容认为地下金融没有合法与非法之分,它只是在政府金融管制和金融压抑外自发形成的民间融资关系。① 李建、冯增炜认为,民间金融是诸如私人之间拆借、企业之间不以商业票据为基础的拆借、合会等社会自发产生的金融活动或金融组织,这种金融组织或金融活动往往没有经过有关部门许可或经常打法律的"擦边球",但其具有一定的创新性,在一定程度上支持着私营经济的发展;地下金融活动往往和公开的金融活动相对应,它们因没有合法的身份而处于隐蔽状

① 易宪容:《民间金融市场如何启动和发展》,载中国经济网宏观经济栏目:http://www.ce.cn/new_hgjj/guonei/zbjj/200501/05/t20050105_2755296.shtml,最后访问日期:2019 年 7 月 30 日。

态，它们的存在在一定程度上是合理的，并且有市场需求，但却属于法律所禁止的范围；非法金融既包括那些没有金融业务许可证的企业组织开展金融业务，还包含正规金融机构体系内部的腐败、违规操作、金融犯罪、金融诈骗等非法金融活动，这些金融活动危害了社会的正常经济活动。①

本书认为，民间金融与地下金融、非正式金融所包括的金融形式有所不同，这主要是因为定义的出发点有所差别，但民间金融与后两者的概念并不是相互独立、毫无关联的，因此，无须刻意地在民间金融与地下金融、非正式金融之间划出明确的界限。

（四）民间金融与互联网金融

在《中国人民银行、工业和信息化部、公安部、财政部、国家工商总局、国务院法制办、中国银行业监督管理委员会、中国证券监督管理委员会、中国保险监督管理委员会、国家互联网信息办公室关于促进互联网金融健康发展的指导意见》（以下简称《十部委指导意见》）中规定，互联网金融是传统金融机构与互联网企业利用互联网技术和信息通信技术实现资金融通、支付、投资和信息中介服务的新型金融业务模式。互联网金融主要包括互联网支付、网络借贷、股权众筹融资、互联网基金销售、互联网保险、互联网信托和互联网消费金融等业务。互联网金融业务既可以是正规金融机构办理，也可以是非金融机构办理。

（五）民间借贷与网络借贷

民间借贷是民间金融形式中历史最悠久、最常见的一种金融行

① 李建、冯增炜：《中国民间、地下和非法金融规模到底有多大》，载《上海证券报》2007年2月5日，第7版。

为,除民间借贷这一主要形式之外,民间金融还应当包含通过民间信贷组织进行的票据贴现、资金拆借等资金融通活动,因而不能将民间借贷完全等同于民间金融。

早在1986年的全国民间借贷利率学术讨论会上,我国学者就对民间借贷的概念提出了自己的看法。一些学者认为一切非官方的借贷都属于民间借贷;另一些学者认为民间借贷仅是民间信用的一个组成部分,除此之外,摇会、标会、抬会以及民间组织之间发行股票、债券甚至办理钱庄等也属于民间信用;还有学者提出民间借贷存在广义、狭义之分的观点。

对于广义民间借贷的界定,学者间仍存在争议,但主流观点是将其归于民间金融或非正规金融的范畴。例如,康正平(2004)等认为民间借贷是正规金融体系外的金融活动,民间借贷属于民间融资范畴,一般是指处于官方正规金融体系以外自发形成的民间个体之间的资金借贷活动的总称。[①] 张书清(2009)认为民间借贷不受金融法规对资本金、流动性及资本充足率等要求的约束,也没有纳入国家信用控制和金融监管等常规管理系统。[②] 张胜林(2002)指出在理论上民间借贷由于其不受监管而被称为非正规金融。[③] 高小琼(2004)认为民间借贷又称非正规金融,是相对于正规金融而言自发形成的民间信用。[④] 李富国等(2005)认为民间借贷属于非正规金融范畴,是指在金融体制中没有受到央行的管制和政府的监督,处于"地下"的金融

---

① 康正平等:《农村金融融资瓶颈与民间信用的替代效应分析——从武家嘴个案解析农村民间借贷的效用》,载《金融纵横》2004年第12期。

② 参见张书清:《民间借贷法律价值体系的重构》,载《上海金融》2009年第2期。

③ 参见张胜林、李英民、王银光:《交易成本与自发激励:对传统农业区民间借贷的调查》,载《金融研究》2002年第2期。

④ 参见高小琼:《制度背景、经济运行与民间借贷》,载《金融研究》2004年第12期。

活动。[①] 官兵(2005)认为民间借贷是非正规金融的一种表现形式,非正规金融还包括:集资、典当、银背、私人钱庄、合会等形式。[②]

对狭义民间借贷的界定,众学者比较统一。例如,姜旭朝和丁昌峰(2004)认为民间借贷是民间金融的一种形式,仅仅指居民个人之间的借贷行为。[③] 宋磊(2005)则认为狭义的民间借贷以私人间的借贷为主,但同时还包括个人向集体企业和其他资金互助组织的借贷。[④]

从学者们观点来看,狭义的民间借贷是指个人的借贷行为,包括个人之间的借贷活动和个人向地下钱庄的借贷活动;广义的民间借贷是泛指在国家权力机关依法批准设立的正规金融机构之外的各种资金借贷活动,除了包括狭义的民间借贷的内容,还延伸到许多其他的借贷活动,包括企业之间的借贷行为、合会活动、社会集资、典当信用、基金会、高利贷等活动。

显然,学者们将民间借贷在狭义上仅认为是个人之间的借贷行为不利于对民间借贷进行全面的研究,本文所指的民间借贷应当是从广义的角度进行的定义,即是泛指在政府批准设立并进行监管的正规金融体系之外的个人、企业及其他经济主体所从事的以货币为标的的价值转让及还本付息活动的总和。

根据《十部委指导意见》的规定,网络借贷包括个体网络借贷(P2P网络借贷)和网络小额贷款。网络借贷,借贷双方利用网络平台,实现借贷交易。网络借贷依靠网络平台作为中介,借贷人和放贷

---

① 参见李富国、任鑫、蔡月锋:《市场经济下的民间借贷:利率选择与比较优势》,载《人文杂志》2005年第6期。

② 参见官兵:《企业家视野下的农村正规金融和非正规金融》,载《金融研究》2005年第10期。

③ 参见姜旭朝、丁昌峰:《民间金融理论分析:范畴、比较与制度变迁》,载《金融研究》2004年第8期。

④ 参见宋磊:《透视农村民间借贷》,载《中国农村金融》2005年第8期。

人通过这个平台完成借贷行为。网络借贷看似是新兴行业,其实质是民间借贷的网络化,放贷人和借贷人通过网络借贷平台达成的借贷行为实际上是依照《合同法》等法律法规进行的民事交易行为。从概念上来看,网络借贷仍属于民间借贷的范畴。理由如下:从主体上来看,网络借贷仍发生在个人与个人、个人与企业、企业与企业之间,与民间借贷双方主体一致;从实质上看,网络借贷中介机构不是法定的金融机构,网络借贷也不属于正规金融,它主要是传统民间借贷在"互联网+"时代,从原来的线下转向线上的一种模式上的创新,没有改变民间借贷的本质特征。

网络借贷全称为 Peer-to-Peer Lending,是点对点之间借贷的意思,指个体和个体之间通过互联网平台实现的直接借贷。"P2P"一词来自计算机信息技术,指用户个人可以从另一个用户网页上直接获取相关信息的技术。[①] 目前我们所说的网络借贷,包括个体网络借贷(Person-to-Person Lending, P2P),个人与企业间的借贷(Person-to-Business, P2B),以及企业之间的借贷(Business-to-Business, B2B)。

网络借贷有狭义和广义之分,各国所使用的概念并不一致。2011 年美国审计署(U. S. Government Accountability Office,简称 GAO)在政府要求下对网络借贷业展开调研,当年 7 月 7 日发表题为《人人贷行业发展及新的监管挑战》(Person-to-Person Lending, New Regulatory Challenges Could Emerge as the Industry Grows)的 GAO 报告,[②]把 P2P 仅仅理解为个人与个人之间的借贷。而英国的《众筹监管规则》将纳

---

① 参见张玲玲:《P2P 服务提供者侵权责任问题研究》,载《知识产权》2012 年第 4 期。

② See U. S. Gov't Accountability Office, "Person-to-Person Lending, New Regulatory Challenges Could Emerge as the Industry Grows", 2011, Accessed Sep 11 2015. http://www.gao.gov/new.items/d11613.pdf.

入监管的网络借贷平台规定为运营或计划运营 P2P 借贷平台与 P2B 借贷平台的企业,[①]还包括企业之间的借贷。本书中的 P2P 专指个体之间的借贷,而将点对点之间的借贷统称为网络借贷,包括个体之间,个体与企业间,以及企业间的借贷。

(六)网络借贷中的主体界定

1. 网络借贷中介机构与网络借贷平台

根据 2016 年《网络中介机构暂行办法》规定,网络借贷信息中介机构是指依法设立,专门从事网络借贷信息中介业务活动的金融信息中介公司。该类机构以互联网为主要渠道,为借款人与出借人(贷款人)实现直接借贷提供信息搜集、信息公布、资信评估、信息交互、借贷撮合等服务。网络借贷中介机构主要在互联网上提供平台为借贷双方提供服务。

有关网络借贷平台的定义,目前国内没有统一的定义,有学者认为网贷平台仅仅是一个电子市场,且由于 P2P 网贷平台是以个人消费性信贷为主要业务内容的,因此,不能将其定性为发行债券等行为的机构。[②] 有学者提出网贷平台的客户有借款人和贷款人(包括个人或企业),从平台的角度来说,两者都是消费者,地位是平等的,且投资人通过 P2P 网贷平台有偿将款项借贷给他人,由于金额较小,应该属于小额借贷的模式。[③] 也有学者认为 P2P 网贷平台以互联网为媒介为借

---

① Oxera and P2P FA, "The economics of peer-to-peer lending", September 2016, Accessed Feb 7,2017. http://www.lendacademy.com/wp-content/uploads/2016/10/Oxera_P2P-report_FINAL.pdf.

② 参见尹建国:《我国网络信息的政府治理机制研究》,载《中国法学》2015 年第 1 期。

③ 史建平主编:《中国中小微企业金融服务发展报告(2014)》,载史建平主编:《中央财经大学民泰金融研究所系列报告》,中国金融出版社 2014 年版,第 2 ~ 3 页。

贷双方提供融资服务,且该服务是建立在资源和信息共享的基础上,这就摆脱了传统金融模式中必须由银行等作为借贷中间人的束缚。[①]学者们对于网络借贷平台定义都不一样,有从主体形态上,有从行为性质上,有从服务方面来分析。本质上,网络借贷平台实为网络借贷中介机构所提供的一个网络场所,用于为借贷双方提供信息及进行线上交易。平台是由中介机构公司所设立,为中介机构所特有,中介机构也必须通过其自有平台进行服务,所以两者密不可分,在很多场合下可以将它们相互等同。

2. 借款人

网络借贷中借款人是指通过网络借贷平台向不特定资金拥有者发出借款需要,在征得资金拥有者同意后获得借款的借贷合同中的一方当事人。

3. 放贷人与投资者

网络借贷中放贷人是指通过网络借贷平台向借款人提供资金,并在借款到期后获得本金或本金与利息返还的借贷合同的另一方当事人。放贷人又称为贷款人,或称为放款人。网络放贷人的主要目的是追逐利润,因此放贷人又被称为投资人。

4. 金融消费者

美国《多德—弗兰克华尔街改革与消费者保护法案》将受保护的金融消费者界定为"消费金融产品和服务的自然人或者代表该自然人的经纪人、受托人或代理人"。在英国金融消费者保护机构——金融服务监管局(FSA)的《监管手册》中,进一步将受保护的金融消费者界定为"并非出于贸易、商业或职业目的行事的自然人"。2001 年《〈金

---

① 参见黄震、何璇:《P2P 网络借贷平台的法律风险及防范》,载《金融电子化》2013 年第 2 期。

融服务与市场法〉（受监管活动）指令》则进一步明确，受金融机构的专业知识限制，一般无论是自然人或法人，基本上属于“资讯弱势者”。[①] 中国目前并没有相关法律对于金融消费者进行定义，本书认为金融消费者一般是指为满足个人、家庭或单位需要，购买金融产品或接受金融服务的公民个人或单位。金融产品或服务不仅由正规金融机构所提供，也可以由民间金融单位或个人所提供。金融消费者往往是处于弱势地位的消费者。

二、网络借贷的起源

民间借贷具有悠久的历史，在现代金融体系建立之前民间借贷便已存在，并且在资金融通方面发挥着重要作用。经验研究表明，在中国，民间借贷是极为普遍的，何广文等（1999）的调查发现，农户贷款中来自民间借贷的比重高于75%；温铁军（1999）通过对东、中、西部15个省份的调查发现，民间借贷的发生率高达95%；国际农业发展基金会（IFAD）（2001）的研究报告也指出，中国农民的信贷需求主要依赖非正规金融，其从非正规金融渠道贷款的规模大约相当于来自正规金融机构的四倍。[②] 在国外，民间借贷的发生情形与国内大体相当。可见，民间借贷具有明显的普遍性。民间借贷是在经济发展过程中自发产生的一种金融活动，现有的金融体制使得部分资金需求者很难从正规的金融机构获得资金的支持，于是资金的供需矛盾诱发了民间借贷这种非正规的金融制度。因此，与由政府主导建立的正规金融体制不同，民间借贷的产生和发展具有内生性，民间借贷的交易规则等也都

---

① 焦瑾璞：《金融消费者概念的内涵与外延》，载《中国金融》2013年第8期。

② 殷俊华：《金融缺口、非正规金融与农村金融制度改革——沈阳农村民间借贷研究》，载《金融研究》2006年第8期。

是自然演进的结果。民间借贷由社会经济本身所催生,并为经济发展所需要,是自发的、极为普遍的一种金融活动。

网络借贷是一种新型借贷模式,是由网络借贷平台参与的借贷,2005 年 3 月全球第一家网络借贷平台 Zopa 网站在英国伦敦开始运营,经过十几年的发展,目前 Zopa 的业务已经拓展到意大利、美国、日本等国家。2006 年诞生于美国的 Prosper 网站则成为当今运营规模最大的网络借贷平台,截至 2011 年 2 月,Prosper 的注册会员已经超过 1 亿,累计交易额达 21.9 亿美元。[①] Prosper 网站成立初期业务量的迅速增长引起了美国证券交易委员会(SEC)的注意,他们认为网站在经营投资理财产品,这种借贷模式在美国是非法的,于是网站于 2008 年年初被 SEC 勒令关闭,然而 2009 年加州政府又允许 Prosper 重新开始营业,这也说明网络借贷模式在美国也处于尚未稳定的探索期。类似的网站还有美国的 Lending Club、德国的 Auxmoney 等。[②]

2007 年 7 月于上海成立的"拍拍贷"是我国第一家网络借贷平台,随后国内的网络借贷平台如雨后春笋般出现了,截至 2016 年年底,我国共有 5881 家平台存在,[③]平台的增长速度非常快。

三、网络借贷特点

网络借贷作为一项新型的融资方式,较之传统的民间借贷的融资模式,具有不可比拟的优势,主要体现在以下几点:

---

① 莫易娴:《P2P 网络借贷国内外理论与实践研究文献综述》,载《金融理论与实践》2011 年第 12 期。

② 参见邢增艺、王艳:《网络借贷:微型金融发展新趋势》,载《前沿》2010 年第 23 期。

③ 网贷之家:《网贷数据》,载网贷之家:https://shuju.wdzj.com/,最后访问日期:2017 年 6 月 8 日。

(一)资金来源更广泛

马运全认为,与传统借贷相比,P2P 网络借贷平台上的借贷参与主体更加广泛。[①] 传统的民间借贷与网络借贷资金都来自民间资本,但传统的民间借贷资本具有明显的地域性,借贷主体间主要靠熟人之间的人际关系而产生,资金来源的范围较小,只在某一区域间的熟人间进行流通,资金规划相对较小,而网络借贷资金脱离了实体空间的地域限制,资金来自任何区域的民间资本,因此网络借贷的资金供给规模会远超过传统的某一区域的民间借贷资金规模。

(二)融资成本更低

赵乐峰及杜凯认为,相对于银行复杂的手续、间接融资成本高及耗时长的特点而言,网络借贷融资成本更低。[②] 影响传统民间借贷利率的因素很多,各种因素所占的重要性差距也很大,因此民间借贷的利率水平差别大。最低的利率甚至为零,主要发生在有亲缘关系的个人之间,但传统民间借贷资金供给具有偶然性,也不具有公开性,对于融资主体来说不能找到闲置的资金,因此,利率定价更具随机性,常常会带来高利率。

网络借贷在网络借贷中介提供的平台上完成,网络平台聚集了大量的放贷人,放贷人数量众多会为借款人提供更大规模的资金来源,在借需平衡基础下,网络借贷的利率会比传统民间借贷利率低;同时,由于网络借贷是借贷双方直接见面,省去了中介成本,直接融资大大降低了通过间接融资所需消耗的中间费用,因此,网络借贷成本会更低。

---

① 马运全:《P2P 网络借贷的发展、风险与行为矫正》,载《新金融》2012 年第 2 期。

② 赵乐峰、杜凯:《规范发展我国 P2P 网络借贷平台的思考》,载《福建金融管理干部学院学报》2012 年第 1 期。

（三）网络借贷交易更具便捷性

传统的民间借贷主要通过线下完成，需要跨越实体空间进行合同的订立，资金的交付等，借贷交易达成相对较慢。网络借贷只要通过网络就能实行借贷，可以签订电子合同，不需像传统借贷那样双方见面签订合同，省去了时间及相关费用，即使网络借贷利率有时可能会较高，借款人仍然选择 P2P 平台，融资效率高是重要原因之一。[①] 同时，网络借贷没有时间限制，任何时间都可以进行借贷。此外，由于网络借贷多数为小额借贷，使每个人不管金额大小都可能成为放贷人，投资人人数众多，而传统借贷的单笔金额一般会远高于网络借贷的单笔金额，从而限制了放贷人数量增长。

（四）网络借贷具有涉众性和分散性

Peter Renton 认为 P2P 网贷平台为中小微型企业和个人提供了新的融资渠道，其手续简单、方式灵活，开启了“大众金融”的时代。[②] 传统的民间借贷的借贷活动通常是在具有亲缘、业缘和地缘关系的人之间展开的，他们彼此之间相互熟识，对双方的信用、财务状况等交易信息的掌握也是较为充分的，民间借贷参与主体“有缘”性这一特征也大大降低了民间借贷的交易成本。民间借贷通常发生在自然人之间、自然人与非金融企业之间、非金融企业彼此之间，但他们之间都有着特殊的情感联系，即他们之间要么是亲朋好友，要么是企业和员工，要么是生活在同一地区的邻里乡亲。因此，传统借贷是单个的借贷主体之间基于信任而发生的交易。

---

① 参见葛庆稳：《对当前我国 P2P 网络借贷平台发展的思考》，载《时代金融》2014 年第 5 期。

② 参见［美］Peter Renton：《Lending Club 简史：P2P 借贷如何改变金融，你我如何从中受益？》，第一财经新金融研究中心译，中国经济出版社 2013 年版，第 1 ~ 10 页。

网络借贷涉及的是一个借款人对应多个放贷人,放贷人与借款人之间已经脱离原来的信任关系,变得非常陌生,甚至放贷人并不知道真正的借款人是谁。相对于传统借贷而言,由于网络借贷多是小额借贷,使放贷人只一味看重实际借款利率,而忽视其他权利,不太注重对自己权利的保护,容易引发自身利益受损,因此需要对于放贷人进行教育和保护。

从借贷双方关系来看,网络借贷已经从传统民间借贷的熟人关系走到今天网络上陌生主体间的交易关系。放贷主体已经从单一主体发展到由众多主体共同完成放贷,众多的放贷主体共同承担借贷的风险。①

(五)网络借贷无地域差异性

传统民间借贷是基于一定的地缘、血缘、亲缘、业缘关系而成立的。由于民间借贷的内生性使民间借贷资金数额有一定限制,并且跨地区民间借贷的资金流动较少,其资金流动主要集中于某一地区。因此,由于各地在经济、文化、历史等社会环境方面的不同,民间借贷也呈现一定的地域性,各地的民间借贷之间也具有明显的差异。民间借贷的差异既可能存在于借贷形式上,也可能是资金供给上的差异,比如,福建地区以民间标会的形式存在,江浙地区则以私人之间的直接借贷为主。民间借贷的这种地域性和差异性也是其能够自发的适应当地的资本金需求的重要因素。

网络借贷是在网络上完成的交易,这种交易形式可以借助网络的特性来消除地区间的地域边界,进而能够消除地区间因经济发展差异和资金供需差别而带来的利率差异。因此,网络借贷没有地域性差

---

① See B. Slavin,“Peer-to-Peer lending:An Industry Insight”,Accessed May 15,2015. http//www. bradslavin. com/wp-content/ uploads/ 06/peer-to-peer-lending. pdf.

异，投资者可以参与任何网络平台上的借贷活动。

（六）网络借贷涉及不同法律关系

传统民间借贷只涉及借贷双方的借贷合同关系，不涉及其他法律关系，但在网络借贷中，借贷双方能够达成交易是靠网络中介机构促成，因此在每个借贷中都会存在两个私法领域法律关系：一是借贷合同关系；二是居间合同关系，适用的法律也自然不同。另外，网络借贷还涉及平台间的行业竞争关系及平台与监管部门间的监管关系。

第二节　网络借贷的生成原因

一、体制性根源：金融抑制与长尾现象

20 世纪 70 年代，美国经济学家爱德华·肖和罗纳德·麦金农通过对发展中国家金融发展与经济增长之间的相互关系的深入研究，提出了著名的金融抑制理论。[①] 金融抑制指政府通过严格的利率控制、金融市场的准入控制、指导性信贷、高存款准备金率和建立特别信贷机构等手段使大量的廉价信贷资金通过正规金融体系被分配到诸如工业部门等国家优先发展的部门，从而致使个体居民以及相当一部分中小企业无法从正规金融系统获得资金支持。因为无法从正规金融系统获得资金支持，这些资金需求者只能从民间金融市场获得外源融资，民间借贷便成为他们获得融资的一个重要途径。麦金农和肖的金融抑制理论将民间金融与发展中国家联系在一起，揭示了民间金融在

---

① ［美］罗纳德·L. 麦金农：《经济发展中的货币与资本》（中译本），卢骢译，三联书店上海分店 1988 年版，第 135 页。

发展中国家产生的体制性根源。

金融抑制政策普遍存在于发展中国家经济起步之时,我国也不例外。在我国计划经济时期和市场化改革过程中,因政府财政收入下降,财政控制能力不足,只能选择通过金融抑制来实现经济战略目标。我国政府主要是通过价格性抑制和结构性抑制来推行金融抑制政策的。价格性金融抑制主要是指我国实行法定的低利率政策,将从居民手中吸收的廉价资金配置到能够实现政府经济发展期望的特定行业和地区,从而导致金融资源的供给出现巨大缺口,为民间借贷的产生和发展提供基础。结构性金融抑制是指政府运用行政手段干预直接金融(民间借贷)和间接金融(商业银行)在国家金融体系中所占的比例。据统计,截至 2011 年,我国各类金融机构贷款占社会融资规模的比例约为 75%,远远高于直接融资 14% 的比例。[①] 造成间接融资和直接融资结构失调的很大一部分原因在于政府对间接金融领域的最终控制权,形成了国家直接控制下的单一国有银行体制,使这些金融机构能够按照自己的偏好选择资金配置的对象,那些能够执行政府产业政策的企业以及政府扶植的产业便成为正规金融机构资金配给的首选对象。因此,那些不符合政府经济发展目标的个人和中小企业只能寻求体制外的民间金融市场的帮助。

可见,金融抑制现象的存在,致使原本短缺的资本过多地流向政府所"偏好"的国有经济部门,留给私人部门的融资渠道十分有限,非国有经济特别是中小企业几乎不可能从正规金融获得与其在经济增长中的作用相匹配的资金支持,它们只有寻求民间金融的支持,其结果自然是体制外经济内生出非正规的民间金融。

---

① 杨凯生:《宏观经济》,载中国金融信息网:http://news.xinhua08.com/a/20120309/917520.shtml,最后访问日期:2016 年 12 月 6 日。

由于金融抑制现象存在,正规金融由于资源的稀缺只能覆盖到极少数的主体,对于大部分主体不能享受到正规金融服务,这便形成了金融领域的"长尾现象",即正规金融只能覆盖到长尾中的极小部分,对于长长的尾巴部分却不能覆盖到,而网络借贷却能使民间资本充分进入借贷领域,提供给借款人的正是不能被正规金融所覆盖的弱势群体和小微企业主体。网络借贷能够有效覆盖"长尾现象"中长长的尾巴部分,在存在众多有资金需要的借款人,以及有效增加投资人投资渠道和投资收益前提下,网络借贷就以惊人的速度发展起来了。

二、根本性原因:信息成本的分担

Stiglitz 和 Wiess 在对信贷市场进行研究时首次引入了信息不对称和风险的信息经济学分析的思路。[①] 在他们看来,金融市场具有明显的层级结构,金融市场的层级越高,融资规模越大,需要借款人提供的信息量就越多,而正规金融体系的交易也正是建立在信息公开的基础上的。但是,在发展中国家,普通家庭和中小企业一般不会通过财务报表来披露财务状况,加之法律体系的不完善,信息披露具有一定的风险,中小企业也不愿披露自己的信息,因此,交易信息相对比较缺乏而且获得的成本也较高。在信息不对称的情况下为了避免信贷风险,正规金融机构出于尽可能地降低风险的考虑不得不采取信贷配给,即银行等正规金融机构往往倾向于向那些有较好声誉和较长时间持续成功经营的大企业发放贷款,而那些银行对其经营状况无法做出确切判断的中小企业则成为银行等正规金融机构放弃信贷配给的主要对象。这样一来,一部分借款者的贷款需求只能得到部分满足,甚至根

---

① 参见 Joseph E. Stiglitz and A. Wiess. "Credit Rationing in Markets with Imperfect Information",*American Economic Review* 71(3),1981,pp. 393 -410。

本就得不到满足,从而形成了信贷资本的缺口。如果融资缺口不能从资本市场等其他正规渠道得到有效的补充,未受到或未充分受到信贷配给的资金需求者就有动机去寻找民间金融,这也是民间金融存在和发展的根本性原因。

在网络借贷业中信息披露为监管的重要指标,尽管借贷双方并不熟悉,但由于网络借贷中介机构的存在,为借贷项目提供了专业的信息收集与查看服务,信息披露相对比较充分。同时,网络平台的信息收集又会惠及众多的放贷人,相较于正规金融信息收集成本由单个金融机构来承担而言,网络借贷平台能让信息收集成本被众多的放贷人所分担,信息收集成本被极大地降低。因此,信息成本的分担能够有效促进网络借贷业的发展,既有利于借款人降低其融资成本,也有利于放贷人提高其收益。

三、环境原因:社会对创新的需求

人类社会的发展伴随着一次次的经济革新和政治变革,社会发展不仅有制度方面的更新,更重要的是产业不断的升级换代和创新,新兴行业发展始终是社会发展最重要的需要,在资本内源性资源缺乏时,融资主体会向外源性资源进行需要配置,进而推动网络借贷业的发展。网络借贷业作为新兴行业,其发展不仅得到社会大众的欢迎,同时由于其能有效解决社会资源的供给难题,也受到了政府当局的欢迎,因此,当前各国政府都大力支持网络借贷业发展,为其提供了专门立法支持,以保障其规范发展。政府还为新兴行业发展提供了更多的政策配套支持,使更多主体能够享受到新兴行业发展红利。最后,创新是社会发展源泉,创新不仅为社会带来新的活力,同时也能为创新者带来巨额财富,使创新者能够享受到创新带来的巨大成就,网络借贷业这一新兴行业是由于资源配套不均衡,以及创新者对于创新的不断追求而产生的。因此,网络借贷业能够为国家、社会及个人所拥护,能够快速发展起来。

第三节　网络借贷的相关理论

一、经济学中的理论依据

(一)信息经济学中信息不对称理论

1. 经济学中的信息不对称

以亚当·斯密为代表的古典经济学家认为,市场是一只看不见的手,国家不应该对市场进行干预,应该让市场自由竞争,由市场调节就可以了。[①] 古典经济学倡导市场自由竞争,不需要干涉,一个隐含的前提是市场信息是完全通畅和对等的,信息是透明的,交易双方都能对市场信息全部了解,谁都不会掌握更多的、对方不掌握的信息。然而市场却大量存在信息不对称,在信息不对称的条件下,市场常常难以达到最优的市场均衡。以 2001 年获得了诺贝尔经济学奖的 Akerlof, Spence 和 Stiglitz 三位学者为代表,创设了市场信息不对称理论,[②]他们通过大量的实证得出了市场存在信息不对称现象,诸如旧车市场、劳动力市场和保险市场等市场中,人们在交易时会存在逆向选择和道德风险。逆向选择理论来自美国著名经济学家阿克洛夫(Akerlof)于 1970 年发表的关于旧车市场模型的论文,该论文指出,以交易发生为

---

① [英]亚当·斯密:《国富论》(下),杨敬年译,陕西人民出版社 2010 年版,第 384 页。

② 杨军编著:《银行信用风险:理论、模型和实证分析》,中国财政经济出版社 2004 年版,第 34 页。

界限,之前发生的信息不对称被称为逆向选择,在此之后发生的信息不对称被称为道德风险。逆向选择是一种事前的信息不对称,指交易双方在达成交易前存在信息不对称,一方拥有可以在交易中获利的私人信息,拥有私人信息的一方基于信息优势从交易中获利,而另一方因此而受损的情形。逆向选择同样是个体自利的选择结果。在存在逆向选择的情况下,不拥有私人信息的一方要么接受交易从而利益受损,要么不进行交易。这两种情形都减少了交易利益,降低了交易效率。因此逆向选择是一种典型的市场失灵现象,而道德风险就是在契约签订以后,由于契约签订一方无法观察到另一方的行动或信息,另一方从而可以从中获利。①

2. 信贷市场上的信息不对称:信贷配给理论

1981 年,施蒂格利茨(Stiglitz)和韦斯(Weiss)合作发表了《不完美信息市场中的信贷配给》,揭示信贷市场中信息不对称所导致的信贷配给现象。文章中分别论述了逆向选择和道德风险与信贷配给的关系。他们的模型基于如下假设:借款人和贷款人都为风险中性;每个借款人有相同的初始财富和相同的投资项目,且投资项目的期望收益相等;投资项目不可分割,因而只有获得一定数量的贷款,投资才能进行;贷款合同为标准的债务合同。在信息不对称的情况下,提高利率会使借款人的质量构成发生变化,低风险的借款人逐步退出市场,这种逆向选择效应使借款人的平均风险程度增加,从而可能降低贷款人的预期收益。贷款人预期收益与利率变化间的非一致性决定了贷款人不会通过利率调整从市场随时出清,因而信贷市场可能出现配给均衡的结果。他们也分析了道德风险与信贷配给的关系,一方面,提高利率可能使借款人选择高风险的投资项目,从而降低贷款人的预期

---

① 参见何维达、赵晓主编:《经济学教程》,科学出版社 2008 年版,第 192 ~ 193 页。

收益,因而贷款人会将利率设定在预期利润最大化的水平上,而这时信贷市场上可能存在超额需求,出现信贷配给。[①] 另一方面,由于信贷合同签订后,借款人并不独自承担风险,如果其不能还款,会对贷款人收益造成影响。由于贷款人不能完全掌握借款人的经营情况,借款人可能会隐瞒经营情况,会将设定用途的贷款资金用于其他更多风险更高收益的项目,这样就会使贷款处于不安全状况,基于这些因素银行同样会考虑信贷配给。

由于市场上存在的信息不对称,使交易存在交易前的逆向选择和交易后的道德风险等因素,导致信贷市场上存在信贷配给现象,使很多能够达到贷款条件的借款人得不到所需资金,经济学家们提出了各种解决信贷配给现象的方案,主要方案是增加借款人的信用标准,诸如提升借款人信誉(戴蒙德于 1989 年提出了 rePutinn 概念即所谓的信誉,他认为良好的还款记录可使借款者在借贷市场上获得更好的信誉,从而使融资渠道更加多样化);[②]融洽借贷双方,增加关系融资(Chakravarty 等于 1999 年提出,强调银行与借款人之间的关系融资问题,说明关系融资对于解决信贷配给问题的有效性);[③]创新借款人组织结构,如增加借款人团体贷款(Impavido 于 1998 年提出,从引入不同借款者组织的角度提出了解决信贷配给问题的思路,指出在不存在实物担保的情况下,团体贷款可以有效地解决信贷配给问题,因为团体中的任何成员违约都将受到所谓的“社会制裁”,这种“社会制裁”,

① 陈雨露、汪昌云:《金融学文献通论 · 宏观金融卷》,中国人民大学出版社 2006 年版,第 392 页。

② Douglas W. Diamond, “Reputation Acquisition in Debt Markets”, *Journal of Political Economy* 97(4),1989,pp. 828 – 862.

③ Sugato Chakravarty, J. S. Scott, “Relationships and Rationing in Consumer Loans”, *The Journal of Business* 72(4),1999,pp. 523 – 544.

起到了担保物的作用);[①]增加抵押贷款(Bester 于 1987 年提出,指出将抵押品和利率同时作为银行分离贷款项目风险类型的甄别机制,银行可以通过企业对抵押金数量变动的反应敏感程度来判断贷款项目的风险属性)。[②] 这些解决方案只是针对正规金融融资的解决方案,当今还存在不能通过这四种方案解决融资问题的情况,如中小企业、农村农民融资难,有学者提出应该增加非正规金融融资,以扩大信贷规模,以林毅夫、孙希芳为代表,他们于 2005 年提出非正规金融能促进中小企业融资的观点,认为由于中小企业信息不透明,且常常不能提供充分的担保或抵押,正规金融机构难以有效克服信息不对称造成的逆向选择问题,而非正规金融则在收集关于中小企业的软信息方面具有优势,非正规金融的存在能够改进整个信贷市场的资金配置效率。[③]

(二)金融抑制理论

以美国经济学家爱德华·肖和罗纳德·麦金农等为代表的经济学家认为,影响发展中国家经济发展的一个重要因素就是"金融压抑"。肖和麦金农在 1973 年出版的《经济发展中的金融深化》和《经济发展中的货币与资本》两本著作中,对发展中国家的金融抑制问题作了开拓性的研究。金融抑制,是指由于政府当局遏制了市场机制的作用,过分干预金融市场造成的金融管制、利率限制、信贷配额、金融资产单调等现象。金融抑制现象在发展中国家普遍存在,其表现形式主要有:严格的利率管制、高额存款准备金、信贷配给、高估本币汇率

---

① Gregorio Impavido, "Credit Rationing, Group Lending and Optimal Group Size", *Annals of Public and Cooperative Economics* 69(2), 1998, pp. 243 – 260.

② Helmut Bester, "The role of collateral in credit markets with imperfect information." *European Economic Review* 31(4), 1987, pp. 0 – 899.

③ 林毅夫、孙希芳:《信息、非正规金融与中小企业融资》,载《经济研究》2005 年第 7 期。

等。一般来说货币实际利率与货币需求成正比，因为投资越大，对货币需求就越多，实际利率也就应该越高。麦金农指出，发展中国家的经济之所以欠发达，就是因为其实际利率太低，甚至成了负数。造成这样的原因可能是由于人为的对利率的控制，也可能是由于通货膨胀，或者二者共同作用，这种状况，麦金农即称为“金融压制”。在金融压制经济中，人们不愿意进行储蓄，故投资会减少，经济增长受到阻碍。[①] 另外，在金融抑制下，因为存款的实际收益很低，所以储蓄很低，由于银行不能根据风险程度决定利率，低的实际贷款利率吸引那些低收益和低风险项目，对生产性项目或高风险项目来说，要么得不到贷款，要么借助信贷配给，而银行只能选择安全项目，从而使风险降低。而对于生产企业来说，很难得到银行信贷，只好求助非正式或场外市场，这样非正式的信贷市场就会产生[②]。因此，民间借贷的存在是由于发展中国家普遍存在金融抑制现象，即麦金农所提出的金融二元结构。

（三）经济二元结构理论

诺贝尔奖获得者刘易斯于 1954 年在其经典作品《劳动无限供给下的经济增长》中对二元结构理论作了经典性的解析。刘易斯提出发展中国家经济划分为农业和工业两个部门，经济发展过程就是农业经济比重下降，工业经济比重上升。这主要是由于农业收益低，工业生产附加值高。与此相对应的就是农村中存在大量的剩余劳动力，这部分劳动力需要向城市工业化部门转移，一直到城市将农村剩余劳动力完全吸收，农村工资和城市工资趋向一致，城乡差别才会逐步消失，国

① 陈伟光主编：《货币银行学》，中山大学出版社 2003 年版，第 339 页。
② 王玉琴主编：《货币金融学》，黑龙江大学出版社 2009 年版，第 321 页。

民经济才能达到现代化。[①] 地理二元性使经济上也存在二元性，瑞典经济学家缪尔达尔（Myrdal）在1957年出版的《经济理论与不发达地区》一书中提出了地理上的二元经济理论。他运用动态和结构分析方法得出经济不平等与区域间经济发展水平差距两者相互影响、相互作用，最终导致地区间（国家间）地理上二元经济结构的形成。在区域经济发展中，缪尔达尔主张：在经济发展的初期，应优先发展具有较强发展势头的地区，以提高经济增长速度；当经济发展到一定水平时，应采用区域经济政策缩小区域间的经济差异，以防止地区间不平衡程度的无限扩大。[②] 经济二元结构使金融也存在二元结构，即正规金融与非正规金融，正规金融多对国有经济投入金融支持，农村非公有经济对金融资源的渴求便内生出与正规金融平行的农村非正规金融。我国学者杜朝运在2001年《制度变迁背景下的农村非正规金融探究》一文中提出，农村非正规金融在改革开放之后的兴起与发展，相对传统计划经济时代而言是一种制度创新。政府之所以不予以合法化是基于对正规金融的控制和对农村非正规金融与正规金融竞争而影响正规金融发展的担心，但是农村非正规金融存在是基层群众金融诉求的一种表达，由于它代表着市场机制的要求，所以政府施以强制打压是无益于问题解决的，这不符合经济发展规律，也不符合群众的意愿，正确的做法就是承认农村金融的合法地位。[③] 同样，学者邓大才于2004年从制度变迁角度对农村民间金融存在作了论证，学者殷俊华于2006

---

① W. Arthur Lewis, "Economic Development with Unlimited Supplies of Labour", *The Manchester school of economic and social studies* 22(2), 1954, pp. 139 - 191.

② Gunnar Myrdal and Paul Sitohang, *Economic Theory and Under-Developed Regions*, London, Gerald Duckworth & Co. Ltd., 1957.

③ 杜朝运：《制度变迁背景下的农村非正规金融探究》，载《农业经济问题》2001年第3期。

年从二元结构方面以实证方法论证了农村非正规金融存在的合法性，学者史小坤于2010年从二元金融结构方面对农村非正规金融与正规金融的存在进行了论证。①

（四）长尾理论

美国的《连线》杂志主编克里斯·安德森在研究在线音乐公司的点击和下载量数据的时候，根据每首歌曲的点击和下载量做成了曲线图。对该图分析发现，一些在曲线顶端的大热门的歌曲被下载了无数次之后，它们的曲线会随着曲目流行度的降低而陡然下坠，但是它并未一直坠至零点。在排名第10,000首的那个曲目，它的月下载量仍然保持了千位数。在它后面，类似的曲线一直在不断地延伸：第200,000首，第300,000首，第400,000首……总能看到有效的客户下载需求。在这条曲线的末端，曲目的月下载量虽仅仅只有3～5次，但是仍然没有降到零点。根据统计学的理论，类似这种形状的曲线被形象地称谓长尾分布，因为相对于头部来讲，它的尾部特别长。安德森利用统计学的原理把商业上的这种现象形象地称为长尾理论。2004年安德森在《连线》杂志上发表了同名的文章，著名的“长尾理论”由此得到了正式认可，此文也成了该杂志历史上被引用最多的文章。②

“长尾理论”运用在金融上就是指由于资源的稀缺，正规金融只能覆盖到长尾的头部曲线部分，而对于长长的尾巴部分却不能覆盖。网络借贷所服务的对象正是正规金融所服务不到的主体，也正是“长尾”中的尾巴部分，因此，网络借贷提供了更多的资金供应者，增加了资金

---

① 参见邓大才：《需求诱导性制度变迁与农村民间金融的制度化》，载《人文杂志》2004年第5期；殷俊华：《金融缺口、非正规金融与农村金融制度改革——沈阳农村民间借贷研究》，载《金融研究》2006年第8期。

② 参见［美］克里斯·安德森：《长尾理论》，乔江涛译，中信出版社2006年版。

来源,改变了正规金融机构只能服务到少量资金需求者局面,服务到了传统融资难的主体,推行了金融普惠理念。

二、社会学"嵌入性"(embeddedness)理论

"嵌入性"(embeddedness)理论是新经济社会学研究中的一个核心理论。匈牙利哲学家、政治经济学家卡尔·波兰尼(Karl Polanyi)在1944年《大转型:我们时代的政治经济起源》一书中首次提出"嵌入性"概念,并将此概念用于经济理论分析。他认为,"人类经济嵌入并缠结于经济与非经济的制度之中,将非经济的制度包括在内是极其重要的""经济作为一个制度过程,是嵌入在经济和非经济制度之中的"。他提出,互惠、再分配和交换这3种经济活动形式在不同制度环境下的嵌入形态不同:工业革命之前的非市场经济中,市场交换机制尚未占据统治地位,经济生活以互惠或再分配的方式为主,是嵌入在社会和文化结构之中的;而在工业革命之后的市场经济中,经济活动仅由市场价格来决定,人们在这种市场上按照金钱收益最大化的方式行事,此时的经济体制是"去嵌入"(disembed)的,即不再受社会和文化结构的影响。

"嵌入性"概念的提出对后来的经济社会学研究产生了深远影响,学者们逐渐认识到要理解市场问题、克服传统经济学理论的约束就必须深入研究人和组织所处的社会关系。美国斯坦福大学人文与科学学院Joan Butler Ford教授,曾任社会学系主任、20世纪70年代以来全球最知名的社会学家之一马克·格兰诺维特(Mark Granovetter)在此基础上继续发展了嵌入性理论,格氏认为嵌入性可以分为两种:一是关系性嵌入(relational embeddedness),指人的经济行为嵌入于其人际关系并受人际关系的影响或决定;二是结构性嵌入(structural embeddedness),在更高的层面上,行为者们所构成的关系网络嵌入于

由其构成的社会结构之中,并受到来自社会结构的文化、价值因素的影响或决定。①

对此,我国学者也从社会学角度对民间借贷的存在进行了研究。学者朱全景于2012年从人际关系嵌入理论来分析民间借贷交易成本,认为民间借贷更多依靠双方的相互关系而产生,主要产生于熟悉的亲人、朋友及街访邻居等周边生活的人之间,因此其交易成本相对较低,如果民间借贷在陌生人之间产生,则其交易成本就会高,因此从人际关系嵌入到民间借贷经济行为中来看,民间借贷更具有地域性。②学者雷鹏、孙国茂于2012年也从民间借贷交易成本来分析,发现民间借贷交易成本低,正规金融成本高的情形,他们认为民间金融之所以能够普遍长期地存在,是因为正规金融体系在优化资源配置和推动经济增长的某些方面存在低效率。③ 学者鞠春彦于2006年从人的面子等心理角度来研究,指出民间借贷为何长期存在的原因,她认为,民间借贷在"实用理性"和面子等思想观念影响下具有其现实合理性与顽强生命力,以亲缘、地缘为中心的人际关系网络成为民间经济活动最根本的信用基础。它是如此的重要. 以至于任何一位与之相关者都不愿意失去它。无论是熟人朋友圈子,还是亲缘性关系网络所执行的交往和信用规则,都是以特殊主义为原则,具有互利互惠、真诚相待、讲信用等行为特征,因此民间借贷有其产生的社会基础,应当给予民间借贷适当的空间,规范引导,使其健康发展④。

---

① 参见朱全景:《基于社会资本理论视角的民间借贷及其有效规制》,载《中共青岛市委党校·青岛行政学院学报》2012年第1期。

② 同上。

③ 雷鹏、孙国茂:《中国非正规金融的庞氏融资特征》,载《社会科学》2012年第5期。

④ 鞠春彦:《民间借贷的社会功能及其发展研究》,载《理论探讨》2006年第2期。

网络借贷属于民间借贷的一部分,其虽然已经脱离传统民间借贷的地域性,使人际关系变得陌生,但网络借贷也可以借助传统民间借贷的优势,即借助其熟人关系的嵌入,美国代表性的网络借贷平台 Lending Club 于 2007 年就与脸谱合作,在脸谱社交网络服务网站上提供借贷服务,借助社交网络上的熟人关系,使其借贷业发展很快,同时也降低了违约风险。英国 Seth Freedman 和 Ginger Zhe Jin 的研究表明,在 P2P 平台上具有更多社会网络关系的借款人容易得到借款,并且具有更低的利率。①

三、法律上的国家干预理论

人类社会由封建社会进入资本主义社会后,资本家在政治上倡导自由、民主和三权分立,经济上强调建立自由竞争的经济体制,以亚当·斯密为代表的古典经济学家们提出"夜警国家论",推崇经济的绝对自由,认为市场是万能的,应该由市场自己来配置资源,自行解决市场出现的问题,国家应该像夜里的警察一样只是守望,不需要进行任何的干预,以保障契约的绝对自由。古典经济学家们推行的经济放任自由学说一定程度上刺激了经济的繁荣,但随之而来的是格式契约取代了一般契约,使具有垄断地位的主体占据了契约中的主导地位,契约形式自由的结果带来的是实质上的不公平。市场中具有垄断地位的人控制市场资源,市场价格变成了垄断者的任意定价。市场中的消费者常常受到格式合同中的权利限制,使其权利自由变成了空谈,其从正常的合同平等主体变成了弱势群体。同时,经济的放任不管带来

---

① Seth M. Freedman, Ginger Zhe Jin, "The Signaling Value of Online Social Networks: Lessons from Peer-to-Peer Lending", *National Bureau of Economic Research* w19820, January 2014.

私人权利的无限扩大，过分强调个人权利必然损害社会公共利益。因此，古典经济学家倡导的经济放任理论最终结果是经济危机爆发，社会财富分配严重不均衡，失业率大幅提升，带来社会关系的尖锐化，个人意志的膨胀，严重损害社会公共利益。

古典经济学家的自由放任理论随着资本主义国家不断爆发的经济危机而告终，取而代之的是以凯恩斯为代表的现代经济学家们倡导的“国家干预理论”，凯恩斯认为资本主义制度存在着分配不均、失业等缺陷，自由主义的经济理论和经济政策是产生经济危机的根源，国家应当加强对整个经济生活的干预。① 他认为市场存在天然的缺陷，即市场不能消除垄断，不能带来实质公平和社会公共利益保护，因此国家应该承担起宏观调控职能，像一把梳子一样对经济进行梳理，以便经济畅通无堵。国家应该对契约自由进行干预，使契约从形式自由到实质自由，契约自由应当遵守更高层次的法律正义原则，法律一直被看作维护正义的艺术和工具，是关于正义与非正义的科学；②同时，国家应该对个人权利进行限制，从个人本位主体到社会本位主义，应该对社会公共利益进行保护，保护弱势群体；另外，国家要通过调控消除垄断，维护市场的有序运行。在此基础上各国纷纷制定了《反垄断法》《劳动法》《消费者权益保护法》等，在金融领域都开始强调对金融业主体的宏观调控和监管。金融的宏观调控和微观监管已经是国家对于金融业的一种典型的双面干预。网络借贷业涉及众多的社会公众，参与主体广泛，资金流通更快，范围更广，如果发生问题势必在网络上会形成快速传递效应，带来网络借贷业的风

① 参见胡启忠：《西方现代契约正义理论产生的理论基础》，载《财经科学》2007 年第 1 期。

② ［罗马尼亚］查士丁尼：《法学总论：法学阶梯》，张企泰译，商务印书馆 2009 年版，第 5 页。

险。因此，对于网络借贷业的国家干预也是网络借贷业健康发展的重要组成部分之一。

第四节　网络借贷立法规制

一、立法规制必要性

网络借贷作为一个新兴的金融创新模式，能够持续健康发展必然离不开立法的规制，规制的理由主要从几个方面进行考虑。

（一）市场的有序化

网络借贷从 2005 年在英国诞生后，各国纷纷效仿，得到了快速发展。在经历了一段自由放任的野蛮生长时间后，其各种弊端纷纷暴露，亟待规范化发展。Herzenstein 等证实了 Prosper 市场中存在从众行为，即投资者借助他人的行为来推断借款人是否值得信任。① 因此，网络借贷市场存在天然的缺陷。基于此，各国开始重视对网络借贷的规范，美国开始在立法未变的前提下对网络借贷进行监管，英国开始制订监管规则通过立法手段来规范网络借贷，中国自 2015 年开始对网络借贷开始进行立法。立法规制能让网络借贷更规范有序地发展，使行业有了良好的经济运行秩序。

（二）市场的体系化

网络借贷涉及众多关系，首先涉及交易规则制订，需要立法对交

① Michal Herzenstein, U. M. Dholakia, and R. L. Andrews, "Strategic Herding Behavior in Peer-to-Peer Loan Auctions", *Journal of Interactive Marketing* 25(1), 2011, pp. 27 – 36.

易规则进行规范，包括借贷主体间的借贷交易规则的制定，以及借贷主体与中介间的居间关系规则制订。其次涉及交易规则的监管，需要专门立法来进行监管。再次涉及市场体系化建设，市场体系化包括行业自律，行业自律建设需要立法予以明确。同时，市场体系化还应该包括投资者保护、行业信用体系构建等内容。

（三）网络借贷的属性定位

网络借贷既涉及民法内容，也涉及刑法内容，还涉及经济法中的监管内容以及行政法中的审批内容，因此网络借贷不能简单地归属于哪一部门法，需要立法对其进行特别规制，这样才能更有利于其发展。美国对于 P2P 网贷平台签发的收益权凭证，是否属于证券行为，实际上是经历了一个法律放任到监管的过程，因此对网贷行为的法律性认识也会有一个变化过程。[①] 从普通债权凭证到认定为证券过程，[②]权利从民法上的权利变成金融法上的权利，立法的变化会对行业行为有很大影响，因此对于新兴行业需要从立法上进行性质归类，以便更好地发展新兴行业。

二、各国立法规制现状

网络借贷业经过十年左右的发展，各国都纷纷开始制定法律，规范这一行业。网络借贷本质上仍然属于民间借贷，因此网络借贷立法包括传统的民间借贷立法和对网络借贷业的专门立法。

美国对于网络借贷的一般法律适用包括 1933 年的《证券法》，

---

① See Susan Johnson, A. Ashta, D. Assadi, "Online or Offline?: The Rise of 'Peer-to-Peer' Lending in Microfinance.", *Journal of Electronic Commercein Organizations* 8(3), 2010, pp. 26 - 37.

② 尽管美国证券交易委员会（SEC）将网络借贷上的凭证认定为证券有很多人反对，但目前在美国已经把它界定为法律。

1934 年的《证券交易法》,以及 20 世纪 60 年代及以后陆续出台的《诚实借贷行为法》《联邦平等信用机会法》《联邦公平信用报告法》《联邦公平债务催收行为法》《金融服务现代化法》《军人民事救济法》《联邦电子资金转移法》《联邦国际和国内商业电子签名法》《联邦电子交易法》《银行保密法》《联邦贸易委员会法》等。①

2012 年 4 月 5 日由美国总统奥巴马签署的 JOBS 法案(Jump start Our Business Start ups Act)是对网络借贷的专门立法。该法案共有七章内容,第一章规定新兴成长公司融资规则(2012 年 10 月生效),第二章规定创业企业的资本筹集(2013 年 9 月 23 日生效),第三章规定众筹(2015 年 10 月 30 日生效),第四章规定小企业集资(2015 年 6 月生效),第五章规定私人企业的成立及集资,第六章规定资本扩张,第七章规定该法的后续与完善。其第三章《众筹法案》(2012 年又叫《在线集资及防止欺诈和不道德隐藏法案》)的生效是美国专门针对网络借贷业规制的一个专门性法律。依据《众筹法案》,美国对《1934 年证券交易法》第 15(i)条款进行了修改,增加了对网络借贷平台规定。

另外美国在 2010 年 7 月 21 日制定通过了《多德—弗兰克华尔街改革和消费者保护法案》(Dodd—Frank Wall Street Reform and Consumer Protection Act),这部法律重点规定对金融消费者的保护,也适用于网络借贷平台。

英国对于民间借贷的一般法律规定有《消费信贷法》(The Consumer Credit Act),是英国规制民间金融服务机构的重要法律文

---

① See U. S. Gov't Accountability Office, "Person-to-Person Lending, New Regulatory Challenges Could Emerge as the Industry Grows", Government Accountability Office Reports, 2011, pp. 3-7, 13, 22, 33, 44.

件,于1974年由英国议会通过。其后,英国议会于1986年批准通过了《房屋贷款与储蓄协会法》,1992年英国政府财政部制定了《私人主动融资合同细则》,2012年12月19日议会又通过了《2012年金融服务法案》等一系列法律文件。

对于网络借贷进行专门立法规定的是2014年英国金融行为监管局(FCA)发布的行政规章《关于网络众筹和通过其他方式发行不易变现证券的监管规则》(The FCA's regulatory approach to crowdfunding over the internet and the promotion of non-readily realisable securities by other media,PS14/4,以下简称《众筹监管规则》),《众筹监管规则》于同年4月1日被正式实施,随后于2015年3月2日被修改。2016年4月,FCA根据P2P平台的发展状况,又适时对监管规则进行了一些调整,对监管细则进行了修订。① 这是全球第一个有关网络借贷业的部门规章立法,对P2P网贷行业运营细则进行了规定。

德国没有对网络借贷进行专门立法,网络借贷平台只能跟银行合作,因此网络借贷的规定只能参照适用一般借贷的《德国民法典》和《德国银行法》(Kreditwesensgesetz)。

法国对于网络借贷有专门立法,法国政府于2014年5月30日颁布了《参与性融资条例》,这是一部专门用于规范众筹②平台的行政规章,其中规定了网络借贷利率参照《法国民法典》中的规定。

---

① Financial Conduct Authority, "Policy Statement PS14/4 The FCA's regulatory approach to crowdfunding over the internet, and the promotion of non-readily realisable securities by other media Feedback to CP13/13 and final rules March 2014", Accessed Feb 3, 2015. https://www.fca.org.uk/publication/policy/ps14-04.pdf.

② 众筹包括网络借贷和股权众筹。

三、立法规制内容

(一)网络借贷、放贷主体的法律规制

1.放贷主体的类型

从是否营业来看,分为专职放贷人与非专职放贷人;从主体类型来看,包括自然人、法人和其他组织;从组织形式来看,主要包括公司、合伙和其他民间组织如合会等。

2.资金来源

包括资金来自正规金融和非吸储自有资金,对于非合法来源的资金放贷的效力安排。

3.人员安排

包括投资人的要求、高管的要求、专业人才的要求等。

4.放贷主体的保护

主体包括合格投资者制度,保护放贷人所规定的借款人借款限额、网络借贷业信用体系制度,投资人担保权利设置和实现,投资人诉讼权利实现等。

(二)网络借贷中介机构法律规制

主要包括中介机构性质的规定,是纯信息中介还是适度增信中介。为防止中介机构无成本的违规,各国一般都规定中介机构市场准入设立制度、中介机构信息披露规定及标准、中介机构风险管理规定、中介机构内部机构管理规定、中介机构行业数据提供及保留规定、中介机构退出机制规定等。

(三)网络借贷利率规制

主要包括网络借贷利率范围规定,对于利率是否包括居间费用,美国通过判例作出承认规定,英美两国的网络中介机构实际服务中也

是按统一利率进行交易撮合，我国目前对此还未有规制；对于网络借贷业利率是否应该有上限规定，各国规定还不一致，我国有上限规定，但受到了学者们的批评；网络借贷是否应该以用途划分利率，各国一般有对消费借贷的利率限制，对非消费借贷是否限制不统一，我国目前还没有此规定；大部分国家都有高利贷入刑的规定，我国目前没有相关规定，对于涉众型的网络借贷是否需要进行入刑规制还需要再进行探讨。

（四）网络借贷监管规制

主要包括确立网络借贷监管机构，各国一般都规定了监管机构，分为两种模式：一是单一机构监管；二是多头监管。监管机构的职责也是各国立法所要明确的，一般包括对中介机构的监管，对市场环境的监管，对投资者保护监管，对行业发展的规划及监管，投资者的教育等；监管机构的措施，一般有调查权、制裁权等；同时还包括网络借贷的行业自律规定，包括行业协会的成立、入会的要求、行业规则、行业标准以及行业惩戒办法等内容。

第二章　网络借贷放贷主体法律规制

第一节　概说

一、网络借贷放贷主体概述

（一）放贷主体概念之界定

正如博登海默所言："概念乃是解决法律问题所必需的和必不可少的工具，没有限定严格的专门概念，我们便不能清楚地和理性地思考法律问题。"①放贷主体，在借贷关系中又可称为"放贷人"，与"借贷人"相对应，放贷主体是否适格直接决定着放贷行为是否具有法律效力。因此，厘清网络借贷放贷主体的概念有利于明确其法律地位，更好地保护借贷双方的合法权益，对于民间借贷市场的积极意义不容小觑。法律是地方性知识，由于法制环境不一，在域外，放贷主体又被称为"放债人"（money lender）、"信贷提供者"（credit providers）、"非吸收存款类放贷人"（Non-deposit-taking Lenders）。总体来看，域外对"放贷人"概念的规制模式以归纳概括为主，以列举方式排除部分主体为辅。所谓概括归纳，是对专有词汇进行解释，如马来西亚的"放贷人"是指任何以获得更多偿付资金为目的而

---

① ［美］E. 博登海默：《法理学：法律哲学与法律方法》，邓正来译，中国政法大学出版社2004年版，第504页。

借出钱款给某个借款者的人。而在我国,民间借贷放贷主体一般是指以自有资金或者其他法律规定的途径获得放贷资金、开展业务的机构或个人。在网络借贷领域,杨东教授将金融消费者定义为“从金融机构购买金融投资商品或接受服务的自然人、法人或其他组织”①,网贷放贷人可以借鉴杨东教授对金融消费者的定义,即“为从P2P网络借贷平台购买P2P网络借贷商品或接受服务的自然人、法人或其他组织”。

(二)网络借贷放贷主体特征

网络借贷属于民间借贷,主体类型与传统的民间放贷主体要求一致,都是包括自然人、法人或其他组织,但网络借贷、放贷主体又有其特殊性,主要体现在以下方面:

1. 放贷主体的涉众化

谢平等认为,P2P降低了传统市场的交易成本,使市场交易主体范围得以扩大,具有涉众性。② 就网络借贷将个体中小额民间资本聚集起来,为资金需求方提供服务而言,网络借贷放贷主体具有分散性。在网络借贷关系中,其投资人与借款人并非明确的一一对应关系。每一名借款人的借贷项目绝大部分是由多个投资人完成的,同样,每一名投资人可以向不同的借款人投资,其资金是被分散到不同的借款人中的。所以借款人与投资人是一对多的借贷关系,投资人与借款人也是一对多的借贷关系。

2. 放贷金额小额性

传统民间借贷对于放贷主体放贷金额没有限制,网络借贷放贷主体对于借款人不像传统的借贷那样了解,主要依靠网络借贷中介来完

---

① 杨东:《论金融消费者概念界定》,载《法学家》2014年第5期。

② 参见谢平、邹传伟:《互联网金融模式研究》,载《金融研究》2012年第12期。

成,网络借贷的便利性使完成一笔放贷可能只需要几秒钟就能完成,为了控制风险,网络借贷一般对于放贷人放贷金额都有限制,不允许放贷人放贷过多金额。

3. 放贷主体风险共担性

网络借贷放贷主体是多个放贷人放款给一个借款人,与传统的一个放贷人放款给一个借款人不同,网络放贷主体投资具有小额分散投资特征,由于由众多放贷人共同来承担借贷风险,放贷主体的风险呈现风险共担性。

4. 放贷主体的营利性

传统的民间借贷是为了熟悉的人之间相互帮助,具有典型的以人际关系为前提的特征,因此很多情况下是无偿放贷。网络借贷虽然也有公益的网络借贷平台,为支持特定的弱势群体发展进行资金聚集,具有非营利性特点,但更多网络借贷平台是营利性平台,主要体现为公司,其本身具有营利性,需要收取相应的费用,营利性明显。同时,网络借贷订立过程在网络平台上完成,借贷合同的主体往往互不相识,不存在所谓的熟人借贷,资本逐利的本性就会暴露无遗。

二、网络借贷放贷主体分类

网络借贷放贷主体与传统的民间借贷放贷主体分类基本一致。

(一)学理类型:专职放贷主体与非专职放贷主体

学术界有以岳彩申为代表的众多学者主张将民间借贷分为非专职性借贷和专职借贷。① 不以营利为目的,出于互助的目的有偿或无

① 岳彩申:《民间借贷规制的重点及立法建议》,载《中国法学》2011 年第 5 期。

偿转让资金的行为主体应认定为非专职放贷主体,生活中发生的民间借贷多属非专职借贷。若自然人、法人或其他组织是以收取利息为目的,将发放贷款作为一种经营活动,进行资金融通时,具有营利性和连续性,其放贷主体则是专职放贷主体。

非专职借贷关系中放贷主体进行放贷的目的多为互帮互助,常见的是以自然人为主体,也有发生在自然人与法人或其他组织之间,并且是发生在亲朋好友等熟人之间,多为应付生活中的急需,如治病、子女上学,即使是为生产经营的借贷,也多为应付生产急需,如启动资金不足、资金周转困难。互助型的放贷人之所以乐意将钱款出借,除利息因素之外,很大程度上是基于血缘、地缘关系而“赠人玫瑰”,因此,非专职借贷主体的借贷行为多以信用为基础,即建立在亲情或友情之间的信任关系之上,借贷行为的随意性较强,手续较为简便,无须办理烦琐的签约和担保手续,发生频率也较高。非专职性借贷主体的资金既不受资金用途的限制,也不受借贷规模的限制,可以是有偿的,也可以是无偿的,在法律允许的范围内,其利率和借贷的期限都可任意约定,因而,非专职借贷主体在解决生活所需或应付经营急需时发挥着巨大的作用,在民间借贷市场上有重要的地位,不仅对于平衡民间消费、缓解生产急需、方便群众生活、活跃经济起到积极作用,而且对于缓解矛盾、平抑纠纷、促进社会安定团结,都具有十分重要的积极作用。

与民事借贷相对应,专职放贷主体的放贷行为强调连续性、营利性和职业性,其追求的是以营利为目的换来的货币的经营收益,而不是偶尔进行的无偿借贷行为。目前我国活跃在民间借贷市场上参与借贷活动的专职放贷主体有很多,如小额贷款公司、典当行、地下钱庄、民间合会,但是我国法律并未承认所有放贷主体的合法地位,目前为止仅小额贷款公司和典当行是法律认可的民间借贷放贷主体,其他如合会、地下钱庄等一直以来都是采取“地下模式”进行，不受法律保护，又游离在国家监管边缘，给我国的金融安全埋下隐患。

(二)立法分类：自然人、法人、非法人组织

1.自然人

自然人是最为常见的民事主体，也是民间借贷中最常见的借贷主体类型，主要存在于自然人之间的借贷和自然人与企业之间的借贷关系中。其中，自然人之间的借贷是最传统、最基本的民间借贷类型，通常指发生在自然人之间的用于日常生活消费的民事借贷，如无违反法律、法规等禁止性、强制性规定，通常都是合法的，受法律保护。传统的民间借贷主体双方一般是关系比较密切的人，这样会降低借贷风险，即使是目前的自然人之间的借贷，借款人也多以担保人的形式借款，很少采取抵押担保的形式，这类借贷主体通常是较为简单的借贷合同双方当事人，双方权利、义务都较为简单、明确，是城乡居民解决生产、生活所需资金的有力帮助者。关于自然人与企业法人之间的借贷，即公民与企业法人之间的借贷，《最高人民法院关于如何确定公民与企业之间借贷行为效力问题的批复》明确规定公民与企业之间的借贷合同有效。① 网络借贷中的放贷人也多为自然人，网络放贷主体有两种典型主体模式：一是自然人间的借贷，即 person-to-person；二是自然人和法人间的借贷 person-to-business，由自然人作为放贷人是网络借贷中的主要形式。

2.法人

依据《民法总则》的规定，我国的法人分为营利性法人、非营利性

---

① 根据《最高人民法院关于如何确定公民与企业之间借贷行为效力问题的批复》，公民与非金融企业(以下简称企业)之间的借贷属于民间借贷，只要双方当事人意思表示真实即可认定有效。

法人和特别法人，由于民间借贷主体的特殊性，牵涉资金交易，关系金融安全问题，因此，作为民间借贷主体的法人要求较为严格，常见的参与民间借贷活动的法人就是企业法人，即具有法人资格的企业，①对于企业法人、非营利性法人和特别法人能否作为放贷人法律没有明确规定，但从非营利角度来说不应该作为网络借贷放贷人。营利法人作为放贷主体经历了不被承认到有条件被承认的历程。1991 年《最高人民法院关于审理借贷案件的若干意见》②是早年人民法院在审理借贷案件过程中，最具直接意义的指导性文件，该意见第 1 条开宗明义地规定："公民之间的借贷纠纷，公民与法人之间的借贷纠纷以及公民与其他组织之间的借贷纠纷，应当作为借贷案件受理。"这就将企业间借贷排除在借贷主体之外。随着社会经济的不断发展，在审判实践中，最高人民法院对其先前发布的有关禁止企业间借贷的司法解释作出了很大的修正。早在 21 世纪初，最高人民法院就曾建议放开企业间借贷。主要理由如下：首先，企业间借贷广泛盛行于民间借贷市场；其次，现行的相关法律并没有明文禁止企业间借贷；最后，这是市场竞争的需求，若继续禁止企业间借贷，不利于民间借贷市场的繁荣，更不利于企业发展。最高人民法院于 2010 年以及 2011 年连续出台的两部指导意见③都体现了司法对于企业借贷态度的放松，两份文件都认为应当规范企业间借贷活动，并且要有条件地放开企业间借贷活动，而不是盲目地放松警惕，对于所有企业都不加以限制。2015 年《最高人民法院关于审理民间借贷案件适用法律若干问题的

---

① 本书中的企业都是指具有法人资格的非金融企业，即非金融企业法人，不再赘述。

② 该意见已被《最高人民法院关于审理民间借贷案件适用法律若干问题的规定》废止。

③ 《最高人民法院关于为加快经济发展方式转变提供司法保障和服务的若干意见》(2010)，《最高人民法院关于依法妥善审理民间借贷纠纷案件，促进经济发展维护社会稳定的通知》(2011)。

规定》第 11 条[①]和第 12 条[②]规定，放开了对企业借贷的限制，对于因生产经营所需的借贷行为，最高人民法院肯定其效力，为司法裁判的权威性增强了法律依据。但是该司法解释还要求，企业向另一企业所借贷的资金必须是对方企业的自有资金，且借贷的资金必须用于企业的生产和经营。

3. 非法人组织

“非法人组织”是在自然人、法人之外，作为民事主体广泛参与经济活动，是过渡性的民事主体，其不具有法人资格，但须是有自己的名称、自己的目的的社会组织体，并且有自己能支配的财产或经费，能以自己独立的名义进行民事活动，并承担无限连带责任。结合目前民间借贷的现状，主要有下列类型：个体工商户、个人独资企业、合伙企业。个体工商户属于非法人组织，且属于营利性非法人组织。[③] 这是目前民间借贷市场中常见的借贷主体，通常进行的是非专职的借贷，出于生产经营的目的，偶尔进行的出借或借入资金的行为，有利于发挥个体工商户经济主体的作用，刺激经济的发展，对民间借贷市场的发展来说，有不可估量的作用。个人独资企业和合伙企业可以作为借款主体通过民间借贷市场融取资金，也可以将闲置的资金通过网络借贷平台放贷给他人，2015 年《最高人民法院关于审理民间借贷案件适用法

---

① 《最高人民法院关于审理民间借贷案件适用法律若干问题的规定》第 11 条规定：“法人之间、其他组织之间以及它们相互之间为生产、经营需要订立的民间借贷合同，除存在合同法第五十二条、本规定第十四条规定的情形外，当事人主张民间借贷合同有效的，人民法院应予支持。”

② 《最高人民法院关于审理民间借贷案件适用法律若干问题的规定》第 12 条规定：“法人或者其他组织在本单位内部通过借款形式向职工筹集资金，用于本单位生产、经营，且不存在合同法第五十二条、本规定第十四条规定的情形，当事人主张民间借贷合同有效的，人民法院应予支持。”

③ 梁慧星：《民法总论》，法律出版社 1996 年版，第 140 页。

律若干问题的规定》(以下简称《民间借贷司法解释》)肯定其他组织的借贷主体地位,对于非法人企业进入民间借贷市场也提供了法制保障。

三、网络借贷放贷主体法律规制的必要性

从理论角度来看,正如著名经济学家诺斯所说:"制度的存在是为人类活动提供一个合理的基本构架,在为人类社会创造出秩序的同时努力降低人类交易活动中的不确定性。"①所以,对民间借贷或者说对放贷主体进行法律规制的理论渊源可以追溯到国家干预下的经济自由主义。自由与秩序是引发法学家之间争议的永恒话题,一个旨在实现正义的法律制度,会试图在自由、平等和安全方面创设一种切实可行的综合体与谐和体。与之相联系的,经济自由与经济安全则是西方经济学思想史上一对不断博弈的矛盾体。从亚当·斯密的自由放任主义到20世纪末以新凯恩斯主义为代表的"国家干预下的经济自由主义",西方的经济学在几百年之后终于在经济自由和经济安全之间找到了一个相对合理科学的平衡点,这一点可从西方国家的经济发展状况和金融体系的完善程度得以验证。根据这一思想,我国应该充分发挥"无形的手"的作用,尊重民间借贷市场规律,发挥其在金融资源配置中的主导作用,同时,国家对不合时宜以及畸形发展之处进行适度干预,尤其是在市场失灵时,利用法律手段这只"有形的手"设置框架,矫正方向,规范和调整网络借贷放贷主体的各项行为,引导我国民间借贷市场的有序发展。

实务角度上,从过去多年的司法实践来看,由于民间借贷具有私

① 参见[美]诺斯:《制度、制度变迁与经济绩效》,刘守英译,云联书店上海分店1994年版,第158页。

密性,监管机构与借贷双方主体出现信息不对称现象比较明显,从而导致规制不足,法律纠纷案件频发。江苏省高级人民法院于2015年8月20日发布《2010-2014年度江苏法院金融商事审判情况》,数据显示,2010~2014年,全省法院新收一审金融商事案件19.51万件,比2010年增加52.32%,新收案件标的总额1543.46亿元,比2010年增长612.23%。从案件类型来看,在审结的案件中,排在前五位的案由分别是民间借贷纠纷、金融借款纠纷、保险合同纠纷、信用卡纠纷、担保合同纠纷,占比分别为60%、24%、7%、4%、3%,占全部金融商事案件的98%。① 民间借贷案件之所以引人注目不仅因为其数量多,也因为其影响力大,波及范围广。民间借贷案件涉案金额之大、受害人数之多、社会影响之恶劣,严重侵害民间金融投资者和融资者的利益,一时间民间金融成为人们口中的"黑色金融"。法律案件数量的突增和影响的扩大不仅反映了中小企业对民间金融这种融资渠道的依赖,也折射出民间金融进一步发展需要体系化的法律来保障。作为资金供给方和资金需求方之间的一座桥梁,民间借贷的放贷主体始终要满足合法性要求,也就是说,对其权利义务的安排和组织架构、日常运营等方面都要符合法律规定,确保放贷主体的相关活动在适当监督下阳光化、规范化进行。

当前网络借贷放贷人具有涉众性、营利性和小额分散性特点,由于涉及的放贷人广泛,法律必须对其进行规范;同时,由于网络放贷人营利性目的较强,法律应该对其营利行为进行规制;最后,网络借贷的小额分散性,需要法律来明确具体标准,使放贷人能够有法可依。

---

① 娄银生:《江苏发布金融商事审判情况通报》,载《人民法院报》2015年8月21日,第1版。

第二节　域外法的经验借鉴

一、美国的做法

(一)美国相关立法

作为世界上最发达的国家,美国拥有最为完整、最为庞大的金融体系,贷款的供给十分丰富。但是,即使在美国,正规金融机构仍然信奉着“嫌贫爱富”的信贷哲学——偏好于信用记录好、担保条件优越和还款能力强的富裕阶层和大型企业,而对广大农村地区、低收入群体和中小企业则严格限制,两极分化现象明显。因此,形式多样的民间金融有了生存和发展的空间。正如美国学者 Ivan Light 所言:“作为世界上最先进的国家,我们到本世纪末仍有 2500 万家庭的近 8000 万人口需要通过信用协会、贷款公司及合作金融组织解决融资困难的窘境。”①

在美国,网络借贷放贷人又被称为投资人,美国法律体系中对于借贷投资人法律制度已经非常完备,现有法律基本能够覆盖 P2P 网络借贷行业。其对于网络放贷人(投资人)规范的相关法律如下:

美国对于放贷人的一般立法规制,主要体现在对于放贷行为要求,放贷催收要求,这些法律包括 1960 年《诚信借贷法》,要求对借贷广告进行监管;1970 年《公平信用报告法案》,要求在允许的情况下,可以获得消费者的信用报告,并要求投资人制定和实施身份盗用预防

① See Ivan Light and Michelle Pham, “Beyond Creditworthy; Microcredit and Informal Credit in the United”, *Journal of Developmental Entrepreneurship* 1998(3), Summer 1998, pp. 35 – 51.

方案;1977 年《公平债务催收法案》,为第三方债务追讨行为提供指引和限制;1980 年《电子资金转账法案》,为投资人提供从自己银行账户中划拨电子资金的权利;1994 年《美国平等信贷法》,①规范放贷及催收方面的一般适用法律。

美国还有保护放贷人的投资者保护法,主要包括美国政府于 1999 年出台的《金融服务现代化法》(Financial Services Modernization Act),②该法的核心内容主要包括允许民间金融进入银行、证券、保险业并实行混业经营,突出对享受金融服务的消费者的保护,强调对于放贷主体的金融消费者的权益保护,还有美国在 2010 年 7 月 21 日制定通过的《多德—弗兰克华尔街改革和消费者保护法案》(Dodd—Frank Wall Street Reform and Consumer Protection Act),这部法案重点规定对金融消费者的保护,也适用于网络借贷平台。

美国对于网络借贷也专门制定了法律,金融危机过后,美国为了促进创业企业发展,奥巴马总统在 2012 年 4 月 5 日签署了 JOBS 法案,即《创业企业融资法案》(JumpstartOur Business Startups Act),该法案共有七章内容,其中第三章专门规定了网络众筹,即《2012 年在线集资及防止欺诈和不道德隐藏法案》或《众筹法案》,于 2015 年 10 月 30 日生效,《众筹法案》是美国专门针对网络借贷业规制的一个专门性法律。根据《众筹法案》规定,美国对《1934 年证券交易法》第 15(i)条款进行了修改,增加了对网络借贷平台(集资门户)的监管。第 15(i)条款规定各州对于网络借贷平台监管应该适用《众筹法案》和《1934 年证券交易法》规定,各州不得另行规定标准来要求网络借贷

① 谢平、陈超、陈晓文:《中国 P2P 网络借贷市场、机构与模式》,中国金融出版社 2015 年版,第 81 页。

② 郄永忠:《美国金融业混业经营之路》,载《经济导刊》2004 年第 11 期。

平台，除非各州制定的法律、规则、法规或者其他行政管理措施与证券交易委员会对注册集资门户要求没有不同，则各州（注册集资门户的主营业地所在州或下属行政区域）对于网络借贷平台拥有审查和执法权，①在不违背《众筹法案》规定的情形下，各州可制定细则来规范网络借贷平台及相关证券交易。

（二）美国相关立法内容

通过对上述法律的梳理，我们可以得出美国法对于网络借贷放贷主体的以下几点态度：

1. 适用于一般借贷放贷主体规定的法

（1）组织形式

关于民间借贷放贷主体所能够采用的形态，美国法律也做了相应的规定。对于非吸储类放贷机构，美国大多数州的法律对其所能够采取的形态并没有做出任何限制，其可以是有限责任公司或股份有限公司，也可以是个人独资企业、合伙企业或自然人；但是对于专职从事放贷的民间金融服务机构，则必须获得州放贷机构的牌照。②网络借贷的放贷人可以是专职的放贷人，也可以是一般的民事主体，放贷人根据性质不同而决定是否需要持有放贷牌照，在互联网上进行放贷。

（2）资金来源

美国对于一般主体的资金来源没有规定，但对非存款类专职放贷组织（NDTL），立法有规定，即法律规定 NDTL 不能吸收来自公众的存

---

① 15 U. S. C. 78o(i).

② See Robert W. McGee, *Commentaries on the Law of Accounting and Finance* : 1997 *Yearbook* ,South Orange, NJ, Dumont Institute for Public Policy Research, Aug 1998, pp. 157 - 240; Mark Schreiner, "Informal Finance and the Design of Microfinance", *Development in Pracice* 11(5), November 2001, pp. 637 - 640.

款,但是规定的融资渠道也没有很多限制。美国很多专家认为,如果NDTL融资渠道狭窄就会引发灵活性降低、刚性和风险相应增加、资金来源不足等问题。因此,为了避免上述问题,美国的NDTL可以发行股票债券,以资产证券化的方式获得金融资源,更不用说从银行业金融机构贷款。① 1994年《美国平等信贷法》中规定了非存款类放贷机构可以通过向金融机构贷款、发行债券或股票、资产证券化等方式获取资金。

(3)人员要求

对于非吸收存款类专职放贷机构,美国目前还没有统一立法要求,但部分州也通过立法对设立人资格条件进行了规制,如纽约州法律规定申请非吸收存款类放贷机构的设立人需经历严格且全面的"背景审查"程序,需要提交的资料甚至多达11项,包括信贷历史记录、过去十年的民事诉讼和破产诉讼记录、犯罪记录(包括重罪、轻罪和违规)、教育经历、从业经历等。此外,合伙人、股东、高管、董事等还需要通过提交指纹程序,审查有无犯罪记录。在我国香港地区申请放债人牌照,首先由警方调查申请人有没有黑社会背景,证实"身家清白"后才交法庭审理,但亦非由法官一人决定,而是由两名市民协同审查,经三人一致通过后才能发放牌照。②

2. 网络借贷放贷主体特殊规定

(1)《众筹法案》规定

《众筹法案》有专门规定网络借贷内容,对于网络借贷中放贷人相关规定在《众筹法案》第302条第6款中体现,具体内容是通过修改《1933

---

① 刘萍、孙天琦、张韶华:《有关美国非吸收存款类放贷人(NDTL)的考察报告》,载《西部金融》2008年第9期。

② 岳彩申:《民间借贷规制的重点及立法建议》,载《中国法学》2011年第5期。

年证券法》第 4 条进行规范,规定放贷人内容主要有以下几点:①

①放贷人投资同一借款人总额规定。法案规定一个放贷人在 12 个月内在网络借贷平台上投资同一借款人金额不得超过下面额度:

(A)放贷人年收入或资产净值不超过 10 万美元的,放贷人借贷金额不超过 2000 美元,或该投资者年收入或资产净值的 5%,取两项中的较大值。

(B)放贷人年收入或资产净值达到或超过 10 万美元的,放贷人借贷金额不超过其年收入或资产净值的 10%,最多不超过 10 万美元。

(C)放贷人投资总额规定。法案规定一个放贷人在 12 个月内在网络借贷平台上放贷金额总额不能超过 10 万美元。

《众筹法案》规定,法案中的美元金额应当由 SEC 每五年调整一次,并在《联邦公报》上发布,以使法案适应经济发展。

②网络借贷交易必须通过证券经纪商或集资门户进行,借款人不需要进行发行注册,享有发行注册豁免权。

(2)美国各州规定

美国各州对于放贷人的投资金融也有限制,很多州要求放贷人的放款金额不能超过他们净资产的 10%。例如,放贷人在加利福尼亚州,其放贷人条件是:①贷款人净资产必须至少 85,000 美元,年收入至少 85,000 美元;②贷款人净资产(不包括房屋,家居用品和汽车)不少于 200,000 美元(双方的丈夫或妻子算作一个单一个体);③如果一个投资人不符合前两项中的任何一项,则投资额度不得超过 2500 美元。而在加利福尼亚以外各州对个人投资者的要求:①至少 70,000 美元的年总收入和净资产至少 70,000 美元(不包括房屋、家居用品和汽车);②净资产至少为 250,000 美元(双方的丈夫或妻子算作一个单

---

① 15U. S. C. 77d.

一个体)。[①]

(3)各大网络借贷平台对投资人限制

除去美国颁布的众多法律法规对投资人进行监管和保护之外,美国 P2P 网络借贷平台也使用了许多方法来保护投资人。比如 Lending Club 对投资人要求有两项:一是主体资格要求,个人投资者要在 18 周岁以上,有一个有效的社会安全号码;二是对在平台投资的数额也进行了限制,Lending Club 要求个人投资人在平台上投资最低不少于 25 美元,最高不超过 4 万美元,首次投资需要存款不少于 1000 美元。[②] Prosper 则创建了一个投资者保护基金——Prosper funding。这个基金的设立是为了保护投资人在投资失败时能接受到救济。

美国有关网络借贷放贷人的规定体现了小额和分散特点。

3. 对网络放贷主体(投资人)权益保护

美国对于网络借贷放贷人保护主要由证券交易委员会(Scurities and Exchange Commission, SEC)和金融消费者保护局(Consumer Financial Protection Bureau, CFPB)完成。SEC 主要从信息透明、反欺诈等方面要求网络借贷平台和借款人履行义务,保护投资者权益;CFPB 主要通过投资者教育、反欺诈及消费者投诉来帮助权益受到侵害的投资者主张权益。

(1)SEC 的举措

SEC 主要采取了三项重要举措:

①建立完备有效的信息公开机制

美国证券交易委员会要求各家 P2P 网贷平台必须对其收益权凭

---

① Lending Club, "What are the current State and Financial Suitability conditions?", Accessed Aug 5, 2017. https://help. Lending Club. com/hc/en-us/articles/216092957 – What-are-the-current-State-and-Financial-Suitability-conditions-.

② Ibid.

证、借款信息和坏账率等信息进行全面披露，同时，各家平台必须依照法律规定，定期公布对投资人买卖和持有收益权凭证行为有重要影响的所有信息。如果 P2P 网贷平台在以上这些关键信息的披露过程中出现错误或者遗漏，同时投资人又能拿出证据予以证明，那么投资人就可以通过法律手段对该 P2P 网贷平台进行追偿。

②与借款人身份真实性的审核对接

借贷双方同为借贷法律关系的当事人，借款人和投资人的经济利益息息相关。按照美国证券交易委员会的要求，美国各家 P2P 网贷平台必须加强审核参与方的身份真实性。当事人主体在形成借贷关系之前，必须经过平台设置的注册程序，注册过程中需要提供姓名、住址、工作状态、出生日期、邮箱地址等个人信息。平台必须通过存入、转出小额资金，验证借款人银行账户的有效性，根据借款金额和种类，平台还会要求借款人提供收入来源、工作变动状况等更多证明材料。P2P 网贷平台对不同借款人的要求采取差别化管理策略，即根据借款类型对借款人要求不同的借款申请材料，并且按照申请材料的完备程度发放不同期限的借款，适用不同的利率。

③完善 P2P 网贷平台的内部风险评估体系

SEC 要求，各家 P2P 网贷平台必须提高借款人申请贷款的准入门槛，其中，Prosper 平台实行信用积分制度。[①] 刚注册的借款人想要发布资金需求信息，必须具有责任能力并且拥有 640 分以上的信用积分，而 Lending Club 平台的标准信用积分要求则更加严格，最低为 660 分。[②] 此外，美国证券交易委员会（SEC）还极力支持 P2P 网贷平台开发平台内部的风险评估模型，联合专业的消费者征信服务公司，对平

① 资料来自 Prosper 官网。

② 资料来自 Lending Club 官网。

台内部风险指标的监控建立合适的模型,从而方便衡量和定期公布平台风险相关性、违约率和违约损失额等重要数据。

(2)金融消费者保护局(CFPB)对于投资人的保护

CFPB 的中心使命是“让金融产品和服务市场服务于美国人民”。其对消费者的保护工作主要包括:①

①答疑解惑。建立有效的沟通途径来回答消费者常见的问题,并提供信息提示,帮助消费者检查他们的财务选择,并帮助他们达成最适合他们的交易。

②执法。采取行动反对损害金融消费者的公司,对于违反了法律的企业给予制裁,通过执法,目前已经要求违法的企业提供数十亿美元来补偿受损害了的消费者。

③教育。关注从儿童到退休人员的金融知识普及及金融交易能力培训,发布出版物进行投资者对于金融产品的消费体验研究,并强调金融公司的社会责任。

④接受消费者投诉。禁止金融企业实行不公平、欺骗交易,或滥用规则,监督企业,歧视消费者。

⑤监控金融市场消费者新的风险。

(3)《众筹法案》对投资人的保护

《众筹法案》对投资人的保护除了要求投资人为合格的投资人外,还通过对借款人融资进行限制来保护投资人。根据《1933 年美国证券法》的规定,向公众发行证券需要向美国证券交易委员会(SEC)登记注册,但根据《众筹法案》的规定,一个借款人在众筹平台上进行的借款如果符合条件可以免于向 SEC 登记注册,法案对借款人限制主要内

---

① CFPB,“The Bureau”, Accessed Aug 22, 2017. https://www.consumerfinance.gov/about-us/the-bureau/.

容包括：

①借款人融资总额规定

法案规定一个借款人在12个月内在网络借贷平台上借贷金额总额不能超过100万美元，并且借款人一次只能在一个众筹平台上进行借贷融资。

②借款人信息披露要求

借款人应当向SEC、网络众筹平台提供如下信息：(A)借款人的名称、法律身份、地址和网站地址。(B)借款人的董事、其他高管人员(包括总裁、副总裁、董事会秘书、财务主管或首席财务官、审计师或首席会计主管，以及其他通常执行此类职务的任何人)以及持股20%以上的股东姓名。(C)借款人的经营情况介绍。(D)借款人的财务状况介绍，借款人向放贷人提交的财务文件随着融资额度不同而不同，借款人在12个月内借款总额在10万美元或以下的，借款人需要提供最近一次经首席执行官确认的完整年度(若有)的所得税申报表，以及借款人财务报告；借款人在12个月内借款总额在10万~50万美元的，借款人需提供经独立于借款人的注册会计师审核的财务报表；借款人在12个月内借款总额超过50万美元的，提供经审计师审计过的财务报表。(E)借款用途及借款项目规划介绍。(F)借款金额、平台上借款发布期限及截止日期，以及借款进展情况的定期更新。(G)借款利率，并且在发售前应向每位投资者以书面形式提供利率和所有应披露的信息，确保投资人拥有撤销借款承诺的合理机会(投资者可以在发行人发行说明书预定结束期限的48小时前取消一项投资承诺)。

③禁止借款人对于借款项目发售进行宣传

除了指引投资人至平台(集资门户和经纪商)进行购买的告示外，禁止借款人对于借款行为进行广告宣传，禁止借款人直接或间接地向通过平台进行推广的个人提供报酬或承诺提供报酬。

④借款人定期报告制度

借款人每年至少一次向证券交易委员会申报,向投资者提供借款人的经营及财务报表报告。①

(4)网络借贷平台对投资人的保护

美国网络借贷平台一般都对投资人有要求,如美国当前第一大民间借贷网络服务平台 Lending Club 在其超过 100 页的投资说明书中写道:投资是高风险的,只有那些能够承受住本金全部不能收回的投资者才是他们的合格投资者,②美国第二大民间借贷网络服务平台 Prosper Marketplace 在其超过 120 页的投资说明书中同时提到投资的高风险,要求接受风险的投资者才能进行投资。③

另外,美国各大网络借贷平台对借款人有完整的资格要求,以此来保护放贷人。除了前面所述的借款人应该有一定等级的信用评分才能参与网络借贷外,平台还对借款金额作出限制,如 Lending Club 对个人借款人要求不超过 4 万美元,企业借款要求最低不少于 5000 美元,最高不超过 50 万美元。④ Prosper 还规定个人投资者投资额度不能超过其净资产的 10% 。⑤

(三)对美国做法的评析

1. 学者的评析

美国有关网络借贷放贷主体的立法得到了有关学者的肯定。

---

① 15U. S. C. 77d.

② Lending Club Corp. , "Member Payment Dependent Notes", Accessed June 19, 2016. https://www. Lending Club. com/extdata/Clean_As_Filed_20110610. pdf.

③ Prosper Marketplace Inc. , "Borrower Payment Dependent Notes", Accessed July 4, 2017. http://www. prosper. com/Downloads/Legal/Prosper_Prospectus_2011 – 07 – 14. pdf.

④ Lending Club, "BORROW", Accessed Aug 9, 2017. http://www. Lending Club. com/.

⑤ Prosper, "Investor Requirements", Accessed Aug 9, 2017. https://www. prosper. com/plp/legal/compliance/.

Mark Schreiner 将美国民间金融法律体系称为“关于非正式金融及微观金融的法律体系”，并将美国关于放贷人的法律视为该法律体系中的重要组成部分，认为在这种基础上的法律体系对于解决国家金融市场资源配置具有有良好的调剂作用。① Harry Markowitz 认为网络借贷平台应该利用其专业地位为投资者提供投资专业指导，使投资者投资与其自身条件匹配，即投资者适当性理论，以避免投资者的非理性行为。② 王建文等在审视了美国金融发展历程后指出，包括规制放贷主体在内的美国相关立法实现了从分业经营到混业经营的转变，实现了金融监管从一味强调安全、设立严格准入限制到推行功能监管、提倡竞争与效率的改变，正是这些相关立法对美国网络借贷放贷主体的组织与活动起到了有效的规制作用，从而确保了美国民间借贷的健康发展。③ 陈蓉在对美国关于民间金融的法律进行了较为深刻的研究的基础上指出，美国关于民间金融放贷主体的法律系以确保民间金融的安全为其立法理念，此外该学者还对来自这些法律以及其他相关法律中的对美国的网络借贷放贷主体的监管的效能持肯定态度。④

2. 笔者的评价

美国对于民间借贷有完备的法律体系，从主体法律制度到交易法律制度再到监管法律制度。对于放贷人区分专职放贷人与非专职放贷人，对于专职放贷人实行市场准入，非专职放贷人实行自由放贷，目

---

① See Mark Schreiner, “Informal Finance and the Design of Microfinance”, *Development in Pracice* 11(5), November 2001, pp. 637 – 640.

② Harry Markowitz, “Portfolio Selection”, *Journal of Finance* 7(1), 2012, pp. 77 – 91.

③ 参见王建文、刘灏：《影子银行的法律规制：金融自由与金融安全的平衡》，载《西部法学评论》2014 年第 2 期。

④ 参见陈蓉：《“三农”可持续发展的融资拓展：民间金融的法制化与监管框架的构建》，法律出版社 2010 年版，第 329 ~ 338 页。

前这样的做法应该值得我国法所借鉴。同时,美国法对于网络借贷放贷人做了详细的规定,对于放贷人保护从信用标准,到放贷金额,再到信息披露都有详细介绍,对于放贷人保护也是我国法所借鉴之处。美国专门设立了金融消费者保护局来保护消费者,使金融消费者脱离多头管理后所产生的实际保护的真空环境,能更好地专业化研究和保护金融消费者,我国法也应该借鉴这一新型保护机构的做法。

二、英国的做法

(一)英国相关立法

英国是网络平台借贷的发源地,英国网络平台借贷发展比较多样化,不仅有我国所有的个人对个人的网络借贷平台,同时还拥有个人对法人、其他组织的网络借贷平台,其网络借贷法律制度包括放贷人法律制度的建立,对各国的民间借贷放贷人立法都具有借鉴意义。在其经济发展的过程中,英国开创性地设计了私人主动融资模式即所谓PFI(Private Finance Initiative)模式,此外英国主要的网络借贷放贷主体还包括各类信用合作机构、非吸收存款类放贷机构、各类储蓄贷款协会等。[①]

英国有关放贷人法律规制除一般法《1927年放债人法案》外[②],其他还有一些重要法律文件。1974年由英国国会通过的《英国消费信贷法》(The Consumer Credit Act)是规制民间金融服务机构的重要法律文件。该法是在整合原有针对典当贷款、租赁信贷以及小额贷款等相关法律基础上制定的,其中对提供金融中介服务机构的设立、准入、运

① See Arthur Lewis, *Modern Business Law Principles and Practice* (*second edition, Tudor Business Publishing*), Liverpool, Liverpool Academic Press, 1997, p. 231.

② 季爱东主编:《银行消费信贷业务与风险防控》,中国金融出版社2007年版,第278~279页。

营、产品类别,合格消费者适用范围,行业规制,违法责任的追究等事项作出了规定,要求从事消费者信贷、消费者租借或辅助信贷业务的那些机构必须领有牌照。[①] 1986 年英国议会批准通过的《英国房屋贷款与储蓄协会法》(Building Society Act)是规制贷款和储蓄协会(该协会是英国城镇市民为解决购买房屋问题而在特定范围内成立的互助性民间借贷放贷组织)这一放贷主体的基本法律,主要针对协会自身的设立程序及准入条件、从事吸储业务与放贷业务规则等事项作出了规定。1992 年英国政府财政部制定的《英国私人主动融资合同细则》(Standardization of PFI Contracts)则是规制私人放贷的基本规则,对私人主动融资的组织形式、设立方式、公共部门及私人部门风险分担的标准模式、风险防控原则、主要合同条款因素、利益分配规则、到期后资金与设施主体的回收规则等作出了规定。该规则肯定了这一创新性的非正规金融介入形式,被学者们奉为私人资本进入公共建设领域的模板。[②] 为规范金融市场融资,英国于 2000 年制定了《英国金融服务与市场法》(FSMA),要求向公众发行非上市证券必须经过监管机构批准,只有通过审批之后才可公布招股说明书。

英国也有专门针对网络借贷的特别法。为促进 P2P 网贷行业规范化发展,英国 P2P 金融协会于 2012 年 6 月制定了规范 P2P 网贷运营的第 1 版《运营准则》,共 9 条内容,这是世界上第一个 P2P 网贷自律性运营准则。[③] 2015 年 6 月对其作了大幅修订,推出了《运营准则

---

① 季爱东主编:《银行消费信贷业务与风险防控》,中国金融出版社 2007 年版,第 281 页。

② See Li Bing et al. ,"The Allocation of Risk in PPP/PFI Construction Projects in the UK",*International Journal of Project Management* 23(1),2005,pp. 25 – 35.

③ 黄震等:《英美 P2P 监管体系比较与我国 P2P 监管思路研究》,载《金融监管研究》2014 年第 10 期。

(2015)》。其条文已经扩展到 29 条,最新版行业自律规则代表着当下世界 P2P 网贷行业自律性运营准则的最高水平。[①]

2013 年 10 月 24 日,英国金融行为监管局(Financial Conduct Authority,FCA)向全国发布了《关于众筹平台和其他相似活动的规范行为征求意见报告》,对于包括网络借贷平台、网络股权众筹平台在内的网络平台行为向社会广泛征求意见。在充分吸收社会意见基础上,2014 年 3 月 6 日,FCA 发布了全球第一部 P2P 网络借贷行业法案——《关于网络众筹和通过其他方式发行不易变现证券的监管规则》(The FCA's regulatory approach to crowdfunding over the internet and the promotion of non-readily realisable securities by other media,PS14/4,以下简称《众筹监管规则》),[②]并于 4 月 1 日正式实施,随后于 2015 年 3 月 2 日进行了一次修改。

英国金融管理局还发布了《客户资产法令》(CASS),用以保护客户资金。

2016 年 4 月,FCA 根据 P2P 平台的发展状况,实时地对监管规则进行了调整,对监管细则进行了修订,其第三章专门规定了网络借贷众筹的内容。

(二)英国相关立法内容

从上述梳理中可以看出英国法对于网络借贷放贷主体的几点态度:

---

① W. Scott Frame, "Marketplace Lending's Role in the Consumer Credit Market", September 2015, Accessed Sep 17, 2017. https://www.frbatlanta.org/cenfis/publications/notesfromthevault/1509.

② Financial Conduct Authority, "Policy Statement PS14/4 The FCA's regulatory approach to crowdfunding over the internet, and the promotion of non-readily realisable securities by other media Feedback to CP13/13 and final rules March 2014", Accessed Feb 3, 2015. https://www.fca.org.uk/publication/policy/ps14-04.pdf.

1.放贷主体的一般规定

(1)组织形式

英国法律做了相应的规定。对于非吸收存款类放贷机构,《放贷人法》规定其可以是任何符合条件的有限责任公司、股份有限公司、商事合伙、商业团体或信托组织,甚至也可以是单个自然人形式。对于私人主动融资机构,《私人主动融资合同细则》并未明确规定其到底采取何种形态,但却指出其是基于英国公共部门与特定私人公司以签订合同协议的方式从私营部门购买一定的服务而设立的组织。① 对于房屋贷款与储蓄协会,《房屋贷款与储蓄协会法案》则规定其只能是一种社会团体,对于这两类放贷主体实行挂牌上岗。根据英国《消费信贷法》规定,对于从事消费借贷的放贷人实行市场准入,必须获得公平交易局(office of Fair Trading)牌照方能从事放贷。可见,在英国,专业从事放贷的非金融机构也需要实行市场准入,必须有许可证方可营业。

(2)资金来源

在英国,只有信用合作社和房屋贷款与储蓄协会两类民间借贷放贷主体被允许从事吸储业务,其他的则被法律禁止。信用合作社依据《信用合作社行为准则》可从事下述吸储业务:

①定期、不定期存款储蓄业务。该业务面向合作社全体社员开展,通过开立专户的形式,接受社员的存款并在到期后偿还本金并支付利息。

②票据业务。信用合作社接受全体社员的票据业务的申请,便于

---

① See Grahame Allen, *The Private Finance Initiative* (*PFI*), London, Economic policy and statistics section, Hose of Commons Library, 2001; See Paul Aprofile Grout. "The Economics of the Private Finance Initiative", *The Economics of Public Private Partnerships* 2005, pp. 332 - 345.

在吸收社员的储蓄之后通过支票等各类票据处理其经营和货币支付，节省效率。① 在英国，房屋贷款与储蓄协会依据《房屋贷款与储蓄协会法案》可以从事吸储业务，种类主要包括定期存款和活期存款业务。

(3)人员要求

英国有关法律针对不同类型放贷主体分别确立起相应的设立人资格条件：

①非吸收存款类放贷机构的设立人一般为拟从事专业放贷业务的营利性组织或个人。《放贷人法》中规定：设立人企望获取利息和更多偿付资金的放贷意图是判定设立人主体资格的重要事实依据，其可以是任何符合条件的有限责任公司、股份有限公司、商事合伙、商业团体或信托组织，也可以是单个自然人形式。该法将从事银行、保险及证券等业务的法人实体和机构，经过或未经注册的非营利性质的互助社、慈善团体等法人或非法人实体中的一些进行救助性、偶发性、组织内部性善意放贷行为的法人、非法人排除到放贷机构设立人范围之外。

②房屋贷款与储蓄协会的设立人一般为建筑社团。《房屋贷款与储蓄协会法案》规定房屋贷款与储蓄协会的设立人一般为一定区域内的建筑社团或房产开发机构。

③对于私人主动融资机构，《私人主动融资合同细则》中规定由融资项目的合作方，即私人资本和政府相关部门联合出资设立融资项目

① See Paul Aprofile Grout. "The Economics of the Private Finance Initiative", *The Economics of Public Private Partnerships* 2005, 2005, pp. 332 – 345; Raffaella Barone, Roy Cerqueti, and Anna Grazia Quaranta, "Illegal Finance and Usurers Behavior", *European Journal of Law and Economics* 34(2), 2012, pp. 265 – 277.

公司，具体在私人主动融资合同中明确。①

另外，在英国，注册申请执业资格的放贷人需要参加资格测试，合格者才有机会获得执业资格。该测试考察了放贷人行为能为、道德品行、对行业法律和规则的学习情况等各方面，这些都是判断其是否为合格放贷人的标准。

2. 网络放贷主体特殊规定

（1）企业间的借贷主体不在监管之内

在网络借贷方面，英国于 2014 年专门发布《众筹监管规则》将众筹分为借贷类众筹和投资类众筹两大类，其中借贷类众筹是指个人与个人、企业之间通过互联网平台以本息偿还作为回报形式的借贷，包括 P2P（个人对个人）和 P2B（个人对企业），但不包括 B2B（企业对企业）。B2B 众筹不在监管范围之内。②

（2）放贷人必须是小额放贷主体

主要依据《金融服务和市场法案》（2000 年）的规制，英国于 2014 年制定的《众筹监管规则》要求网络平台的借贷需要满足两个要件：一是主体的要求，借贷双方中必须有一方是个人，可以是个人之间，或个人与企业之间，不能是企业之间；二是小额借贷，借贷金额不超过 2500 英镑，或个人借款人非商业原因而借款。③ 另外，规定消费贷款借贷双

---

① See Arthur Lewis, *Modern Business Law Principles and Practice* (*second edition*, *Tudor Business Publishing*), Liverpool, Liverpool Academic Press, 1997, p. 231.

② Financial Conduct Authority, "Policy Statement PS14/4 The FCA's regulatory approach to crowdfunding over the internet, and the promotion of non-readily realisable securities by other media Feedback to CP13/13 and final rules March 2014", Accessed Feb 3, 2015. https://www.fca.org.uk/publication/policy/ps14-04.pdf.

③ Oxera and P2P FA, "The economics of peer-to-peer lending", September 2016, Accessed Feb 7, 2017. http://www.lendacademy.com/wp-content/uploads/2016/10/Oxera_P2P-report_FINAL.pdf.

方只能是个人间、个人与合伙企业(个人或非法人团体的合伙)、非法人团体间的交易,消费借贷不包括企业之间借贷。[①] 由于是小额放贷,英国对于网络借贷业中的一般放贷人不要求持有牌照;对于从事金融居间业务的网络借贷中介实行准入制度,必须持有 FCA 颁发的金融信息中介机构牌照;专职放贷人可以在网络平台上从事放贷业务,但本身必须获得放贷牌照。

(3)对于 P2P 网络放贷主体有限制

英国 P2P 网络借贷主要有三种,分别是 P2P 网络消费信贷、P2P 网络商业贷款以及房地产贷款。[②] 这三类贷款的放贷人可以是个人也可以是企业,只要借贷双方中不全是企业即可。

3. 英国的网络借贷业放贷人(投资人)保护制度

(1)英国网络借贷平台的投资者保护设计

作为 P2P 借贷的创始地,英国拥有宽松的货币政策和良好的金融环境,这使该国 P2P 借贷平台内容丰富、形式多样。在风险管理方面,他们推出了安全保障基金和借款保险等工具,有效地保护了投资人的合法权益。下面,以 Zopa, Rate Setter 和 Lending Works 三家 P2P 网贷平台为例,对英国网贷平台投资人权益保护方面的机制进行剖析:

Zopa 是英国最早的网络借贷平台,在投资人权益保护设计上主要有以下几大特色,使平台坏账率几乎处于一个非常低的水平之内:

---

① Financial Conduct Authority, "Policy Statement PS14/4 The FCA's regulatory approach to crowdfunding over the internet, and the promotion of non-readily realisable securities by other media Feedback to CP13/13 and final rules March 2014", Accessed Feb 3, 2015. https://www.fca.org.uk/publication/policy/ps14-04.pdf.

② Peter Renton, "Oxera and P2PFA Release UK Report on P2P Lending", October 10, 2016, Accessed Aug 9, 2017. http://www.lendacademy.com/oxera-p2pfa-release-uk-report-p2p-lending.

①与主流信用评分机构进行对接，英国个人信用管理公司的专业化个人信用报告以及专业可靠的个人信用体系能够筛选出风险较高的借款人，是抑制信用风险的天然屏障；②对借款人使用资金的方式提供建议，并且签署专门的法律合同；③为投资人进行分散化投资，在默认模式下，Zopa 自动将投资人资金按照 10 英镑为单位分成若干组；④以平台对借款者收取的手续费来设置 Safeguard 安全基金，交予非营利信托机构保管，一旦贷款出现违约，风险保障基金将被用来偿还借款人无法支付给投资人的本金和利息。[①]

Rate Setter 成立于 2010 年 10 月，它在投资人保护设计方面最大的特点就是首创预备基金制度来保障投资人投入资金的安全和效益。借款人如果在该平台借款，必须额外缴纳一部分费用作为风险储备金，当然，如果借款人违约风险发生的概率比较大，那么需要交纳的储备金的比例就更高。平台将这些费用划归到预备基金项目之下，一旦出现借款人违约现象，平台将首先使用预备基金对投资人遭受的损失进行赔偿。由于预备基金业务的良好效用，Rate Setter 投资人遭受违约损失的概率被控制在一个很低的范围。[②]

2014 年 1 月注册的 Lending Works 虽然成立时间较短，但在投资人权益保护方面，也有两个具有重要意义的制度安排，一是隔离信托托管制度，由非营利第三方公司托管投资人资金，并集合到期债务，返还客户资产，无论平台处于何种状态，该基金都处于平台日常运营之外；二是商业保险保障制度，即购买英国本土保险公司的商业保险，以此来保障投资人投入的本金，当特殊的金融风险发生时，可应对高达

① 资料来自 Zopa 官网整理而来。

② 资料来自 Rate Setter 官网整理而来。

10%的违约率。①

(2)英国P2P金融协会对投资人权益的保护制度

英国P2P金融协会成立于2011年8月,作为一个自主性的行业自律组织,经过近些年的发展,该协会目前可以说已经完全覆盖了英国P2P借贷市场。行业协议制订的《运营准则》强调对投资者的保护,在准则第3条第3款中原则性地规定了平台与客户沟通时要公正、诚实守信,在具体细则方面为了保障投资人合法权益,英国P2P金融协会主要推行了四项重要制度:②①资金分离要求,成员平台必须将客户资金单独存放于银行账户中,与公司自营资本相隔离,并且安排外部审计人员进行年审;②信息公开要求,成员平台必须定期公开逾期违约率、实际违约率、逾期贷款等数据,并且保证宣传方面的关键信息透明、公正、无误导;③投诉规则要求,成员平台必须有系统的投诉处理办法,当投资人进行申诉时,应得到公平并且及时的解决;④破产制度要求,成员平台必须制定有序破产制度,当平台停止运营或者破产时,应当继续有序管理现存合同。

(3)英国金融行为监管局对投资人权益的保护制度

英国金融行为监管局(FCA)是法定的金融监管的官方机构,它的职责就包括了对英国整个P2P网络借贷行业进行准入与行为监管。为了规范和促进英国P2P网络借贷行业,英国金融行为监管局在2014年出台并施行了《网络众筹监管规则》,同时发布《客户资产管理法令》(CASS规则)针对P2P网络借贷投资人权益保护,主要推行了三项重要规则:

---

① 资料来自Lending Works官网整理而来。

② P2P FA,"Peer-to-Peer Finance Association Operating Principles",Accessed Sep 2, 2017. http://p2pfa.info/wp-content/uploads/2016/06/Operating-Principals-vupdate 2016.pdf. 有关运营规则的介绍都出自此处。

第一,要求客户资金实行托管隔离。英国金融管理局发布了《客户资产法令》(CASS),保护客户资金。英国金融管理局在其第10条服务宗旨中明确规定了"每个企业必须对客户的资金负责并提供足够的保护",由英国金融管理局发布的《客户资产法令》(CASS)详细规定了公司对客户资金的运作和保护,包括公司自身要求,分隔管理方式,客户,财务记录的保存、核对制度以及信用函证。[①] 英国FCA在《众筹监管规则》中认为这一规则同样适用于网络借贷平台,CASS客户资金保护规则将持有客户资金的公司分为小、中、大三类公司,持有客户资金小于100万英镑属于小公司,100万英镑到10亿英镑的公司属于中型公司,超过10亿英镑的公司属于大型公司,大中型公司必须对客户资产进行隔离,经过外部审计。但英国对于客户资金要求存管于银行,实行与持有公司的自有账户分离,当公司出现危机时,客户资金不属于公司资产,不纳入公司财产,以此起到将客户资金与持有人资金相互隔离的作用。另外,FCA规定持有客户资金的公司对于客户资金持有不超过30天,[②]如果超过30天,持有公司必须将客户资金转入FCA监管机构指定账户进行资金隔离。

第二,统一了P2P网贷投资人的投诉程序。当投资人的权益受到不合理侵犯时,投资人应先向P2P网贷平台进行投诉,如果投诉结果不满意,在必要时再向金融监督服务机构上诉。《网络众筹监管规则》还要求各家平台应自主开发合适的投诉程序,在保证投诉得到公平、及时解决的前提下,尽量避免产生过高的成本。

第三,设置了网络借贷平台投资人的反悔权。《关于网络众筹和

① ActivTrades,"客户资金分隔管理",Accessed Aug 23,2017。https://www.activtrades.com/cn/segregation-client-funds.

② 2017年8月FCA发布一则关于客户资金存放要求调整的咨询文件,该咨询文件显示将于2017年11月1日关闭咨询通道,将持有时间可能修改为不超过90天。

通过其他方式发行不易变现证券的监管规则》规定,投资人在网络借贷平台上投资后,如果网络借贷平台没有二级转让市场转让其投资,投资者可以有14天的反悔期,14天内投资者享有无条件撤销投资权利,而不需要承担违约责任和支付任何费用。

第四,区别机构投资人和一般投资人的权益保护。英国网络借贷平台区别个人投资者(P2P)和机构投资者(B2B,即机构对机构),早期FCA要求平台区别机构投资人和一般投资人,并且将这两部分资金进行分离,B2B投资资金不在监管范围内。但随着机构投资者的增多,FCA于2016年针对P2P借贷的客户资金申请规则发布了意见征询文件,最终确立机构投资者权益也要受到保护,允许平台不区分这两者资金,在破产时一样给予同等分配。并且FCA有意向将机构投资者资金也纳入监管范畴。但是FCA制定的《客户资产管理法令》只要求对零售客户资金实行隔离,对于机构投资者没有此要求。

(三)对英国做法的评析

1.学者的评析

学者们对于英国放贷人制度评价主要集中在以下几个方面:第一,组织形式方面,学者Besley等认为英国法律对民间金融服务机构形态的限制范围较小,给予了民间借贷放贷主体较大的选择空间,这一态度充分体现了法律自由原则,也契合英国民主自由的社会背景,① 这一论述表明,英国法律对民间金融服务机构能够采用的形态的态度得到了这位学者的赞扬。第二,资金来源方面,学者王修华与周翼璇指出英国法律对民间金融服务机构吸储行为的态度体现出政府在促

① See Timothy Besley, S. Coate, and G. Loury, "Rotating Savings and Credit Associations, Credit Market and Efficiency", *Review of Economic Studies* 61(4), 1994, pp. 701 – 719.

进和支持其吸储行为作用的发挥的角色转换中起到的关键作用，通过鼓励民间金融服务机构积极发展小额储蓄业务并将其视为信用社开展其他金融服务的基础，促进其健康发展。① 从以上论述可见，不少学者对英国法律关于部分民间借贷放贷主体的吸储行为持肯定态度。第三，对于投资主体方面，学者 Rahoen 等认为，英国政府对民间借贷放贷主体一直坚持相对宽松的市场准入条件，对投资主体规定了一个"适格标准"(fitness standard)来确定信贷机构申请人是否适格，体现了法律许可的审慎态度。②

2. 笔者的评析

英国网络借贷放贷人制度比较成功。首先，英国是网络平台借贷的发源地，英国网络平台借贷发展比较多样化，不仅有我国所有的个人对个人的网络借贷平台，同时还拥有个人对法人、其他组织的网络借贷平台，英国网络借贷平台能够如此良好的运行，绝大多数是取决于英国完善成熟的放贷人法律制度。其次，英国也非常重视投资人保护。在英国的诸多立法中一直强调对非专业投资人的特别保护，而对机构投资人保护却较少，这些规定包括在平台的监管规定中，企业间交易不在监管范畴，客户资金存管只对零售客户要求，对于消费信贷不包括企业间，必须有一方是个人等特别规定。因为个人消费者的存在，这些规定都是我国立法应该予以借鉴之处，以此来改善我国对于网络借贷投资者的权益维护。

---

① 参见王修华、周翼璇：《破解金融排斥：英国的经验及借鉴作用》，载《理论探索》2013 年第 6 期。

② See J. P. Rahoen & R. H. Schmidt, *Developing Finance Institution Building*, Boulder, San Francisco and Oxford, Westview Press, 2001.

三、法国的做法

(一)相关立法

法国政府于2014年5月30日颁布了《法国参与性融资条例》,专门规范众筹平台,该条例于10月1日正式生效,此后法国政府于2015年及2016年10月对该条例进行了两次修订,法国将网络众筹分为三种,分别是股权众筹、借贷众筹和捐助众筹。2016年4月28日法国政府颁布了《关于存款证的第2016年第20号法令》,规定公司可以在平台上发行债券融资。

(二)相关立法内容

法国法对于网络借贷放贷人相关规定内容有以下几个方面:

第一,放贷人主体限制。法国法规定网络借贷平台中的放贷人仅允许个人为放贷主体,借款主体不作限制,可以是个人,也可以是企业或其他组织形式。① 《法国参与性融资条例》第15条规定,自然人非以职业或商业需求为目的,在不超过法定的投资上限额度内,可以向特定项目投资人提供贷款,利率固定;第17条规定,自然人和法人可以基于职业需要获得信用贷款,无息贷款和捐赠。② 由此可见,法国不允许企业间进行网络借贷,即不允许B2B经营模式,只允许P2P和P2B经营模式。

第二,放贷人的投资额度限制。对单一项目投资者投资上限作了规定,2014年规定的《参与性融资条例》规定网络借贷平台每个投资者对每个项目的投资额度不能超过1000欧元的有息投资及4000欧

---

① Acpr and Amf, "S'informer sur le nouveau cadre applicable au financement participatif (crowdfunding)", Publié le 30 septembre 2014. Accessed Nov. 23, 2015. https://www.amf-france.org/technique/multimedia? docId = workspace://SpacesStore/a784a82d-295c-4371-8d04-f9b51895d370_fr_3.0_rendition.

② 顾晨译:《法国(参与性融资法令)》,载《金融服务法评论》2015年第1期。

元的无息投资,2016 年 10 月将这两个额度分别调高至 2000 欧元及 5000 欧元。①

第三,借款人融资限制。首先,对融资额度有限制。规定单一项目融资最高额度,规定每个项目融资额不得超过 100 万欧元。其次,对融资期限有限制。规定项目贷款的最长期限不得超过 7 年。② 最后,对于借款人债券发行限制。2016 年 4 月 28 日《关于存款证的第 2016 年第 20 号法令》规定:想要发行小型债券的公司可在众筹平台直接对商家发放贷款,发债公司必须展示其三年以上的财务账目,融资上限为每年 250 万欧元,个人、企业及特定基金均可购买小型债券,网络借贷平台必须获得 CIP 资格认证。③

(三)对法国做法的评析

1. 学者的评析

郑联盛、王寿菊认为法国有关网络借贷中放贷人立法注重量化指标。对于 P2P 领域的监管和投资者保护都具有较为明确的量化监管指标,法国的指标体系全面细致,在准入标准、投资上限标准、融资上限标准、产品信息和适用监管标准等方面都制定了较为全面的指标,

---

① 本条款来自 Crowdfund Insider,条款内容为:Crowdlending platforms who have the status of Intermédiaire en Financement Participatif (IFP, crowdlending intermediary) under the supervision of the financial services regulator, APCR, now benefit from higher caps on lender contribution. The limits of €1, 000 per investor per project for an interest-bearing loan and € 4, 000 for an interest-free loan are raised to €2, 000 and €5, 000, respectively.

② 郑联盛、王寿菊:《法国是如何保护网络借贷投资者权益的》,载《上海证券报》2016 年 7 月 26 日,第 12 版。

③ Therese Torris, France's 2nd Regulatory Reform Enlarges the Scope of Crowdinvesting & Crowdlending, https://www.crowdfundinsider.com/2016/10/91855 - frances - 2nd - regulatory-reform-enlarges-scope-crowdinvesting-crowdlending/,最后访问日期:2019 年 12 月 5 日。

注重投资者保护。①

2. 笔者的评析

法国对于网络借贷业注重投资者保护，分别从放贷人投资额度、借款人借款额度、投资期限方面进行设计来保护放贷人，尤其是立法能够对新兴的网络借贷额度进行不断调整，自法国2014年制定网络借贷相关的立法后，在2016年又将放贷人的投资金额进行了调整，这说明立法对于新兴行业的重视。同时，我国目前对于借款人的借贷金额和期限都没有规定，不利于对放贷人的保护，可以借鉴法国对于借款金额和借款期限的规定。但法国禁止企业从事网络放贷经营，只允许个人从事放贷业务，此条规定有悖于企业的营利宗旨。

四、德国的做法

（一）相关的立法

德国对于网络借贷没有专门立法，目前网络借贷方面法律主要适用《德国民法典》《德国银行法（Kreditwesensgesetz）》。

（二）相关立法内容

1. 将放贷区分为专职放贷与非专职放贷

德国将自公众处吸收需要还本的金钱视为存款，由银行专营，但存款不包括自机构投资者处吸引的资金及企业间的资金借贷。② 网络借贷平台不能直接经营个人间的放贷业务，需要和银行合作完成，由银行作为贷款人转让债权给放贷人，但如果放贷人为机构企业者则不在此范畴内，不需由银行专营。

---

① 郑联盛、王寿菊：《法国是如何保护网络借贷投资者权益的》，载《上海证券报》2016年7月26日，第12版。

② Julian Veith, "Crowdlending-Anforderungen an die rechtskonforme Umsetzung der darlehensweisen Schwarmfinanzierung", *Bank-und Kapitalmarktrecht* 5, 2016, pp. 184 – 193.

非专职放贷不需要由银行专营，但专职放贷需要由银行专营。《德国银行法》第32条第1款第1项规定了经营金融业务构成商事放贷包括两种情形：一是采用营业的方式进行专业放贷；二是放贷业务规模达到规定标准的民事放贷即可视为商事放贷。① 德国金融监管者在20世纪80年代初给出的构成商事放贷的业务规模标准是：吸收超过5笔12,500欧元（当时是25,000德国马克）的存款；或者超过25笔存款，无论每笔的金额是多少。② 由于商事放贷是由银行专营，因此德国民间借贷排除了专职的放贷人，只能由一般非专职的民事放贷人从事民间借贷。

2. 规定平台不能独立从事借贷中介业务

德国由于实行严格的市场准入，专职的放贷业务基本是由银行来完成的，平台也不能从事直接放贷居间业务，必须与银行合作完成，放贷由银行完成后，银行将债权转让给平台上的投资人。

（三）对德国做法的评析

1. 学者的评析

剑桥大学商学院在2015年年初作了有关对德国网络借贷行业立法情况的调查，有58%的人认为德国有关网络借贷行业管制过多，立法对这个行业要求严格，只有13%的人认为立法是充分的。③ 这说明

---

① BaFin, "Merkblatt-Hinweise zum Tatbestand des Einlagengeschäfts (Stand: März 2014)". *Bundesanstalt für Finanzdienstleistungsaufsicht*, Aug 4, 2014; Schäfer, in: Boos/Fischer/Schulte-Mattler, Kreditwesensgesetz, 4. Auflage 2012, § 37, Rn. 32ff.

② BaFin, "Merkblatt-Hinweise zum Tatbestand des Einlagengeschäfts (Stand: März 2014)". *Bundesanstalt für Finanzdienstleistungsaufsicht*, Aug 4, 2014.

③ Jevgenijs Kazanins, "European Peer to Peer Lending: Has it Gone Mainstream or is the Opportunity Still There?", Lawyers Focused on Crowdfunding on EGS of Crowdfund Insider, April 17, 2015. Accessed Feb 27, 2016. https://www.crowdfundinsider.com/2015/04/66287-european-peer-to-peer-lending-has-it-gone-mainstream-or-is-the-opportunity-still-there/.

德国大部分民众对于网络借贷业的相关规定是不满意的。2014 年年底,英国 P2P 借贷余额为 1500 亿欧元,占到整个英国贷款总额的 0.5%,而德国 P2P 借贷余额为 8040 万欧元,P2P 借贷额只占到整个德国贷款总额的 0.037%,这一比例远低于英国的 0.5% 的比例。① 这一比例可能也正好印证了德国对于 P2P 业管理较严格。

2. 笔者的评析

德国对于网络借贷采取限制制度不利于新兴行业的发展。德国禁止借贷双方直接在平台上进行交易,只能先由银行将贷款发放给借款人,然后由银行将债权转让给放贷人。这样的方式既没有平台上的直接交易,也没有放贷人在平台的交易转让,会影响资金的流通。而美国资产证券化做法能够使放贷人自由在平台上转让债权,也正因如此,美国证券交易委员会才要求对网络借贷平台进行监管,认为其在发行证券。② 英国虽然没有将放贷人债权进行资产证券化的做法,但英国网络平台上可以实行债权转让,建立了二级交易市场。因此,英美网络借贷业发展很快,而德国的网络借贷业务发展速度较慢,远低于英国网络借贷业的规模。我国应该借鉴英国立法,鼓励新兴行业发展,而不要像德国那样对于新兴市场控制过严。

---

① Jevgenijs Kazanins, "European Peer to Peer Lending: Has it Gone Mainstream or is the Opportunity Still There?", Lawyers Focused on Crowdfunding on EGS of Crowdfund Insider, April 17, 2015. Accessed Feb 27, 2016. https://www.crowdfundinsider.com/2015/04/66287-european-peer-to-peer-lending-has-it-gone-mainstream-or-is-the-opportunity-still-there/.

② 参见[美]瑞顿:《Lending Club 简史》,第一财经新金融研究中心译,中国经济出版社 2013 年版,第 156 ~ 160 页。

第三节　我国法的立场及存在的问题

一、我国现行法的立场

(一)相关立法

长期以来,无论是我国还是域外,对正规金融都有明确的法律规制,而民间金融的大部分金融形式都在法律监管之外。我国法院在处理放贷纠纷时所依据的法律法规主要由两部分构成:

一部分是20世纪90年代期间我国出台的一系列司法建议,如《最高人民法院关于审理联营合同纠纷案件若干问题的规定》《最高人民法院关于人民法院审理借贷案件的若干意见》《最高人民法院关于如何确认公民与企业之间借贷行为效力问题的批复》。上述司法建议并未对民间借贷作细致的划分。

另一部分是散见于我国现行诸多法律和行政法规中,如《民法通则》《刑法》《民事诉讼法》《合同法》《公司法》《担保法》《商业银行法》《银行业监督管理法》《中国人民银行法》《中小企业促进法》等,行政法规有《非法金融机构和非法金融业务取缔办法》,此外,还有中国人民银行的规章《贷款通则》。各种法律条文混杂不一,守法者无所适从。

2008年发布的《中国银行业监督管理委员会、中国人民银行关于小额贷款公司试点的指导意见》(以下简称《意见》)也可作为放贷人开展放贷活动的行为准则,为我国目前唯一的专门针对民间金融专业放贷组织的部门规章。《意见》首先对小额贷款公司的性质予以界定,指出小额贷款公司是以营利为目的的,不吸收存款,仅发放小额贷款的小额贷款有限责任公司或者股份有限公司。小额贷款公司要向其所在地的相关行政部门申请。其次,《意见》规定小额贷款公司的资金主要来自股东出资以及捐赠,不允许其向不特定的公众融资,但是有限制地允许其向银行业金融机构融资,但是不得超过两个。再次,行政机关要对小额贷款公司进行监督,而小额贷款公司也应当依相关规定建立资产分类制度和拨备制度,建立信息披露制度。最后,小额贷款公司的解散分为自动解散和法定解散。法定解散是小额贷款公司出现不良记录等法律规定的情况时被宣告破产;或者在没有不良记录的前提下,可以向相关的行政部门申请成为村镇银行。

《民间借贷司法解释》作为对 1991 年《最高人民法院关于人民法院审理借贷案件的若干意见》(以下简称《意见》)的修正版本,在民间借贷利率、P2P 网贷以及非法集资认定等重大问题上作出了实质性的改进和突破。为日新月异的金融市场中衍生出的诸多法律问题提供了解决途径,也在一定程度上解决了司法实践中各地法院关于民间借贷的案件裁判不统一的问题。《民间借贷司法解释》相比较于《意见》扩大了民间借贷的主体范围,规定借贷主体为金融机构之外的所有非金融机构及其自然人,明确规定了企业之间可以进行民间借贷行为,为民间借贷主体放开了一个口子。在利率限制方面,将原来的 4 倍规则修正为"两线三区",使民间借贷利率上限的规定更加合理,为在司法实践中的适用提供了操作上的便利性和简易性。《民间借贷司法解释》同时也严厉打击了民间借贷中的刑事犯罪行为,保障了广大民事主体享有合法的金融发展权利,为广大民事主体提供了一个有序、规范的金融活动空间。《民间借贷司法解释》的出台显示出我国对民间资本前所未有的支持力度,在此背景下,市场急需法律的完善,尽快出台民间借贷相关的法律,为民间借贷提供一个稳定的制度预期,从而保证交易自由与营业自由。

全国性的专业放贷组织条例在最近几年呼之欲出,2015 年 8 月 12 日国务院法制办发布了由中国人民银行起草的《非存款类放贷组织条例(征求意见稿)》并向社会公开征求意见,这将大大促进民间金融灰色地带逐步走向阳光化的进程。其内容涵盖了非存款类放贷组织的适用范围、设立、注册资本、业务许可、业务经营范围与经营规则、治理结构与内控制度、监督管理、责任追究等方面。

对于网络借贷的专门立法主要体现在行政规章方面,2015 年 7 月,《中国人民银行、工业和信息化部、公安部、财政部、国家工商总局、国务院法制办、中国银行业监督管理委员会、中国证券监督管理委员会、中国保险监督管理委员会、国家互联网信息办公室关于互联网金融健康发展的指导意见》(以下简称《指导意见》)出台。在《指导意见》中,互联网金融的整体监管原则被确定为依法、分类、适度、创新与协同,同时,《指导意见》还明确了 P2P 网络借贷、股权众筹融资、第三方支付、互联网保险和互联网基金销售等互联网金融形式的具体业务边界和监管职责分工。其中,P2P 网络借贷被定义为存在于个体与个体之间、通过互联网技术工具实现的直接借贷模式,P2P 网络借贷的本质是民间借贷,各家 P2P 网络借贷平台需要明确自身的信息中介性质。

2016 年 8 月 24 日,《网络中介机构暂行办法》出台,这是我国第一部直接规范网络借贷平台的立法。

2016 年 10 月 13 日,《国务院办公厅关于印发互联网金融风险专项整治工作实施方案的通知》出台,以规范各类互联网金融业态,优化市场竞争环境,扭转互联网金融某些业态偏离正确创新方向的局面,遏制互联网金融风险案件高发、频发势头,提高投资者风险防范意识,建立和完善适应互联网金融发展特点的监管长效机制,实现规范与发展并举、创新与防范风险并重，促进互联网金融健康可持续发展，切实发挥互联网金融支持大众创业、万众创新的积极作用。

（二）立法内容

1. 放贷主体一般规定

（1）明确民间借贷范畴

《民间借贷司法解释》第 1 条规定："本规定所称的民间借贷，是指自然人、法人、其他组织之间及其相互之间进行资金融通的行为。经金融监管部门批准设立的从事贷款业务的金融机构及其分支机构，因发放贷款等相关金融业务引发的纠纷，不适用本规定。"经金融监管部门批准设立从事贷款业务的金融机构目前只是商业银行，此条规定将民间借贷定性为银行之外的主体之间的借贷。

（2）放开放贷人范围，明确放贷人类型

《意见》规定民间借贷为公民之间的借贷纠纷，公民与法人之间的借贷纠纷以及公民与其他组织之间的借贷纠纷，应作为借贷案件受理。此条规定把法人和其他社会组织间的放贷给排除在外，民间借贷只能由公民实行放贷，即法人与其他社会组织相互之间的借贷不属于合法的民间借贷，应该属于无效行为。根据《民间借贷司法解释》相关规定，民间借贷的放贷人可以是自然人、法人、其他组织，这三类主体间的借贷都属于民间借贷。因此，我国有关民间借贷放贷人经过了从限制到当前放开的过程。

2. 网络借贷放贷主体特别规定

（1）明确网络借贷为民间借贷

根据 2015 年《中国人民银行、工业和信息化部、公安部、财政部、国家工商总局、国务院法制办、中国银行业监督管理委员会、中国证券监督管理委员会、中国保险监督管理委员会、国家互联网信息办公室关于促进互联网金融健康发展的指导意见》,网络借贷包括个体网络借贷(P2P网络借贷)和网络小额贷款。个体网络借贷是指个体和个体之间通过互联网平台实现的直接借贷。网络小额贷款是指互联网企业通过其控制的小额贷款公司,利用互联网向客户提供的小额贷款。

(2)区分和限制网络借款人借款

《网络借贷信息中介机构业务活动管理暂行办法》第17条规定,网络借贷金额应当以小额为主。同一自然人在同一网络借贷信息中介机构平台的借款余额上限不超过人民币20万元;同一法人或其他组织在同一网络借贷信息中介机构平台的借款余额上限不超过人民币100万元;同一自然人在不同网络借贷信息中介机构平台借款总余额不超过人民币100万元;同一法人或其他组织在不同网络借贷信息中介机构平台借款总余额不超过人民币500万元。目前,我国法对于网络借贷业借贷人借贷主要从同一借贷平台借款上限和总的平台全款上限进行规范,同时区分个人借款人借贷和非个人借款人借贷。

二、现行法存在的问题

(一)学者层面的问题

在我国学者的有关论著中能够看到对我国关于网络借贷放贷主体的立法的评析,且这些评析在内容上都是对这一立法的批评。现将几则评析引用如下:

1.有关网络放贷主体立法存在不足

肖琼指出从我国立法现状来看,我国民间金融的法制建设其实已经严重滞后于社会经济的脚步,特别是与网络借贷放贷主体有关的规范性法律文件基本上是由国务院的行政法规以及中国人民银行等相关部门的规章、办法所组成的;这些规范性法律文件并不能够适用于存在于我国的所有类型的民间金融主体,诸如合会等互助形式的金融主体、正常经营的私人钱庄以及其他大部分形式网络借贷放贷主体,对它们的法律监管处于真空状态。① 王学忠指出有关放贷主体立法不能满足当前需求,我国目前关于民间金融主体的规范性法律文件已经逐渐增多,但在我国城乡二元经济结构的场合下,尤其是在农村金融改革步入深水期的今天,有关农村网络借贷放贷主体的规范性法律文件不能满足当前需求,随着我国"三农"建设的范围和影响越来越广,关于农村民间金融国家宏观层面的立法应当弥补。② 车丽华指出我国关于民间金融现有的法律体系对民间金融的表现形式规范不够严密,对合法与非法的界限也比较模糊,规制方式单一武断,而调整民间金融的相关法律规定在调整范围、层级、执行机构与措施等方面也严重缺位,民间金融行业自律性组织及规则同样较为缺失。③

2. 在放贷主体准入制度上存在缺陷

周琳静认为我国当前对于放贷主体未加以区分是不恰当的,同时未对放贷主体准入标准进行规定是不合适的,应当通过统一立法明确排除不适格的自然人主体、法人主体以及非法人组织,从而反向规定放贷机构设立人的主体范围、主要股东的人员准入范围。进一步细化和完善放贷机构这一民间金融服务机构的设立申请人、主要股东、注册资本以及经营范围的适用标准并减少乃至消除统一立法与其他法

① 参见肖琼:《民间金融:制度变迁中的表达与实践》,载《求索》2011 年第 6 期。

② 参见王学忠:《论我国农村金融法律体系的构建》,载《理论建设》2008 年第 6 期。

③ 参见车丽华:《我国非正规金融现状与规制的法律思考》,载《求索》2011 年第 10 期。

律、法规之间的矛盾冲突。①　王学忠着眼于对农村区域网络借贷放贷主体准入条件的法律态度，该学者指出，相比较正规金融较高的准入条件，我国法律应当放宽农村地区网络借贷放贷主体的准入条件，这样不仅从格局上对现有金融机构形成倒逼的压力，还可以给本就落后的农村金融市场带来科学的经营理念和经营方式，从而促使各种农村金融放贷人充分挖掘潜能、转变经营意识、转变传统治理模式、创新业务范围以满足农村金融机构对农村经济社会发展的支持力度。②

3. 在投资者适当性方面存在不匹配性

李健男认为，放贷人作为投资者存在风险与自身不匹配即不适当的问题，主要体现在投资者对投资项目不能正确认知，投资收益的心理预期高，对投资可能造成的损失不能充分预见及承受，一旦投资出现损失会超出其心理预期，这将导致其对市场失去信心，从而引起市场动荡，为防止网络借贷业的市场动荡，立法应该规定投资者对金融风险吸收能力要能够与金融风险相互匹配，从而维护市场信心。③

4. 在投资者保护方面研究不足

江苏省高级人民法院民二庭课题组认为当前抵押登记制度不能保护众多投资人。在"一对多"借款中，借款人提供抵押担保的，抵押权依法应当办理在出借人名下，但实践中部分登记机关以抵押权人数不能超过一定限额为由拒绝办理此类业务，导致平台采取将抵押权登记在平台工作人员名下的变通方式，造成相关法律风险。④　当前有关

---

① 参见周琳静：《民间资本进入微型金融领域的理论解读与现实表达》，载《安徽大学学报》(哲学社会科学版)2011 年第 4 期。

② 参见王学忠：《论我国农村金融法律体系的构建》，载《理论建设》2008 年第 6 期。

③ 李健男：《金融消费者法律界定新论——以中国金融消费者特别保护机制的构建为视角》，载《浙江社会科学》2011 年第 6 期。

④ 江苏省高级人民法院民二庭课题组：《互联网金融纠纷民商事审判实务问题研究》，载《法律适用》2016 年第 1 期。

投资者保护研究还存在以下一些问题：首先，对于网络借贷中的担保物权如何登记研究很少。目前只有江苏省高级人民法院民二庭课题组对于网络借贷中担保物权登记在平台公司员工名下提出问题，但也没有对此问题提出更好的解决办法。其次，对于放贷主体的诉讼代表权研究很少。放贷主体投资存在小额分散特点，诉讼维权成本高且需要专业知识，导致网络借贷放贷人在投资出现问题时很少也很难去主动诉讼维权，如何创设适合网络借贷的诉权制度目前还研究很少。

（二）笔者层面的问题

综观我国网络借贷相关立法，立法先进之处是将放贷人资格放开，尤其是放开至企业，为放贷组织提供"安全港"规则，增加网络借贷资金来源渠道，但是还存在以下一些问题：

1. 我国未将放贷人区分为专职放贷人与非专职放贷人是不恰当的

按照民间借贷的性质，可以将其分为两大类：一类是商事性的民间借贷，即专职放贷人，也可以称为商事性的民间借贷；另一类是偶发性的民间借贷，即非专职放贷人，也可以称为民事性的民间借贷。两者的性质不同，民事性的民间借贷可能存在有偿行为，但是其基本准则主要参照《民法总则》；商事性的民间借贷是一种营利性的行为，主要遵循商法上的效率原则。两者性质不同应当区别对待，但是我国法律基于各种考虑并未对其加以区分，这造成了我国民间借贷立法上的冲突和混乱。

2. 我国未对专职放贷主体实行准入制度是不恰当的

当前，我国只针对小额贷款公司、典当行的设立要求实行审批制度。而《民间借贷司法解释》并没有区分专营放贷主体和非专营放贷主体，专业放贷采一般登记制设立，只要不注册成为小贷公司、典当行字样的组织即可。目前市场上到处可见投资公司、财富公司，这样的公司就是从事各种借贷和投资，但其是按照一般公司制度设立的，很多投资公司由于没有监管主体，出现了严重的违法行为，非法集资之后再高利转贷的情形也很严重，最终损害的还是投资者利益。

3. 我国未对放贷主体资金来源进行限制是不恰当的

在放贷资金来源方面，监管机关通常按照传统规制方法，利用行政手段对资金来源采用命令控制型的规制路径进行压制，这样会使放贷主体的经营自主权和维护公共安全之间难以达到一种动态平衡。当前我国放贷人资金来源根据不同放贷人有所不同，对于专营放贷业务的商事主体要求是不能吸储，只能用自有资金及商业银行的有限借款放贷。以《指导意见》为例，小额贷款公司从银行业金融机构融入资金须满足以下两个限制性条件：一是不得超过资本净额的 50%；二是不能从两个以上的银行业金融机构融入资金。[①] 而另一法律承认的主体——典当行的融资途径也局限于增资扩股以及银行借款两种方式，且借款余额必须低于典当行自身注册资本。对于民事放贷主体，立法并没有限制其资金来源，这样可能会使民事放贷主体非法集资后高利借贷，也会造成有资源主体通过获得廉价资金来进行高利转贷的情形。

以我国当前大中型企业为例，由于这些主体拥有庞大的国家资产、良好的社会信用，从而获得资金资源非常容易，他们可以很轻松地去证券市场公开进行融资，也能很容易地从银行借得资金，但这些从正规金融机构获得的资金并没有被完全用到规定的项目上，而有很大一部分被用作高利转贷。《最高人民法院关于进一步加强金融审判工作的若干意见》第 2 条第 9 项规定："依法规制国有企业的贷款通道业

---

① 岳彩申：《民间借贷规制的重点及立法建议》，载《中国法学》2011 年第 5 期。

务,防范无金融资质的国有企业变相从事金融业务。无金融资质的国有企业变相从事金融业务,套取金融机构信贷资金又高利转贷的,应当根据《最高人民法院关于审理民间借贷案件适用法律若干问题的规定》第十四条的规定,依法否定其放贷行为的法律效力,并通过向相应的主管部门提出司法建议等方式,遏制国有企业的贷款通道业务,引导其回归实体经济。"

最高人民法院看到了国有企业利用信贷资金进行放贷的可能,对其进行了限制,但对于国有企业是否可以利用发行债券或股票等其他融资途径所获得的资金进行放贷没有明确规定。除国有企业外,其他的非从事专业放贷的主体能否进行转贷也未进行规定。例如。某些有融资能力的上市公司,可以比较容易地从银行或证券市场上获得资金,他们能否通过证券融资或银行贷款来放贷?同样地,个人的信用贷款能否用来放贷呢?这些都是我国法没有规定清楚的地方。因此,我国立法当前仅针对商事放贷主体限制其借贷资金来源,而对民事放贷主体并未限制资金来源。

4. 我国目前对利用非自有资金放贷合同效力的规定还存在不恰当之处

根据《最高人民法院关于进一步加强金融审判工作的若干意见》,国有企业借贷后转贷的,合同应为无效。该意见认定无效的参照标准是《民间借贷司法解释》第 14 条:"具有下列两种情形之一的,人民法院应当认定民间借贷合同无效:(一)套取金融机构信贷资金又高利转贷给借款人,且借款人事先知道或者应当知道的;(二)以向其他企业借贷或者向本单位职工集资取得的资金又转贷给借款人牟利,且借款人事先知道或者应当知道的……"《民间借贷司法解释》认定套取信贷资金转贷无效前提是借款人知道或应该知道,但实际情况是很多借款人不一定知道放贷人资金的真实来源。而《最高人民法院关于加强金融审判工作的若干意见》一律认定转贷行为无效,并没有借款人是否知道的认定条款。显然,这两条司法解释认定精神并不统一。合同效力是法律行为中最重要的一个环节,是否有效立法需要明确且统一。

5. 当前网络放贷人保护制度还不健全

(1)市场准入机制缺失

P2P网络借贷行业也属于金融行业,需要设置门槛,而在《网络借贷信息中介机构业务活动管理暂行办法》中并未对P2P网络借贷行业的准入做出相关的限制,没有设置任何准入条件,这对行业监管和投资者权益保护造成了不利影响。从行业自身来看,我国网络借贷行业已经发展了近十年,呈现成熟化、规范化的趋势,设置行业准入限制的条件逐渐成熟。因此,为了更好地促进行业发展和投资者权利保护,对P2P网络借贷行业设置一定的准入条件既是监管层的需要,也是整个行业健康有序发展的必要需求。

(2)合格投资者制度还不完善

《网络借贷信息中介机构业务活动管理办法》第14条确立了合格投资者的两个条件:一是要熟悉互联网;二是拥有非保本类金融产品投资经验。然而,符合了这两个条件并不意味着投资人能正确识别和防范P2P网络借贷中的各种风险。

网络借贷具有金融天然的高风险性,从风险来源分析,具体包括网贷平台自身带来的风险(非法集资风险、流动性风险、信息技术风险)、来自借款方的违约风险、来自第三方担保机构的担保风险等。因此,能识别和防范错综复杂的金融风险的能力仅仅依靠熟悉互联网显然是不够的。

而拥有非保本类金融产品投资经验,也并不意味着投资人有相应的经验去应对P2P网络借贷中的风险。当前我国相关立法并没有规定网络借贷合格投资者标准,也没有像国外通行立法中对放贷人放贷进行限制,只对借款人的借贷金额进行了限制。这样的立法并不能避免放贷人盲目放贷所带来的风险。网络借贷服务平台中放贷人多为个人,在实际操作中投资规模从数百至数百万。有些放贷人对于投资风险不能很好地预估和把控,在追求利益最大化目标驱使下,有可能倾尽所有,甚至可能将自己的唯一住房进行抵押借款来投入放贷,一旦发生逾期、展期,倒闭、跑路等风险事件将会极大影响到放贷人的工作和生活。

此外,网络借贷中还存在典型的“羊群效应”。① 由于贷款人对于借款人的信息不够充分了解,贷款人往往会有从众心里,选择大家都爱投资的项目进行投资,从而使投资变得不理性。尽管最先选择投资的贷款人可能是理性的个人行为,但那也只是对于他这个个体是理性的,是只适合他自身的行为,而效仿他的其他放贷人所处的情形与他不一定相同或类似,因此效仿行为就可能是不理智的,而如果整个平台上的放贷人都采取这种不理智行为,最终会演变为群体不理智。

放贷人专业知识欠缺、风险应对能力不足,以及从众心理是网络借贷行业中重大的风险点。世界各国之所以对放贷人投资金额、投资期限等放贷条件进行限制,就是在尽力避免此类风险。我国应该学习国外的做法,尽快建立合格投资人制度。

---

① 参见 Coco Krumme, Andrew Lippman and Dawei Shen, *Follow the profit or the herd? Exploring social effects in peer-to-peer lending* (paper represented at Social Computing / IEEE International Conference on Privacy, Security, Risk and Trust, Minneapolis, Minnesota, USA, 2010), pp. 137 - 144, 认为在美国 P2P 平台上存在羊群效应; Lee Eunkyoung, Lee Byungtae, “Herding behavior in online P2P lending: An empirical investigation”, *ES* 11, 2012, pp. 495 - 503, 网络借贷平台上市场上存在羊群效应; Chen Dongyu, Lin Zhangxi, “Rational or Irrational Herding in Online Microloan Markets: Evidence from China”, *Social Science Electronic Publishing* SSRN 2425047, 2014. 认为在中国 P2P 平台上也存在羊群效应。

6. 我国有关网络借贷纠纷解决机制还没有建立

网络借贷业中违约及欺诈事件时有发生，对于众多小额放贷人来说可能没有精力来维护自己的权益，那么作为网络借贷业中介机构的平台能否为放贷人提供帮助，为他们进行诉讼呢？正常情况下，平台可以以代理人名义为放贷人代理案件，以放贷人名义进行案件代理和诉讼。但是，以代理人名义进行诉讼，需要众多放贷人实行单个授权，对于人数众多的放贷人债权来说，是很难做到人人都当面授权的。为此，在实际操作中，有些平台会以债权转让形式来实现代理和诉讼，即将放债人的债权转让给平台，再以平台名义进行诉讼。

目前，以平台名义进行的网络借贷诉讼已有一些，首个以平台名义起诉借款人的是"点融网诉李某案"。[①] 原告上海点荣金融信息服务有限责任公司系提供借贷居间服务的有限责任公司，其拥有 www.dianrong.com 网站，2013 年 9 月 29 日被告李某(会员号 93519)通过原告网站与会员号为 94702 等 264 人达成借款意向，借贷双方根据网站提供的格式文本约定：会员号为 94702 等 264 人共计向被告李某出借资金 50 万元，并约定了借款期为一年，还款方式为等额本息，以及违约责任等事项。协议还约定，若借款人出现逾期还款 90 天或在逾期后逃避、拒绝沟通或拒绝承认欠款事实等恶意行为的，全体出借人一致同意将本协议项下债权无偿转让给原告，由原告统一向借款人追索。协议生效后，全体出借人通过原告及第三方支付平台向李某放款 50 万元。李某自 2013 年 12 月 30 日开始还款逾期，原告通过电话、短信方式进行催收均未果。2014 年 7 月 11 日原告通过电子邮件告知被告李某已受让出借人的全部债权。鉴于被告李某拖欠欠款本金、利息及罚息，原告遂来院起诉。被告李某辩称：(1)对借款事实及变更后的

---

① (2014)黄浦民五(商)初字第 6199 号。

诉请金额予以认可;(2)但对原告诉讼主体资格有异议,认为借款协议是被告与众出借人通过点荣公司签订的,点荣公司提供的是居间服务,与借款人、出借人之间是居间法律关系,因此不能成为本案的原告。法院认为,全体出借人与被告李某通过原告网站达成的《借款协议》系各方当事人的真实意思表示,应属有效,原告点荣公司作为为出借人和借款人提供借贷咨询和管理服务,促成双方签订借款合同的平台,提供的确系居间服务。然而出借人与借款人签订的《借款协议》已明确约定,通过债权无偿转让给原告的形式,由原告统一向借款人追索。该约定是合同当事人的真实意思表示,于法无悖,该案债权转让亦不属于《合同法》第 79 条所规定的债权转让的除外情形,且原告已于 2014 年 7 月 11 日通过电子邮件形式通知本案被告债权转让的事实,故点荣公司已成为合法债权人,在借款人不履行还款义务时,有权以自己的名义提起诉讼。因此,法院最终判决被告向原告偿还相应的本金及相应的其他违约金额。

尽管法院最终承认了网络借贷中介机构可以为放贷人提起诉讼,通过债权转让方式以平台自己的名义作为原告。然而,网络借贷平台通过事先约定方式要求借款人逾期后放贷人将债权转让给平台,这样的做法从法理上来说没有问题,但实际上会带来不利后果。如果平台在诉讼中败诉,或者虽然胜诉但却没有获得相应的执行财产,平台需要自己垫付债权转让款给放贷人,这样无形中会削弱平台的经营能力,放贷人依然会面临平台不能支付转让款的风险。因此,有些司法实务界专家认为,平台接受放贷人债权转让行为属于隐形担保,会给平台带来风险。同时还认为,平台是居间人,不应成为借贷协议的一方当事人,如果其受让债权,就会使平台成为借贷协议中的一方当事人。江苏省高级人民法院民二庭认为 P2P 平台自行担保包括直接担保及隐性担保两类,其中隐性担保方式主要是借款逾期后,平台代为垫付借款,取得相应债权,再由平台作为债权人向借款人主张债权。江苏法院受理的互联网金融案件中,已发现部分平台涉及直接担保或隐性担保问题。根据《网络借贷信息中介机构业务活动管理暂行办法》规定,禁止网络借贷平台提供担保,但事实上这种债权转让又是有利于投资人,保护消费者权益的,是被司法实践所承认的。因此,网络借贷平台能否代表放贷人提起诉讼,是当前理论界与实务界认同不一致的地方,还存在争议,赞成方和反对方都有一定道理。放贷人诉讼主体资格到底何去何从?这还需要立法予以明确。

7. 我国对网络借贷担保物权还没有特别保护制度,不利于放贷人权利保护

网络借贷在担保物权公示方面存在一些问题:

首先,存在事实担保权人与公示担保权人不一致的问题。抵押物和部分质物需要登记公示,存在物的担保的网络借贷法律关系中,借款人为 1 人,而债权人会是多人,在物权登记公示时需要将担保物抵押登记给多个债权人,传统抵押权人为 1 人,因此登记机关会因为抵押权人有人数限制而不允许抵押物登记给多个债权人。基于登记机构限制,网络借贷平台一般会将抵押权登记在平台员工名义下,这样可能会导致抵押权人与债权人非同一人的问题。①

其次,存在交付公示担保物权中的不能交付的情形。有些担保物权需要交付进行公示,主要是动产质权和部分权利质权,由于质物只有一个,该质物只能交给一个债权,当质权是交付获得时,其他债权人该如何获得质权?目前对于担保物权公示与债权人不一致时的处理,理论界与实务界都在热议。理论界对于抵押权与债权是否一致存在

① 江苏省高级人民法院民二庭课题组:《互联网金融纠纷民商事审判实务问题研究》,载《法律适用》2016 年第 1 期。

争议，[①]而司法实务界对此也存在两种观点。一种观点是不支持债权与抵押权分离，以"唐某与杨某某借款合同纠纷"一案为代表，被告杨某某向原告唐某借款，并以自有小汽车向原告提供抵押担保。基于手续便利考虑，原被告双方均同意由宜信惠琮国际融资租赁有限公司作为抵押权人办理相关抵押（包括抵押登记和解除抵押登记等）手续。借款到期后，被告未按期偿还借款本息，原告向法院主张其享有抵押权，并要求实现抵押权。[②] 天津市和平区人民法院即指出："根据《中华人民共和国物权法》第一百七十九条规定，债权人应为抵押权人。而本案中，债权人与抵押权人不一致，因此本院无法确认原告对被告所有的小轿车享有抵押权，虽被告对该项主张表示认可，但不能因此违反法律强制性规定。"另一种观点就是有条件地支持债权与抵押权的分离，以"胡某某、钟某某与王某某、蔡某民间借贷抵押纠纷"一案为代表。2014 年 3 月 20 日，被告王某某以借款周转为由向原告胡某某借款 500,000 元。合同签订当日，原告胡某某以银行转账的方式支付给被告王某某 500,000 元，被告王某某同时向原告胡某某出具收款凭据。同日，原告钟某某与被告王某某、蔡某签订《借款抵押合同书》，约定：被告王某某、蔡某以其所有的私有房产作为抵押物，3 月 26 日双方在岳阳市房地产管理局办理抵押登记，抵押权人为钟某某，担保债权数额 500,000 元。债权人胡某某、抵押权人钟某某、债务人（抵押人）王某某、蔡某均确认担保债权是 2014 年 3 月 20 日被告王某某向原告胡某某借款 500,000 元的此项债权。2014 年 4 月 16 日，被告王某某、蔡某再次以借款周转为由与原告胡某某签订一份《借款合同》，被告王某某向原告胡某某借款 100,000 元。合同约定中关于借款期限、借款

---

① 高圣平：《担保法论》，法律出版社 2009 年版，第 294 页。

② （2015）和民一初字第 1024 号。

利率、违约责任等与2014年3月20日双方签订的《借款合同》基本一致。上述两笔借款期限届满后,被告王某某违约,未按合同约定偿还本金及利息。原告向法院起诉要求由两被告偿还原告借款本金600,000元,其中500,000元本金及利息应从抵押财产中优先受偿。① 岳阳市君山区人民法院认为,结合考虑借款合同及抵押合同的时间一致、数额一致、债权人、抵押权人、抵押人三方已形成一致意见、并已办理抵押登记等实际情况,该院认为2014年3月20日被告王某某与原告胡某某签订的《借款合同》能够与2014年3月20日原告钟某某与被告王某某、蔡某签订《借款抵押合同书》相对应而成为主合同与从合同关系,原、被告双方已办理抵押登记。根据《担保法》之规定,债务履行期届满抵押权人未受清偿的,可以与抵押人协议以抵押物折价或者以拍卖、变卖该抵押物所得的价款受偿。故对原告主张其中500,000元应从抵押财产中优先受偿的诉请予以支持。司法实务界对于债权与抵押权分离的不同判决使得网络借贷业的债权人的抵押权取得处于不确定状态,这会影响放贷人权利和信心,影响网络借贷业发展,我国应该对此进行明确立法规定。

第四节 网络借贷放贷主体立法论

一、学者的立法论

学者们有关网络借贷放贷人立法完善有以下几点建议:

---

① (2014)君民初字第336号。

(一)有关网络借贷放贷人规制的建议

席月民主张尽快出台相关的放贷人条例,避免P2P网络借贷的风险。[①] 李雪静主张加强网贷平台自身的制度建设。市场准入制度是政府整顿、管理经济的必要手段之一,针对我国的P2P网络借贷平台运营过程中凸显出的平台建设不足的问题,[②]虽然不同的学者有不同的主张,但是无一例外都认为,需要对网络放贷进行专门立法,从放贷人制度、平台制度及投资者保护方面进行规制,放贷人准入制度也是放贷人法中的一个重要内容。

(二)有关合格投资人制度的建议

曹晓路认为合格投资者制度应该包括投资者进入网络借贷业的资产门槛、投资经验、风险承受能力、单笔最高限额投资门槛。[③] 学者们基本认为合格的投资人制度应该是网络放贷的基本制度,投资适当性也应该是合格投资人制度内容之一。

(三)有关放贷人担保物权保护的建议

江苏省高级人民法院民二庭课题组认为,由于当前登记机构对于债权人数的登记限制,使网络借贷平台将平台员工登记为抵押权人,司法实践应该确立放债人与平台之间的委托关系,以使债权与抵押权为一体。[④] 王家卓、徐红伟认为纯粹的、不介入任何担保的网络借贷如同让

---

① 席月民:《我国当前民间借贷的特点、问题及其法律对策》,载《政法论丛》2012年第3期。

② 参见李雪静:《国外P2P网络借贷平台的监管及对我国的启示》,载《金融理论与实践》2013年第7期。

③ 曹晓路:《金融消费者利益保护与互联网金融监管的规制路径——基于比较法视域的考察探究》,载《时代法学》2017年第1期。

④ 江苏省高级人民法院民二庭课题组:《互联网金融纠纷民商事审判实务问题研究》,载《法律适用》2016年第1期。

借款人风险处于“裸奔”的状态，适度提供担保是有利于放债人的。①由此可见，学者认为网络担保物权应该有特殊规则来保护投资人权益。

二、笔者的立法论主张

完善我国网络借贷放贷主体的法律规制可以从以下几个方面进行考虑：

（一）应该专门制定放贷人法

正规金融借贷资源的有限性需要民间借贷来补充。民间借贷从主体上来说，既涉及一般民众，也涉及专业的机构放贷人；从放贷模式上来看，既涉及线下实体放贷，也涉及线上虚拟放贷；从放贷目的来看，既涉及营利性的投资行为，也涉及相互帮助的无偿型借贷；从管理方面来说，既涉及对专业放贷人的监管，也涉及对一般放贷人的管理和保护。应当说，民间借贷涉及我国所有公民，也是公民一生中经常会做的法律行为之一。

鉴于民间借贷的复杂多样性，制定专门的放贷人法律制度就显得尤为必要。综观世界各国的立法，一国金融方面的法律制度既应该有正规金融法，诸如中央银行法、银行业监督法、商业银行法、保险法、证券法等法，也应该有专门的民间借贷的放贷人法律制度，而我国法目前还缺少这样的统一及专业的法律制度。中国当前互联网金融已经处于世界领先地位，其进一步的发展离不开法律的保驾护航，我国制定放贷人法也是水到渠成的事。

由于民间借贷涉及普通民众，由法律或行政法规来规范这一行为更为妥当。早前由中国人民银行牵头制定的《放贷人条例（草案）》，

---

① 王家卓、徐红伟主编：《2013 中国网络借贷行业蓝皮书》，知识产权出版社 2014 年版，第 87 页。

立法主体相对来说过于专业,中国人民银行作为金融行业政策研究部门,其部门规章不应针对全国人民,因此由全国人大或国务院来立法应该更合适,也能在全国通行。放贷人法应该解决放贷人主体类型,放贷人主体资格要求,放贷人设立、变更、注销制度,放贷人放贷行为,放贷人监督和管理等内容。由于网络放贷与线下放贷会有所不同,还应对网络放贷进行特别规范,诸如网络放贷人合格投资者制度、放贷人行为效力认定、放贷人保护制度等。

（二）应该对于放贷人设立制度进行构建

1. 放贷主体类型的重新划分

马克思曾言:“立法者应该把自己看作一个自然科学家,他不是在制造法律,不是在发明法律,而仅仅是在表述法律,他把法律关系的内在规律表现在有意识的现行法律之中。”[①]民商法中关于市场准入的规定属于对市场进入主体的初始干预,是对放贷人作为专职或非专职放贷主体的基本权利义务的确认,是对有关权利行使与义务履行的一般性制度安排,是公权针对自然状态中的关系做出反应并进行干预的结果。作为一种确认型的法律,民商法中的市场准入乃是市场运行的制度前提,而“这种确认只是赋予自发秩序一种强制力而已”。[②] 民间借贷中放贷人放贷目的是不一样的,有的放贷人放贷不以营利为目的,只是支持借款人的一定情形下的特殊需要;有的只是偶尔从事放贷行为;有的放贷人放贷以营利为主要目的,放贷具有长期性和稳定性。同时放贷人的资金来源也不同,有些放贷人资金来源可能是稳定的,

---

① [德]马克思、恩格斯:《马克思恩格斯全集》(第1卷),人民出版社1956年版,第183页。

② 参见应飞虎、王莉萍:《经济法与民法视野中的干预——对民法与经济法关系及经济法体系的研究》,载《现代法学》2002年第4期。

专门用稳定的资金来从事放款营利业务；也有些放贷人资金来源只是偶尔的闲置资金，并没有专门用来从事放款业务的稳定资金。放贷人随着放款目的及资金来源不同，其放款行为性质也不一样，有稳定资金来源的可长期从事放款业务，构成连续长期从事同一营利行为的持续行为，这是一个典型的专职放贷行为；如果放贷人资金只是偶尔才有的闲散资金，其放款行为就不会是一个持续行为，只可能是一个偶尔行为，这就是一个民事行为。随着我国对民间借贷业的放开，放贷人主体可以是企业、个人和相应的社会团体，应该针对非专职放贷人和专职放贷人进行区别规范管理，建立规范的职业放贷人制度，[①]设立相应的进入和退出标准及营业规则。

2. 非专职放贷人的放贷原则

非专职放贷人是指不专门从事放贷业务，不以放贷为其经营主业，也没有稳定的放贷资金来源，只是在偶尔有闲钱时从事放贷业务的放贷人。民事放贷人由于只是偶尔行为，且也不一定以营利为目的，各国或地区一般都对这种放贷人不予规制。如美国纽约州"放债人法"将个人和企业偶尔的借贷行为排除在商事行为之列，不需要申领放债人牌照。[②] 我国香港特别行政区《放债人条例》附表 1 第 2 部分"受豁免的贷款"中第 5 条规定："任何公司、商号或个别人士，而其日常业务基本上或主要并不涉及贷款者，在其通常业务运作中作出的贷款。"正常从事放贷业务的人需要拿牌照，而受豁免的贷款放款者不需要拿牌照。[③] 豁免贷款就包括不以贷款为通常业务的贷款，即民事贷

---

① 施陈继：《刍议民间金融的法律规范问题》，载《浙江金融》2014 年第 3 期。

② 岳彩申：《民间借贷规制的重点及立法建议》，载《中国法学》2011 年第 5 期。

③ 香港律政司：《第 163 章放债人条例》，载香港律政司双语法例资料系统：https://www.elegislation.gov.hk/hk/cap163! sc @ 2018 - 06 - 28T00:00:00? xpid = ID_1438402764207_001 #.，最后访问日期：2019 年 3 月 9 日。

款。因此,对民事放贷实行无市场准入的自由放贷是各国惯例,我国法也应将民事放贷自由纳入立法制度中。虽然民事放贷不以营利为目的,但并不是民事放贷一定是无偿的,从《合同法》有关借贷合同的规定来看,民间借贷如果没有约定利率,应该为无偿借贷。同样此条规定应该适用于将来民间借贷中民事放贷人的放贷行为。当前我国网络借贷的放贷人基本都是以营利为主的,只是行为不具有持续性。如果放贷是持续性的、金额也很大,就有可能与专职放贷相似,因此将来对非专职与专职放贷应该给予一定的界定,界定的标准主要从两方面来考虑,一是时间长度,是持续的长期行为还是偶尔的短期行为。二是金额,金额大会涉及对社会资金规模的影响,作为非专职放贷主体放贷金额不能太大。当然如果是无偿的民事放贷可以不受这两个因素限制。

3. 专职放贷主体的审批制度重构

专职放贷是指以营利为主要目的,并且以放贷为其主要经营的持续性行为。

(1)实行审批设立制度

专职放款行为人应该实行审批设立制度。2015 年 8 月,国务院法制办发布《非存款类放贷组织条例(征求意见稿)》要求对放贷组织实行审批设立制度,[①]之所以这么规定是由于专职主体持续从事长期性营业活动,规范其行为首先要从主体规范来管理,只有规范的主体才可能带来规范的放款行为,而非专职放贷人行为只涉及两方当事人之间利益,不涉及社会交易秩序。

---

① 国务院法制办公室:《非存款类放贷组织条例(征求意见稿)》,载中国法律服务网"公开征求意见系统":http://zqyj. chinalaw. gov. cn/readmore? listType = 1&id = 151. ,最后访问日期:2016 年 9 月 9 日。

专职放贷的对象是众多的借款人，行为具有涉众性，从保护公众利益出发也需要对专职放贷进行特别管理。因此对专职放贷主体与非专职放贷主体的要求是不一样的，非专职放贷民事行为可以实行自治，而专职放贷的商事行为应该实行规范管理，最典型的管理行为应该是审批制度，通过商事审批及登记制度，排除不良商事放贷人进入市场，对市场和交易人进行公示，规范市场秩序和保护善意相对人。

(2)实行市场准入制度

由于金融业属于特殊行业，应该实行市场准入制度。从国外民间借贷放贷人规范来看，各国都有专门法律规范专职放贷人，一般也都规定专职放贷人审批设立制度。如新加坡、马来西亚和文莱都有《放贷人法》，我国香港特别行政区有《放贷人条例》，日本有《放贷业务控制管理法》，英国有《消费信贷法》，在这些法律规定中都实行审批设立制度。美国南达科塔州的法律规定放贷人需取得许可证方可从事放款业务，许可证的有效日期截至到每年的 7 月 1 日，无论放贷人在前一年的任何时间获得许可，都必须在次年的 6 月 15 日前重新递交申请表；英国放贷人的许可资格可持续 5 年；南非法律中虽然未对许可证有效时限作出规定，但放贷人每年必须交纳一定的更新费用以维持许可证的有效性；文莱将许可证的年更新费用规定为 500 美元。① 从各国对放贷人的法律规定可看出，这些国家对于从事放款业务的专职放贷人都实行许可制度。

4. 建立放贷主体的资金来源制度

(1)禁止吸收公众存款

世界各国对于吸收公众资金都给予了严格限制，吸收公众资金一般都需经过审批程序，由专业的金融机构进行专业服务，诸如吸收公

① 李征：《"放贷人"立法的国际经验研究》，载《区域金融研究》2010 年第 3 期。

众存款由银行进行,吸收公众投资由证券公司参与在证券市场进行,公众资金的涉众性决定了不能由一般人向公众进行融资。因此,无论是传统的民间借贷还是现在的网络借贷,都应该坚守“禁止吸收公众存款”原则,这条限制放贷主体资金来源的“红线”不得逾越,否则就是混淆了对银行类金融机构的资本要求,危及金融安全。

(2)适度拓宽专职放贷主体的融资来源

如果仅仅允许专职放贷主体使用资本金放贷,意味着对其财务资源的严重浪费。众所周知,金融活动普遍具有杠杆性特征,杠杆率高低与经营效率和安全有着密切联系。美国次贷危机和金融危机的重要诱因之一,就是没有协调好杠杆与金融安全之间的关系。但是绝对禁止金融机构负债同样是不可行的,民间借贷也不例外。负债经营的关键是控制适度的杠杆率,反之则过犹不及。在禁止负债经营的情形下,杠杆率为零,看上去没有什么风险可言,但势必造成严重的财务资源浪费,这与我们金融活动的效率性原则相背离。一般认为,企业在资产负债率为50%～60%时仍然可以处于比较稳健的经营状态,商事性网络借贷放贷主体作为资金密集型行业,其资产负债率可以适度高于普通企业。

有限度地放开民间借贷的银行批发资金融资渠道有利于培育商业银行贷款零售商,分散银行信用风险,构建多层次贷款渠道。依赖大客户是银行经营过程中很普遍的现象,容易导致风险过于集中,允许银行将资金批发给民间借贷经营者,可以使银行通过信贷配给方式甄别出优质的企业来,①不失为解决这一问题的有效方法。当前可尝试性规定向商事性民间放贷人发行商业票据、股票、债券,吸收非金融

① 参见徐忠、张雪春、沈明高、程恩江:《中国贫困地区农村金融发展研究:构造政府与市场之间的平衡》,中国金融出版社2009年版,第255～256页。

类企业的大额存款，资产证券化等融资渠道。我国资本市场并不缺钱，也就是说，金融供给充裕，缺乏的只是资金融通的渠道和途径。随着我国金融市场的不断发展和金融工具的不断创新，可以借鉴发达国家的经验，通过市场融资的方式解决民间借贷经营者的资金来源问题。商事民间借贷放贷人可以通过发行商业票据、股票、债券，资产证券化或资产转让等模式，在资金市场主动融资负债，这样有利于形成多层次的融资市场和多元化的融资渠道，促进金融市场的有效竞争。①

作为普惠金融的主要践行者，网络借贷放贷人中的相当一部分是面向“三农”、小微企业、城市下岗职工等经济弱势群体的，可给予他们政策性金融资金支持。20 世纪 70 年代，《美国社区再投资法》规定社区银行对弱势群体进行包括放贷在内的各种金融服务，监管机构负责对此进行考核。我国目前还没有类似的专门法律进行强制性普惠金融，仅有 2014 年《公司法》第 5 条，在肯定公司追求股东价值最大化的同时，强调了公司的社会责任，但这个条款缺乏可操作性，难以落实。虽然我国的政策性银行设立多年，但从反响来看，其对“三农”支持的实际效果距离设立的初衷还有很大的差距。为拓宽商事性民间借贷经营者的资金来源，改进政策性金融的运行方式，可以考虑在政策性金融中拿出一部分资金，包括政策性银行发行金融债券募集的资金、人民银行的支农再贷款或者其他财政扶持资金等，借给那些从事普惠金融服务的商事性网络借贷放贷主体作为经营资金使用。② 这一立法举措对于整个金融体系可以说是一举两得的制度安排，不但拓宽了民间借贷的资金来源，为网络借贷放贷主体提供了有效的资金供给，还有另外一个重要意义，即为政策性金融领域引入了适度的竞争机制，

① 岳彩申：《民间借贷规制的重点及立法建议》，载《中国法学》2011 年第 5 期。

② 同上。

形成鲶鱼效应,对于提高政策性金融资源配置的效率、发挥正规金融支农惠农作用具有非凡意义。

(3)限制非专职放贷主体的资金安排

随着网络借贷业的快速发展,放贷人在网络上借贷已是一件非常容易的事,通过网络借贷平台,放贷人能很快找到许多借款人,如果不限制放贷资金来源,可能会使放贷人利用借来的资金在网络上放贷,会使非专职放贷人变成专职放贷人。由于网络放贷与私下的资金借贷期限的不匹配,以及一个资金段的风险会影响另一个资金段的风险,会使借贷资金产生连环风险。同时,如果允许非专职放贷人随意借贷资金放贷,无疑是鼓励放贷人做资金池,这样会扩大网络金融的杠杆效应,带来大面积的风险。因此,立法应该规定,非专职放贷人只能进行自有资金的借贷,不能从事借贷后转贷谋利活动。

(4)重构放贷资金来源违法的合同的效力

《最高人民法院关于进一步加强金融审判工作的若干意见》规定,国有企业借贷后转贷的,合同无效,此规定目的是保护金融资产安全,但却不能保护善意相对人,破坏了交易秩序。在网络借贷平台上,通常由多个放贷人共同完成一个借款人的借款行为,如果因其中部分放贷人的资金违法而宣告合同无效,会影响其他放贷人合法资金的使用和利益收获,如果规定违法资金放贷无效,则借款人可能会在借款到期前甚至在募集期内要求退还借款给放贷人,势必影响整个借款项目的进行,使其他合法的借款人资金面临风险。网络放贷与传统民间放贷最大的不同是具有涉众性,立法对于涉众行为效力不应轻易认定为无效,否则会影响其他公众的利益。鼓励交易是合同法的重要精神,要谨慎地认定合同无效,人民法院审理合同纠纷案件不应产生阻碍合法交易的后果。因此,我国法应该首先明确规定网络放贷人违约使用资金进行放贷的,放贷行为在不违反法律、行政法规的强制性规定情况下应该认定为有效。另外,对于违法放贷人应该给予法律制裁,可以通过没收利息等制裁方式,使其利用违法资金谋利的目的落空。

(5)构建放贷人的人员制度

从国外立法情况来看,2005年《南非国家信贷法》第46条明确规定了不能成为放贷人的各种相关情形:一是破产的自然人不能成为放贷人。二是有以下情形的自然人也不能成为放贷人:①未满18周岁的;②依照法庭令,属于2004年《国家赌博法》第14条所列举的排除登记对象的;③经法庭认定为智力不胜任或精神失常的;④由于欺诈或资金使用方面的不正当行为,被政府机关或其他单位开除的。在第47条第2款规定,由不能成为放贷人的自然人单独或与其他自然人一起主管、实际控制的法人或协会,也不能成为放贷人。①

我国可以借鉴南非这个同属发展中国家的一些做法,在以下方面进行规制:

①在网络借贷放贷主体的基本立法中规定申请人、高级管理人员和主要股东等相关人员的消极条件,反向划定人员准入门槛,明确排除不适格的主体。在消极条件的规定上,要将关注焦点放在规定放贷组织专业人员不涉及侵害人身权利犯罪、欺诈型犯罪以及黑社会性质组织犯罪之类的条件。

②要把握好区分原则,对正规金融机构和网络借贷放贷主体业务经营、风险管理、影响范围等方面的差异进行全面的把握和合理的评估,对民间借贷放贷人自身的特点和发展阶段要有科学的认识,在坚持属地管辖原则的前提条件下,制定与之相宜的行政许可事项实施及高管人员任职资格管理办法,努力实现不同层次放贷主体在人员要求

---

① 刘萍、张韶华:《南非的非吸收存款类放贷人法律制度》,载《金融研究》2008年第4期。

上的合理区别对待。

③对现有的网络借贷放贷主体各单行立法中的规定进行全面梳理和整合,对于规定过于简单的地方进行必要的细化和补充。坚持具体情况具体分析的要求,根据不同主体的特殊性进一步明确相关人员在专业、学历、技术职称、工作年限、过往劣迹等方面的具体要求。对于存在调任情况的人员的资格审查,不但要重视对其任职前的考察,还应关注其曾经的任职过程考察以及离任稽核审查结果,从而严把用人关,将一切有碍于放贷主体和民间借贷市场发展的不稳定因素扼杀于门槛之外。

(6)建立投资者保护制度

具体包括以下内容:

①建立网络借贷平台准入制度

"市场准入法律制度,包括一系列调整市场准入过程中形成的社会关系的法律规范,是对市场准入的条件、标准、方式、程序、责任等的法律规定,并由此形成的一定的体系,包括存在于各个有关法律法规中一切有关市场主体进入特定市场的政府限制或禁止的法律规范。"① 网贷平台设置准入门槛能有效地为放贷人把关借款人及项目的真实性,作出相应的专业性评价,保护投资者利益。因此,立法应该对网络借贷平台实行准入制度及要求专业人员服务。鉴于在后面会有专门章节论述,此处暂时不详述。

②构建合格投资者制度

在网络借贷中,合格投资者制度是投资人保护的首要考量因素。由于网络借贷中对投资人的投资无相应的数额限制,所以按照数额划分和调整合格投资人的条件就显得非常必要,以此区分合格投资人类

① 刘大洪主编:《经济法学》,中国法制出版社 2007 年版,第 410 页。

型。由于网络借贷业中存在专业投资人和非专业投资人,合格投资人应该是针对非专业投资人而言的,对于专业投资人应该不予限制。英国的网络借贷包括 P2P,P2B 和 B2B,英国 FCA 在制定众筹监管规则时明确规定 B2B 平台不在监管规则范围内,其设置的放贷人小额、分散规定不适用于机构投资人,这主要是由于专业投资人其本身有足够知识防范风险,同时,专业投资不可能是小额投资,因此,我国立法也应该将网络借贷上放贷人区分为专业投资人和非专业投资人。

③规定专业投资人的豁免权

专业投资人由于其主要目的就是营利,又拥有足够的知识,应由专业法律来规范其自身的投资行为,例如,《证券投资基金法》第 73 条规定,公开募集基金的基金财产不得用于违反规定向他人贷款或者提供担保。第 92 条规定,非公开募集基金,应当制定并签订基金合同。基金合同应当包括基金的投资范围、投资策略和投资限制等。鉴于专业投资人有足够的投资经验及风险防控能力,同时,对专业投资人有规模投资要求,因此,网络借贷中对于放贷人的小额、分散规定不应适用于专业投资人,专业投资人有对于投资者合格标准的豁免权。

④规定合格制度内容

网络借贷中放贷人更多为个人,个人作为放贷人由于其具有不规范及无序性,[①]在其天然逐利本性驱动下会目光短浅,没有风险识别能力,在房价高涨限购时会出现大量的、不理智地离婚购房现象,在股市繁荣时会出现孤注一掷式的卖房炒股现象,一旦发生风险事件会对其个人生活及工作带来很大影响。个人及社会的发展需要可持续发展,而可持续发展过程需要经历从生存到发展,再从发展到可持续发展的

① 张学民主编:《中国农村金融改革发展与社会主义新农村建设》(上卷),中国经济出版社 2007 年版,第 302 页。

漫长过程,[①]鉴于个人的非理性投机行为及生存权保障,我国应该对放贷人资格作出相应的限制。美国对于放贷人有收入和净资产要求,这样可能会造成民事主体不平等的问题,限制了投资者的发展权,因此可以对净资产投资比例和单笔投资金额进行限制。

首先,应该对投资人所有的净资产投资有个投资比例限制,美国有很多州规定10%的比例限制,我国《商业银行法》规定商业银行对于单一借款人借款不得超过其净资产加资本公积金之和的10%,可见对投资人10%的比例限制是一个通行的标准,也可以将这一比例适用到网络借贷行业中来,即一个放贷人投资到网络借贷业的资产不得超过其净资产的10%,净资产不应该包括其必要居住的住房和必要的生活用品。

其次,应该对投资人的单笔投资金额进行限制,投资比例是对投资人资产的一个总的风险控制,单笔投资金额是限制投资人将所有能够投资的资金投资到一个项目中去,以此分散投资风险,因此应该规定单笔投资金额。当然由于中国各地经济发展差异大,对单笔投资限额很难统一规定,江苏2010年1月制定的《江苏省农村小额贷款公司财务制度(试行)》第9条第1款规定,坚持"小额、分散"的原则,对单户小额贷款标准分别为:苏南50万元以下、苏中30万元以下、苏北20万元以下。从一个省来看对于小额标准的规定都不太一样,对于整个中国来说单笔标准更是难以统一,可将单笔投资标准的规定权限授权给各省级政府。

⑤设计投资者纠纷解决制度

首先,建立投资者权利代理制度。网络借贷当中一个项目或平台

---

① 牛文元:《可持续发展理论的内涵认知——纪念联合国里约环发大会20周年》,载《中国人口·资源与环境》2012年第5期。

的投资者往往数量众多，利益关系比较复杂，更为重要的是，与传统民间借贷相比，网络借贷的金额分散并且投资人区域分散，所以对于网络借贷的投资人而言，当网络借贷平台或者借款方出现违约或者侵权行为时，法律救济的高成本性使投资人的维权之路变得十分困难。因此，投资者如何合理、合法、高效地维权成为当务之急。笔者建议，当投资者的权益受到侵害时，应该有一个专门的机构受理投诉。① 在E租宝问题出现之后，公安部开通了非法集资案件投资人信息登记平台。② 这一举措能有效地统计投资者的数目和损失，对于投资者的集体维权大有裨益。直至目前，信息登记平台仍归属公安部。若是能将这一平台常规化并建立起帮助投资人维权的常设机构，对于投资人的权益保护以及诉讼案件的推进将极为有效。美国在次贷危机后设立了金融消费者保护局用于保护投资人的合法权益。我国监管部门也可以考虑设立专门的投资人保护机构用于保护投资人的合法权益。

其次，重构投资者与平台间诉权制度。网络借贷中介机构能否受让债权是当前争议点，从实际来看网络借贷中介机构受让债权主要是为了诉讼需要，从保护放贷人权利来看应该建立网络借贷业诉讼保护制度，即允许网络借贷中介机构受让放贷人债权进行诉讼。主要基于以下一些理由：

其一，债权转让不违反法律规定。网络借贷中介机构受让放贷人债权是双方民事行为，此转让为双方当事人真实的意思表示，我国《合同法》第79条专门规定了债权人可以把债权转让给他人，因此，网络

① 参见朱连才等：《P2P网络借贷的投资者保护机制研究》，载《金融理论与实践》2015年第3期。

② 参见公安部：《非法集资案件投资人信息登记平台》，载公安部非法集资案件投资人信息登记平台：http://ecidcwc.mps.gov.cn/port/index.，最后访问日期：2016年4月4日。

借贷中的放贷人将债权转让给中介机构的行为是合法行为。

其二,债权转让有利于放贷人。网络借贷业中放贷人多是小额债权人,很多人没有相关的诉讼知识,当自己的贷款到期不能归还时,不知道如何去保护及实现自己的债权;同时,放贷人单个诉讼成本会很高,这些成本有可能远远超过其放贷金额,放贷人会得不偿失。

基于这些原因,放贷人诉讼意愿非常低,这样的结果只能使放贷人放弃自己的合法权利,进而影响其对网络借贷业的信心指数,最终影响放贷业的发展。而如果由网络借贷中介机构去诉讼则会降低诉讼成本,网络借贷中介机构将所有债权集中起来,诉讼成本会从由单个的放贷人承担转由所有放贷人共同来承担,成本会低很多,同时,网络借贷中介机构在诉讼中会更专业。中介机构对其业务非常熟悉,对借款人的了解也远比放贷人知道得多,其本身也有专业的业务人员和相关的法律人员,对于债权的诉讼会更专业和便捷,由中介机构进行集中统一诉讼会更有利于债权实现。

但如果中介机构不受让债权,则只能通过放贷人当面单个授权的方式进行诉讼。这在实践中很难做到,因为放贷人可能分布在全国各地,当面授权会增加很高的差旅费等成本;同时,一个项目中放贷人有多人,中介机构能否同时代理多个放贷人进行集合诉讼还存在不确定因素。因此,由中介机构受让放贷人债权应该是最便捷、高效和低成本的诉讼方式。

中介机构受让债权属于隐形担保范畴,可能会影响中介机构本身的经营,增加经营风险。如何平衡债权人利益和中介机构经营风险之间的关系值得研究。债权人利益肯定是首先要保护的利益,没有债权人利益保护就没有新兴行业和中介机构,而只有中介机构更好经营才会更有利于债权人利益保护,促使更多债权人进入新兴行业,反过来促进中介机构的经营。

当前中介机构受让债权的最大障碍就是会增加经营风险，这可以通过制度设计来防范，针对网络借贷建立专有诉讼制度，即由中介机构受让债权提起集中诉讼制度，前提条件是必须在借贷项目设立时就提取相应的风险准备金，在债权不能清偿时，中介机构的风险准备金能够覆盖因逾期而受让的债权，在不能覆盖不良债权时债权不得受让。这一制度的可行性在于，风险准备金的提取是国内外网络借贷的行业经营惯例，很多中介机构能做到风险准备金覆盖不良债权。当然这一制度设计也需要设置一些限制条件以保障债权人利益，首先，债权转让应该是明确和透明的。债权转让可以是在项目设立时的附条件行为，让债权人在项目设立时就了解项目可能存在的诉讼风险，让债权人能综合判断是否参与放贷；也可以在债权到期未受清偿时由中介机构向所有放贷人提出债权转让建议，由放贷人评估是否转让。其次，债权转让应该有利于放贷人，债权转让提议无论是在项目设立时还是在已经逾期时提出，设置债权转让的条件都应该是中介机构的风险准备金能够覆盖当前形成的不良债权，如果不能覆盖，则债权就不能转让。最后，债权转让应该对双方都有效益。债权转让要既有利于放贷人也有利于中介机构，债权转让目的是通过诉讼来实现债权，诉讼需要有效益，否则对双方都无益，因此，债权转让需要由中介机构来评估胜诉可能性，对已经保全的财产进行专业诉讼评估，使放贷人能够综合评判是否行使债权转让行为，也会降低中介机构受让债权的风险。

⑥重构担保物权公示制度

担保物权由于公示法定，在物权担保公示方式方面不能随意改变，以免违反法律规定。但网络借贷业存在多个债权人也是这个行业的典型特征，如果不对这个行业特有的担保物权公示方式作出相应规定，一定会有很多项目债权人的债权得不到优先保护，影响债权实现，因此，网络借贷业担保物权公示制度应该要予以明确。当前对于此行业担保物权公示有两种做法：一是要求登记机关对债权人人数不作限制，一个担保物可以登记在多个债权人名下；二是承认网络借贷平台与所有债权人间的委托关系，使物权只要登记在网络借贷平台名下即可。第一种方案要求承认担保物对应多个债权人登记，这种方案首先会给登记部门带来大量的物权设立登记工作。其次，登记部门还会有大量的变更登记工作。债权人在债权未实现时会将债权转让给第三人，这样就要求债权人必须再去登记部门进行债权变更登记，网络借贷业的债权转让是非常频繁的，一个债权人的债权会转让给数个新的债权人，登记部分、变更登记部分的工作量也会非常大。最后，承认一对多物权登记制度不能解决质权的单个交付问题。抵押物权可以做到将一个抵押物登记到多个债权人名下，不会违反《物权法》有关抵押物权的取得和对抗效力的获得的规定，但需要交付的质押却不能做到将一个质物交付给多个债权人，而对于需要通过交付才能获得质权的质押来说，公示方法是《物权法》规定，不能违反法律规定。因此，对于网络借贷业物权公示仅从登记机关角度来改变是不能根本解决担保物权的获得问题的，同时还会给登记部门增加大量工作，另外还会增加登记费用，相应增加融资成本。物权担保问题解决的第一种方案显然不是一个好的选择。网络借贷业物权担保问题解决目前应该从第二种方案入手，建立网络借贷业物权公示的委托制度。承认网络借贷平台与债权人之间的委托关系，物权登记时只要将债权人及担保物权人登记为网络借贷平台，并且标注委托字样以示区别网络借贷平台为受托物权人还是真正物权人。同样，对于交付取得质权的质押物，出质人只要将质物移交给网络借贷平台，融资项目中明确物权以质物交付于网络借贷平台时取得。此种方案实施具有真正可行性，首先，方案不违反物权法定原则。网络借贷平台与债权人之间如果存在委托关系,则物权登记或交付时可以交给受托人,同时委托有两种委托,即明示委托和默示委托,在默示委托中受托人可以直接以自己的名义从事活动。具体到抵押登记方面,平台作为受托人可以直接登记为抵押权人,也可以登记为债权人,只要网络借贷项目中的物权登记部门适用公示委托制度,平台作为债权人和抵押权人的,都是债权人与平台间的默示委托行为,同时,在质押中也同理适用委托公示制度,即质押交给平台,平台作为默示委托的受托人以自己名义从事行为,由委托人享有权利和承担义务。因此,公示委托制度的建立不仅不违法,而且有法可依,也符合物权法定原则。其次,方案能统一解决抵押和质押问题。物权公示委托制度的建立使抵押和质押中的物权获得都找到了依据,统一了做法,当前网络借贷平台将物权登记在员工名下只能解决抵押权问题,但不能解决质权取得问题,统一物权公示委托制度的建立会使质权获得也得到解决,能充分保障网络借贷业中担保物权的获得。再次,方案便利了债权流通。物权公示委托制度不仅能保障网络借贷中众多债权人担保物权的取得,同时还能方便债权人转让债权,如果担保物权按照真实债权人公示,则债权人转让债权需要再进行担保物权变动公示,这样会使债权转让很不方便,降低了网络借贷的便捷性和高效率性。建立网络担保物权公示委托制度,平台作为债权人和担保物权人的受托人不变,在不改变债权和担保物权的前提下,债权人转让债权不需要再进行变更公示,这样会促进债权转让的流转,增加网络借贷业的流通性,促进网络借贷业更好地发展。最后,网络借贷业物权公示委托制度的建立能降低融资成本。物权登记部门目前实行有偿收费制度,如果将债权人作为担保物权人登记,则会涉及担保物权设立、变更登记,每份登记都需要收费,登记费用必然会成为融资成本,最终会降低放贷人的收益率和增加借款人的融资成本。网络借贷业本来就是小额、分散投资,登记费用会加大小额投资人的成本,最终会使网络借贷业的收益率降低,影响放贷人的投资热情,这样会反向导致融资成本更高,影响这个行业的发展。而实行网络借贷业担保物权公示委托制度后,由于平台没有变化,因此担保物权只需要登记一次,不再需要进行变更登记,设立登记时的费用是由众多债权人分担的,自然不会影响其收益。为解决社会总需求资金配置不均衡造成的成本过高问题,应通过提供高效的合约执行机制来减少交易成本,建立担保债权特别诉讼和简易执行程序等配套机制。[①]因此,为促进网络借贷业发展,保障债权实现,促进行业流通,应该建立网络借贷业物权公示委托制度。

---

① 参见王兰:《民间金融的规制悖谬及其化解——一种软硬法规制路径的选择》,载《现代法学》2017 年第 3 期。

第三章　网络借贷中介主体法律规制

第一节　概说

一、网络借贷中介主体概述

（一）网络借贷中介主体由来

网络借贷服务平台最早渊源可追溯到20世纪70年代的孟加拉国，1974年，孟加拉国发生严重的饥荒，时任吉大港大学经济系主任的穆罕默德·尤努斯为寻找解决饥饿与贫困的对策，到农村去调研。在调研中他发现村民贫困的原因在于没有摆脱贫困的发展资金，生活资金更多通过高利贷获取，因此很多农民不能摆脱贫困。1976年，在一次乡村调查中，他把27美元借给了42位贫困的村民，以支付他们用以制作竹凳的微薄成本，免受高利贷的盘剥。自此，尤努斯萌发向贫困人员提供优惠小额贷款计划，1983年其在孟加拉国创立"格莱珉银行"，专门向贫困人员发放小额低息贷款，这一模式后被很多国家所借鉴，2006年他获得诺贝尔和平奖。尤努斯创设的小额信贷的特点是借款数额少，借款利率低，借款人多为急需发展的人员，借款的资金主要来自民间资本。

2005年英国理查德·杜瓦、詹姆斯·亚历山大、萨拉·马休斯和大卫·尼克尔森4个年轻人创立了一家叫Zopa的网站，Zopa的意思是可协议的空间(Zone of Possible Agreement),借款人在网站上发布借款需求,并披露相关信息,投资人对于有意愿的借款人会给出借款,网站平台对双方收取一定的手续费,这是真正意义上的第一家网络借贷平台,又叫 P2P 平台(peer to peer lending),该平台主要功能是让借款人和投资人直接见面,减少中间环节所耗费的时间和金钱成本,因此,借贷利率会比较低,同时资金同样来自民间资本,投资人的资金可以很小,平台能将数量众多的小额资金汇聚起来供借款人使用。

尤努斯的小额借贷解决了穷人的借款问题,但他没有集聚资金的能力,不能提供足够的资金来满足被正规金融排斥在外的借款人的需求,而网络借贷平台借助互联网技术能解决资金来源,同时由于这一模式成本低、时间快、风险较分散而在全世界被推广开来,美国第一家网络借贷服务平台繁荣(Prosper)于 2006 年 2 月在加州成立,中国第一家网络借贷服务平台是 2007 年 8 月在上海成立的“拍拍贷”。哈佛商业评论于 2009 年称这种新型的借贷方式是一个突破性创造。①

(二)网络借贷服务平台发展现状

自 2005 年英国一家叫 Zopa(Zone of Possible Agreement)的网站在网络上推出“人人贷”(peer to peer lending)网络借贷服务平台后,这种方式在世界范围内很快被复制,中国第一家网络借贷服务平台是 2007 年成立的“拍拍贷”。经过几年的发展,此行业已渐成规模,但也带来了些问题,据第三方资讯平台网贷之家发布的数据来看,网络借贷平台发展现状如表 1 所示:

---

① John Sviokla, "Forget citibank, borrow from bob", *Harvard Business Review: Breakthrough Ideas for*, Feb 2009, p. 25. available at http://hbr.org/web/tools/2009/01/list-toc. Accessed Nov 26, 2012.

表 1　中国网络借贷平台发展数据①

交易年	平台数量（个）	平台数量年增长比(%)	平台成交量（亿）	平台年成交量增长比(%)
2012 年前	50		31	
2012	250	400	212	583.87
2013	1050	320	1058	399.06
2014	2684	155.62	2528	138.94
2015	5135	91.32	9823.05	288.57
2016	5881	14.53	42705	334.74

从表 1 中可看出，网络借贷在我国得到了快速发展，虽然平台数量增速在呈现下降趋势，但年融资额度都在成倍增长，并且增长比例有上升趋势。

据美国 Gartner research firm's 调查预测，美国网络借贷服务平台在 2012 年里促成的贷款额达到 50 亿美元，比 2010 年增长 66%。② 根据 2014 年数据，摩根士丹利预测，到 2020 年美国在线借贷市场规模约为 1.9 万亿美元，并以 47% 的复合年增长率增长，③这种主体的存在能有效地提供民间资本，对社会作出贡献。

（三）网络借贷中介主体类型

1. 按参与模式分线上、线下借贷中介

民间借贷中介主体有线下中介主体和线上中介主体两种模式。线下中介主体就是实体中介主体，主要表现为有专门的实体经营场

---

① 数据来自第三方资讯平台网贷之家，依据其数据重新编制。

② Robert Schmidt & Jesse Westbrook, "An Online Lender Takes on the SEC", *Bloomberg Businessweek*, June 14, 2010, p. 25.

③ 网贷投行：《2016 年美国网贷行业发展趋势解析》，载网贷投行网：http://www.p2ptouhang.com/article-36053-1.html，最后访问日期：2016 年 5 月 11 日。

所，交易行为在规定的交易场所内完成，这也是传统的中介主体类型模式；线上中介主体就是网络借贷中介主体，中介主体利用网络借贷平台将借贷双方集中在一起，使交易双方能够直接在网络上见面。美国两个最大民间借贷网络平台之一①的 Lending Club 在其官方网站上宣传说 Lending Club 是一个在线金融社区，它将投资者和借款人聚集在一起，使双方当事人都能从中受益，它取代了银行的高成本和复杂贷款，而给借款人和投资者提供了一个快速和睿智的方式使双方获益。② 国内最大的网络借贷平台人人贷网在官方网站上作公司简介时说明："人人贷(renrendai. com)为有资金需求和理财需求的个人搭建了一个公平、透明、稳定、高效的网络互动平台。用户可以在人人贷上获得信用评级、发布借款请求满足个人的资金需要，也可以把自己的闲余资金通过人人贷出借给信用良好、有资金需求的个人，在获得良好的资金回报率的同时帮助了他人。"③如今，国内从事民间借贷中介服务的有纯网络借贷服务平台，如红岭创投、人人贷、拍拍贷这样的"纯线上"的借贷平台，也有诸如宜信这样的线上、线下并举的民间借贷中介服务公司。

2. 按服务的对象分 P2P，P2B，B2B

网络借贷平台上借贷双方主体类型不一致，有个人与企业之分，分别是个人间借贷、个人与企业间借贷、企业与企业间借贷。按照不同参与主体，网络平台借贷模式分为 P2P，P2B，B2B。P2P 有两种理

---

① See Silla Brush, "Online Lender Lobbies Congress for Industry Consumer Regulator", *The Hill* 17(65), 6/10/2010, p. 14.

② Lending Club, "about us", Accessed Dec 4, 2012. http://www. Lending Club. com/public/about-us. action.

③ 人人贷商务顾问(北京)有限公司:《关于我们》，载"人人贷"官网: http://www. renrendai. com/guarantee/aboutUs. html? v=0718，最后访问日期:2012 年 12 月 4 日。

解,一种是 Peer-to-Peer lending 即是点对点交易,在网络借贷平台上就是指借贷双方直接见面进行交易;另一种是 Person-to-Person lending,是指借贷双方都为个人的在线网络借贷。[1] P2B 是指个人对企业借贷平台(Peer-to-Business Lending);B2B 是企业间的借贷平台(Business-to-Business Lending)。

二、网络借贷平台经营模式及性质

(一)网络借贷平台运营模式

关于网络借贷平台运营模式,不同学者有不同观点,许伟等认为 P2P 网络借贷平台的运营模式概述为五种类型,分别是纯线上模式、债权转让模式、线上加线下模式、担保模式和混合模式[2],而刘建民等认为网络借贷平台运营有三种模式,分别是纯平台中介模式、债权转让模式和担保模式。

虽然学者们对于网络借贷运营模式种类有不同分类,但实质其实基本相同,由于 2016 年中国银监会等四部委制订的《网络借贷信息中介机构业务活动管理暂行办法》第 16 条规定:"网络借贷信息中介机构在互联网、固定电话、移动电话等电子渠道以外的物理场所只能进行信用信息采集、核实、贷后跟踪、抵质押管理等风险管理及网络借贷有关监管规定明确的部分必要经营环节。"因此,目前对于线下运营模式是禁止的,对于混合模式自然是每个平台都可以是线上纯平台模式,还可以是债权转让模式,还可以是担保模式,当然也可以是这几类的混合(见表 2)。

---

① 本文中 P2P,P2B,B2B 中 P 仅指个人(Person),B 仅指企业(Business)。

② 参见许伟、王明明、李倩:《互联网金融概论》,中国人民大学出版社 2016 年版,第 69 ~70 页。

表2 P2P网贷的模式①

模式	运作原理	优点	缺点	典型平台
纯平台	纯信息中介平台	独立	盈利主要来自已有用户	拍拍贷
债权转让	自出资金获得债权	投资组合灵活	有政策风险	宜信
担保交易	金融信息服务平台	稳定	担保额有限;虚拟担保	人人贷
全额担保	线下审核、全额担保	资金安全	周期长、产品少	陆金所

网络借贷平台如果是纯平台模式,则其就是让借贷双方直接见面,平台就是为借贷双方提供交易所需的信息,盈利模式主要以向借贷双方收取服务费;债权转让模式中,网络借贷平台需要自己提供资金,或由第三方提供资金,先向借款人提供资金,获得债权,然后,再将债权转让给投资人(放贷人),此种模式下,借贷双方并不直接见面,而是分别与平台进行交易;担保模式中,平台中的放贷人资金由借款人和担保人共同来偿还。

(二)网络借贷平台性质

1.信息中介

信息中介就是将借贷双方信息撮合在一起,由借贷双方直接决定是否达成交易,中介平台不参与交易的达成,也不承担风险。

网络借贷平台设立初期的宗旨是信息平台,即把借款人和贷款人集合在平台上,由借贷双方直接决定,如P2P平台最早成立的英国Zopa平台,在其官网上介绍说:我们是世界上最早的在线借贷平台,我

① 刘建民、蒋雨荷:《P2P网贷的风险控制:金融分析与模式构建》,载《西南政法大学学报》2016年第2期。

们让投资者和借款者直接见面，它是高效的在线平台，成本低，让投资者获得更好回报，借款人降低成本。①

美国最大的网络借贷平台贷款俱乐部（Lending Club）官网上也介绍说，他们经营的模式是让借贷双方直接见面，省去了中间商参与的成本，因此投资者收益比银行存款息率高，借款者成本比银行贷款利率低，平台为借贷双方建立了一个低成本、高机会的市场。② 从 Lending Club 平台介绍来看，其实是一个中介平台，即为借贷双方提供直接见面的平台，平台不参与交易，通过对交易双方收取信息管理费作为利润来源，从法律上来看，平台的行为实为居间行为。国内有名的 P2P 平台——宜信惠民，其网站上介绍说：宜信惠民投资管理（北京）有限公司（以下简称宜信惠民），总部位于北京。作为中国知名的网络借贷信息中介服务机构，为用户提供信息咨询、信用信息审核、信息披露、借贷交易撮合及与网络借贷相关的多样化增值服务。③

2. 增信中介

早期的 P2P 平台设立宗旨是为借贷双方提供信息，不参与交易，但随着网络借贷平台数量的急速增加，市场竞争激烈，出现了大量的问题平台，也影响了投资人对网络借贷业的信心指数。为了争取客户，很多平台为借贷项目提供了保本保息担保功能，担保功能来自两类：一类是由平台引入第三方公司作为担保人，典型代表是宜信惠民

---

① Zopa, "how zopa works", Accessed Jul 20, 2017. http://www.zopa.com/about/how-zopa-works.

② Lending Club, "about us", Accessed Jul 20, 2017. http://www.Lending Club.com/public/about-us.action.

③ Creditease, "company profile", Accessed Jul 20, 2017. https://www.creditease.cn/a/company/company_profile.

平台，其引入了宜信卓越财富投资管理(北京)有限公司，由宜信卓越设立专门的质保服务专款账户，当借款人不按约定还款时，由宜信卓越的质保服务专款账户与贷款人共担回款风险；①另一类是引入保险公司进行保险，如国内知名的网络借贷平台陆金所就引入了保险，由保险公司为投资项目提供担保。陆金服在对每一个投资项目进行介绍时都有一条："本息保障：借款人已投保个人借款保证保险，由中国平安财产保险公司承保，向投资人提供本息保障。"②美国第一个平台 Prosper 的账户资金有特定的保险公司为其做担保，每个投资者的资产受 FDIC 联邦存款保险公司设立的总额保险，防止资金被挪用或不能追回。英国 Funding Circle 公司没有风险储备金制度，但借款人有贷款的个人担保，一旦借款人不能还款，Funding Circle 公司会向担保人讨债，来偿还投资者的款项。③ 可见，平台增信中介为国内外所普遍采用。

3. 信用中介

信用中介就是由平台自己提供信用担保，当借款人不能还款时，由借款人与平台共同承担还款责任。在 2016 年《网络借贷信息中介机构业务活动管理暂行办法》出台前，我国大部分网贷平台事实上都是信用中介，普遍采用了担保等增信手段，有些还设立资金池，发售

---

① 宜信惠民投资管理(北京)有限公司：《出借信息咨询与服务协议》，载宜信惠民官网：https://www.creditease.cn/a/pro/detail，最后访问日期：2017 年 7 月 20 日。

② 陆金服：《项目详情》，载陆金服官网：https://www.lup2p.com/lup2p/productDetail? productId = 153199386&productCategory = 908，最后访问日期：2017 年 7 月 20 日。

③ Funding Circle Administrator, "What Happens if a Borrower Becomes Insolvent Before Repaying a Loan?", Nov 7, 2016, Accessed Jan 30, 2017. https://support.fundingcircle.com/hc/en-us/articles/214636446 – What-happens-if-a-borrower-becomes-insolvent-before-repaying-a-loan-.

“理财产品”,甚至非法吸收公众存款。[①] 随着《网络借贷信息中介机构业务活动管理暂行办法》的出台,国内网络借贷平台渐渐取消由平台自身提供的担保项目,逐渐向信息中介转变。

三、网络借贷中介功能

网络借贷中介功能之一是撮合交易。中介主体提供服务与当事人产生的合同为居间合同,《合同法》上居间有两种:一是报告居间,二是媒介居间。报告居间是居间人为委托人提供订约相关信息,使委托人根据居间人的报告增加订立合同的机会,所谓媒介居间是居间人提供订立合同的媒介服务,促进委托人顺利达成交易。

2008 年美国金融危机,导致全球经济危机发生,各国宏观形势都很严峻,普通借款人很难在银行贷到款,也很难在银行进行信用贷款,但由于民间中介机构的存在,尤其是网络借贷平台的存在,使人们借款不需要到银行,中介机构可直接将借款人与放贷人聚集在一起,使信用借款变为可能。[②]

民间借贷中介主体的存在,可以使民间资金的出借人和借款人快速地找到对方,减少资金的等待时间成本,迅速解决借款人资金短期需求。网贷之家创始人徐红伟于 2012 年 11 月 24 日在由《每日经济新闻》报社和网贷之家主办的“2012 网络借贷行业高峰论坛”上指出:据网贷之家的不完全统计数据显示,2011 年网络借贷行业总成交量约有 10 亿元,今年以来整个网贷行业的成交量高达 200 亿

---

① 钱箐旎、常艳军:《网贷新规渐见成效:平台渐由信用中介向信息中介回归》,载中国经济网:http://www.ce.cn/,最后访问日期:2017 年 7 月 20 日。

② See Alan B. Krueger, “In Credit Crisis, Some Turn to Online Peers for Cash”, N. Y. Times Blog (Oct 14, 2008, 9:17 AM), Accessed May 5, 2012. http://economix.blogs.nytimes.com/2008/10/14/in-credit-crisis-some-turn-to-online-peers-for-cash/.

元。[①] 而据美国 Gartner research firm's 调查显示,美国网络借贷服务平台在 2012 年里促成的贷款额达到 50 亿美元,比 2010 年增长 66% 。[②] 事实证明,网络借贷中介机构极大地促进了民间借贷的交易量。他们可以促进民间借贷交易量的产生,一方面是由于其汇集了交易双方;另一方面也是由于这种方式很便捷。依靠网络平台,人们在家中只需轻轻一点鼠标,就能轻松搞定交易。因此,国外很多专家对他们的评价多为良性,认为是他们的存在为交易双方提供了便捷的服务。《哈佛商业评论》称,这种新型的借贷方式是 2009 年的一个突破性创造,[③] 这种主体的存在能为社会有效地提供民间资本,对社会作出贡献。英国财政部官员曾表示,P2P 网贷"提供了竞争、创意和技术""让生活更美好,市场更有效",是"很棒的金融创新",希望"其继续发展和演进"。

网络借贷中介功能之二是降低利率。民间借贷资金如何定价,对于资金的出借方来说是无从参考的,有了网络借贷中介机构后,民间借贷资本会被高度集中起来,民间借贷资本价格也会市场化及公开化,这样会使民间借贷利率随着市场对资金的需求变化而自动调整变化,这样环境下的利率才是合理和理性的利率,由于资金的公开集中,会使民间资金趋于集中,这样能有效避免高利贷。中国由于近几年实

---

① 梅俊彦:《网贷借贷成交量达 200 亿 25 家平台签署自律条约》,载新浪财经: http://finance. sina. com. cn/money/bank/ywycp/20121127/011413803128. shtml,最后访问日期:2017 年 7 月 4 日。

② Robert Schmidt & Jesse Westbrook, An Online Lender Takes on the SEC, Bloomberg BusinessWeek, June 14, 2010, at 25 (citing Gartner research firm's prediction in January 2010 that P2P lending will grow to $ 5 billion in outstanding loans by 2013).

③ John Sviokla, "Forget citibank, borrow from bob", *Harvard Business Review: Breakthrough Ideas for*, Feb 2009, p. 25. available at http://hbr. org/web/tools/2009/01/list-toc. Accessed Nov 26, 2012.

行紧缩型货币政策，资金比较紧缺，民间借贷利率相对比较高，但随着网络借贷中介机构的参与，民间借贷利率在逐渐下降，据网贷之家数据统计显示，2012 年网络借贷服务平台贷款利率最高的为搜搜贷，其利率最高为 34.92%，像红岭创投一年内利率最高为 12.45%，人人贷为 14.87%，温州贷利率最高为 13.98%，①资料显示网站越大、越规范，其贷款利率越低。目前中国网络借贷中介机构促成的借贷利率一般都高于银行贷款利率，这与这两年我国宏观大环境有关，事实上国外网络借贷服务平台利率一般都会低于银行贷款利率，只是高于银行存款利率。P2P 发起人英国 Zopa 公司在其网站上也宣传贷款低利率，②他们在官网上这样宣传：③“这是让借款人与贷款人相遇的地方，这儿放贷人能得到好的回报，借款人能获得低利率贷款，没有银行作为中间商，每个人都能得到好的回报。”④在其贷款人回报栏 Zopa 宣传道：“增加你的存款，加入 Zopa 会获得比任何银行储蓄账户收益更好的回报，我们这在过去的 12 个月里，扣除管理费后市场借款回报是 5.4%，如何跟其他银行比较，正如你所看到，Zopa 提供了一个比其他知名银行更好的醒目的利率，那是因为我们不是一个银行。”⑤

---

① 网贷之家：《档案》，载网贷之家：http://www.yesmyloan.com/dangan.asp? kind = 09，最后访问日期：2012 年 12 月 4 日。

② G. Jeffrey Mac Donald, “Web Sparks Person-to-Person Lending Around the World”, *CHRISTIAN SCI. MONITOR*, Dec 24, 2007, p. 13.

③ 原文 Where people meet to lend and borrow money. Lenders get great returns. Borrowers get low-cost loans. And with no banks in the middle, everyone gets better rates。

④ Zopa, “About Zopa: who we are, Where people meet to lend and borrow money”, Accessed Apr 6, 2017. https://www.zopa.com/about.

⑤ 原文 Grow your savings. Get better interest rates than any savings account by joining Zopa, 5.4% Market leading returns. After charges and actual average annualized defaults over last 12 months. How do we compare to banks? As you can see, Zopa offers significantly better rates than the top performing banks. And that's exactly because we're not a bank!

美国最大的网络借贷平台 Lending Club 将借款人按信用等级分七个级别 A – G,其中 E – G 用黄色字体特别警示标注,A – D 级用绿色字体标注,A – D 级目前年利率为 6.03% ~14.09%,该六个级别的每个级别又再分为五个等级。① 美国第二大网络借贷平台 Prosper. com 的利率是从 6.59% ~ 35.8%。② 美国花旗银行一年期的存款利率为 3.1%,贷款基准利率是 6.60%。③ 美国两家知名网络借贷平台在其官方网站上都宣传他们的低利率,如 Lending Club 在其网站上向借款人宣传低利率:④因为我们降低了成本和简化了银行复杂贷款程序。⑤ Prosper 则在网站上宣传:⑥我们把投资者和借款人直接连接在一起,去掉了中间经纪人,因此双方能共赢。⑦

网络借贷中介功能之三是减少违法交易机会。民间借贷行为纯属私人间行为,民间借贷并无公开的市场,使民间借贷双方交易很不畅通,出现闲散资金无投资渠道及中小企业融资难的两难境地,资本逐利性使资金的出借方想方设法寻找高回报率的借款方,

---

① Lending Club,"Rates & Fees",Accessed Apr 7,2017. http://www. Lending Club. com/public/borrower-rates-and-fees. action.

② Prosper,"Fixed rates from 6.59% to 35.8% APR",Accessed Apr 7,2017. http://www. prosper. com/loans/loan-types/.

③ Citibank,"Interest Rates",Accessed Apr 7,2017. http://www. citibank. com. my/english/common/interest-rate. htm? eOfferCode = MYAPSLN2.

④ 原文为 Lower rates: We reduce the cost and complexity of bank lending and pass the savings to you。

⑤ Lending Club,"Why Lending Club loans are better, Personal Loans from Lending Club", Accessed Apr 5, 2017. http://www. Lending Club. com/public/personal-loans. action.

⑥ 原文 We cut out the middleman to connect people who need money with those who have money to invest so everyone prospers!

⑦ Prosper,"how it works::Peer-to-Peer Lending Means Everyone Prospers",Accessed Dec 4,2012. http://www. prosper. com/welcome/how_it_works. aspx.

但出借方却不能及时找到借款方及了解到资金的当时价格，这就为非法集资提供了便利机会，使一段时间内非法集资问题比较严重。网络借贷中介机构成立后，提高了借贷双方交易机会，节省了交易时间，及时为出借人提供了相关的资金价格，使其面临高利贷及非法集资机会时会比较谨慎，从而有效地避免了非法集资违法行为。

四、网络借贷中介主体规制的必要性

1. 金融创新成果的固化

中央财经大学《个体网络借贷（P2P）监管办法（学者建议稿）》的专家组认为，网络借贷立法宗旨是鼓励网络借贷不断创新，更好地服务于中小微企业。[①] 网络借贷虽然仍属于民间借贷，但其又不同于传统的个人间的民间借贷，而是一笔借款会涉及一个借款人和多个贷款人的借贷。网络借贷业具有涉众性特征[②]，此种借贷方式极大地提高了借贷效率，为借款人节约了成本，改变了传统借贷模式，在社会发展过程中是一大金融创新。但金融创新的成功与否需要法律规制，当前网络借贷业管理不规范导致了一些中介机构在缺乏制度制约的情况下，忽略自身的管理。许多中介机构对贷款单位不做严格细致的贷前调查，为放贷人提供的借款人信息失真，加大了经营风险。这种经营风险积累到一定程度，往往会导致社会问题。一旦借款人违约，不能按时或无力偿还借款，就会引起债务纠纷。长此以往会影响整个行业的形象，使投资人对网络借贷业丧失信心。由此可见网络借贷中介机

① 中央财经大学《个体网络借贷（P2P）监管办法（学者建议稿）》专家组：《个体网络借贷（P2P）监管立法例及解读》，载《财经法学》2016 年第 1 期。

② 杨东：《互联网金融风险规制路径》，载《中国法学》2015 年第 3 期。

构对所撮合的交易并不具有风险控制功能,网络融资功能在于拓宽了投融资双方的沟通范围。[①] 因此,需要对网络借贷业及中介平台进行规制,明确其权利义务,支持金融创新发展。

2. 私法自治下的投资者保护

中央财经大学《个体网络借贷(P2P)监管办法(学者建议稿)》专家组认为,网络借贷监管立法是为了促进网络借贷活动规范有序发展,保护当事人合法权益。[②] 有些学者认为,网络借贷业属于民间借贷业,网络借贷平台属于居间中介机构,应该实行私法自治,直接用《合同法》来调整。[③] 这样的观点忽略了网络借贷人数的巨大,2016 年全国 P2P 网贷参与人数日均 45.86 万人,同比上升 98.83%,其中,2016 年 12 月全国 P2P 网贷参与人数日均 55.55 万人,环比(较上月 55.93 万人)下降 0.69%,同比(较去年 2015 年 12 月 30.74 万人)增长 80.71%,较中国 P2P 网贷指数基期,增长 30.93 倍,与前年同期(较 2014 年 12 月 13.61 万人)比较,增长 3.08 倍。[④] 快速增长的投资者人数显示出网络借贷业的人气非常旺盛,也说明了网络借贷平台的巨大作用。传统的民间借贷只是一对一的借贷,应该实行私法自治,但网络平台人数众多且还呈现快速增长势头,如果仍然采取私法自治原则,显然不能保护众多公众投资人的利益。同时由于

① 张春霞等:《竞争条件下的 P2P 网贷平台定价策略研究》,载《清华大学学报》(自然科学版)2015 年第 4 期。

② 中央财经大学《个体网络借贷(P2P)监管办法(学者建议稿)》专家组:《个体网络借贷(P2P)监管立法例及解读》,载《财经法学》2016 年第 1 期。

③ 封延会、贾晓燕:《“人人贷”的法律监管分析——兼谈中国的影子银行问题》,载《华东经济管理》2012 年第 9 期。

④ 第一网贷:《2016 年全国 P2P 网贷行业大数据报告》,载第一网贷官网:http://www.p2p001.com/,最后访问日期:2017 年 5 月 30 日。

网络借贷业存在明显的羊群效应,[①]使网络上的民间放贷人风险会远超过传统的、线下的民间借贷、放贷人风险,如果不对平台进行法律规制,任由其自由发展,必然会使平台的信用受到影响,进而影响投资者利益。

3. 网络借贷平台风险遏制

网络借贷平台有积聚庞大资金的功能,对于资金的来源和去向如不进行法律规制,网络借贷业会借助网络借贷平台产生大量的犯罪行为,目前在网络借贷平台上滋生的犯罪行业主要涉及以下类型:

(1)洗钱犯罪

鲁钊阳认为洗钱风险是 P2P 网络借贷平台业务非法性风险的重要体现。[②] 网络借贷平台能积聚大量的资金,很可能为洗钱提供了温床,如果法律不对平台资金来源进行规制,则网络借贷平台很可能成为黑钱企图漂白的渠道。

(2)虚假出资、抽逃出资

目前针对一些特殊的行业,相关部门对其资质审批都设置了一定的资金门槛。一些资金不充足的单位或个人,为了达到目的,往往借助网络借贷平台为其提供的资金,设立空壳公司:在公司设立或者变更过程中,公司股东直接委托这些中介机构以股东名义代为出资,在

---

① 参见 Coco Krumme, Andrew Lippman and Dawei Shen, *Follow the profit or the herd? Exploring social effects in peer-to-peer lending* (paper represented at Social Computing/IEEE International Conference on Privacy, Security, Risk and Trust, Minneapolis, Minnesota, USA, 2010), pp. 137 – 144,认为在美国 P2P 平台上存在羊群效应;Lee Eunkyoung, Lee Byungtae, "Herding behavior in online P2P lending: An empirical investigation", *ES* 11, 2012, pp. 495 – 503,网络借贷平台上市场上存在羊群效应;Chen Dongyu, Lin Zhangxi, "Rational or Irrational Herding in Online Microloan Markets: Evidence from China", *Social Science Electronic Publishing* SSRN 2425047, 2014. 认为在中国 P2P 平台上也存在羊群效应。

② 鲁钊阳:《P2P 网络借贷风险规制法律问题研究》,载《商业研究》2017 年第 3 期。

这部分资金经会计事务所验资后，向工商部门申请登记，领取营业执照，然后迅速从新设公司取走资金，这样一个空壳公司就成立了。实践中不少中介公司违反法律规定，采用虚假出资的方式成立“空壳公司”，在取得注册登记之后很快抽走大部分资金。网络借贷平台成为企业虚假出资的温床。

(3)非法经营

鲁钊阳认为诈骗风险是P2P网络借贷中较为常见的风险。这类风险主要是指犯罪嫌疑人充分利用高利率的方式来掩盖P2P网络借贷平台自身不合法的现实，虚构投资回报丰厚的项目，骗取金融消费者钱财。① 网络借贷平台的收入主要来自中介费。目前，在资本逐利的特性下，有些民间资金中介机构开始疏远中介业务，而热衷于高风险投资、高息借贷甚至非法集资。对于这些非法企业而言，网络借贷平台这张皮已经成为掩盖其非法高利贷业务的外衣。2016年全国有5.75%的网络借贷平台平均综合年利率在24%以上，2.09%的P2P网络借贷平台利率超过36%。② 这些非法营运平台的存在，一方面吸引众多放贷人进入平台；另一方面由于高额的利率存在可能会导致资金不能安全收回。

(4)非法集资

2017年5月，处置非法集资部际联席会议的13个成员单位召开防范和处置非法集资法律政策宣传座谈会，披露当前非法集资组织化、网络化趋势日益明显，线上线下相互结合，蔓延扩散速度加快，当前区域性风险较为集中的现状。资料显示，2016年，发案数量前10位

---

① 鲁钊阳：《P2P网络借贷风险规制法律问题研究》，载《商业研究》2017年第3期。

② 第一网贷：《2016年全国P2P网贷行业大数据报告》，载第一网贷官网：http://www.p2p001.com/，最后访问日期：2017年5月30日。

的省份合计新发案件 3562 起,涉案金额 1887 亿元,分别占全国新发案件总数、总金额的 69%、75%。[①] 一些网络借贷平台为扩展自己的业务空间,壮大自己的实力,以高额利息为诱饵,非法吸储民间资金,做起了地下银行业务;当企业利润无法兑现到期的高额利息时,他们不得不挪用其他储户的资金来偿还,以稳定更多储户,诱导更多的储户储蓄,这就形成了恶性循环,当这种循环无法支持公司运行时,这些公司老板往往选择了携款出逃,给社会稳定带来隐患。

网络借贷平台由于缺乏立法规范,准入门槛低,违法成本较低,无形中会提高犯罪概率。因此,从有效遏制平台违法犯罪行为角度,应该对平台的违法行为进行立法规制,遏制犯罪动机,提高违法成本,降低犯罪概率。

4. 借款人道德风险

借款人通过网络借贷平台借款,实际上平台会将借款人的情况向放贷人披露,不需要借款人与放贷人双方直接见面,就能完成交易,这种方式与传统的通过银行的借款方式有很大不同。传统上,银行借款会要求借款人到指定场所(银行业务部门)去履行借款手续,这种方式会使借款人存在一种道德审讯感。如果一个低收入的人,或者信用不高的人到银行去借款,在他走进宽敞的银行后,会在心理上存在胆怯感觉,觉得自己即将被人做不好的评判,[②]会在心里一遍遍审问自己是否需要这笔借款。因此,除非万不得已,具有这种心理的借款人是不愿去向银行借钱的,转而寻求借助于网络借贷中介机构这种不与放贷

① 欧阳洁:《当心,非法集资搭上网络传销》,载《人民日报》2017 年 5 月 2 日,第 10 版。

② See Aleksandra Todorova, "A Craigslist Scam You Might Fall For", Aug 10, 2005, Accessed Apr 8, 2012. http://www.smartmoney.com/spend/familymoney/a-craigslist-scam-you-might-fall-for/.

人见面的新型借款方式。在这种借款方式下,借款人一般没有太多顾虑,不会有心理压力,无须直面放贷人的审视和询问,至少会在心理层面上产生随意、随性的感觉。如此,又会带来意外的负面影响,借款人容易对自己的借款没有责任感,借款道德风险随之增大。在这样的新型借款方式下,容易诱发那些没有还款能力的借款人去肆无忌惮地贷款,最终造成不能还款的违约局面。例如,在 2009 年 2 月,美国最大的网络借贷平台 Prosper Marketplace 共贷款 39,400,000 美元,但其中有 800,000 美元不能被及时收回来,①后来发现主因是对借款人递交上来的材料审核不严,一些递交上来的材料根本就是虚假的(见表 3)。②

表 3　中国网络借贷平台发展数据③

交易年	平台数量(个)	问题平台数量(个)	问题平台占当年平台数量比例(%)
2012 年前	50	10	20
2012	250	6	2.4
2013	1050	76	7.2
2014	2684	275	10.2
2015	5135	1207	23.5
2016	5881	1855	31.5

5. 问题平台规制

从表 3 中可看出,网络借贷在我国得到了快速发展,但在高速增

---

① Brent Hunsberger, "Peer-to-Peer Lending: Know the Risks", Oct 3, 2009, Accessed Jan 2, 2013. http://blog.oregonlive.com/finance/2009/10/peer-to-peer_lending_know_the.html.

② See Ron Lieber, "The Gamble of Lending Peer to Peer", *The New York Times*, Feb 5, 2011, at B1.

③ 数据根据第三方资讯平台网贷之家数据编写而来。

长同时,问题平台也很多,问题平台也是随着平台数量增加而快速增加,比例也在快速上升,到2016年,有30%以上的平台产生问题,这些问题平台的主要问题是跑路、停业、提现困难及经侦介入。[①] 这些问题平台的存在,一方面使参与到平台中的投资者权益得不到保护,投资者并没有融资方的详细信息,一旦平台出现问题,投资者基本不能找到融资方;另一方面给互联网金融这个新兴行业带来了阴影,使投资者们不敢相信这个行业,产生了互联网金融挤兑风险,非常不利于这个行业的发展。

网络借贷平台设立无门槛限制是问题平台频发的主要原因。目前,我国对网络借贷平台没有设立任何门槛,平台的设立就是按照《公司法》对一般公司的要求设立的,而我国《公司法》对于公司设立没有注册资本法定限额限制,也没有人员资质的规定,平台设立非常简单,不需要有资本,也不需要专业人员,聘请几个员工就可以成立。这样会导致平台数量快速增长,但互联网金融行业是个专业性很强的行业,这个行业需要有专业性的人才,需要一定的自有资金来支持,当前平台设立制度导致很多平台的存活期很短,问题平台频现,对整个互联网金融行业的影响都是巨大的。

第二节 域外法的经验借鉴

一、美国的做法

2006年在美国成立的Prosper. com民间借贷网络平台为美国

---

① 网贷之家:《网贷数据》,载网贷之家:http://shuju. wdzj. com/problem - 1. html,最后访问日期:2017年3月20日。

第一个网络借贷中介机构,美国网络借贷平台主要表现为三种形式:一是非营利公益型模式,以 Kiva 为代表;二是单纯提供中介服务的标准型模式,以 Prosper 为代表;三是复合中介型模式,以 Lending Club 为代表。① 营利的平台现在有两大有名的网络借贷平台,分别是 Prosper. com 和 Lending Club,美国网络借贷业在世界各国中有着举足轻重的地位,主要是因为网络借贷业发展很快,在全球处于领先地位,同时,美国对网络借贷业有完善的法律法规进行规范,美国对网络借贷平台相关法律规定如下:

(一)有明确的法律规定

目前美国对 P2P 平台法律规定主要有三个类型法:一是一般民间借贷适用的普通法;二是针对网络平台规范的特别法;三是平台行业规则。一般法主要包括 1933 年的《美国证券法》、1934 年的《美国证券交易法》、《真相借贷行为法案》、《联邦平等信用机会法案》、《联邦公平信用报告法》、《联邦公平债务催收行为法案》、《金融服务现代化法案》、《军人民事救济法》、《联邦电子资金转移法》、《联邦国际和国内商业电子签名法》、《联邦电子交易法案》、《银行保密法》、《联邦贸易委员会法案》。② 美国在 2010 年 7 月 21 日通过了《多德—弗兰克华尔街改革和消费者保护法案》(Dodd—Frank Wall Street Reform and Consumer Protection Act),这部法案重点针对金融消费者的保护为网络借贷平台设置了义务。

规范网络平台的特别法是奥巴马总统在 2012 年 4 月 5 日签署的

---

① Andrew Verstein, "The Misregulation of Person-to-Person Lending", *University of California Davis Law Review* 45(2), December 2011, p. 102.

② See U. S. Gov't Accountability Office, "Person-to-Person Lending, New Regulatory Challenges Could Emerge as the Industry Grows", 2011, Accessed Sep 11 2015. http://www.gao.gov/new.items/d11613.pdf.

《JOBS 法案》(Jump start Our Business Start ups Act)第三章规定的《众筹法案》(2015 年 10 月 30 日生效),《众筹法案》(又叫《2012 年在线集资及防止欺诈和不道德隐藏法案》)的生效是美国针对网络借贷业规制的一个专门性法律。

规范网络平台的还有行业规则,2016 年 4 月 6 日,美国三家领先的网贷平台 Lending Club,Funding Circle,Prosper 宣布联合组建市场化借贷协会(Marketplace Lending Association,MLA)。为了规范网络借贷业的健康发展,MLA 制定了《市场化网络借贷运营标准》(The Marketplace Lending Operating Standards),从投资者透明度和公平性、负责任的借贷、安全和稳健、内部治理和控制、风险管理、运营标准管理六个方面制订行业规则。①

(二)立法内容

1. 实行准入制度

美国网络借贷平台自成立后在短期内受到了极大的欢迎,但是 Prosper 公司在成立两年后,引起了美国证券交易委员会(SEC)的注意。他们认为该网站实际在卖投资,买卖金融产品——这种 P2P 网络借贷模式不合法②。美国证券交易委员会认为 Prosper. com 网站实际上从事的是证券业务,因为美国《证券法》上的证券包括投资合同,Prosper 网站销售的凭证"note"实际与美国《证券法》上的投资合同一样,应该属于证券范畴,既然是证券就应该在美国证券交易委员会登记注册,而 Prosper. com 网站并没有在美国 SEC 注册申请一个有效的

---

① Marketplace Lending Association,"The Marketplace Lending Operating Standards", Accessed Aug 20,2017. http://www. marketplacelendingassociation. org/industry-practices.

② 周寿英:《网络借贷遭诟病　合法是最大问题》,转载于网经社金融科技:http://www. 100ec. cn/detail - -5810289. html,最后访问日期:2016 年 11 月 13 日。

注册登记或有一个豁免登记,[①]因此美国 SEC 以 Prosper. com 销售收益权凭证违反了《美国证券法》第 5 部分第 1 条和第 3 条规定(发行和销售证券应该进行注册登记或豁免登记)为由,于 2008 年 11 月 23 日勒令 Prosper. com 网站关闭,美国证券交易委员会要求其应该像其他金融机构一样去进行登记,后 Prosper. com 网站在 SEC 重新注册登记,一直到 2009 年 7 月 13 日才又开业。与此同时,美国另一大网络借贷网站 Lending Club 网站也于 2008 年 4 月 7 日关闭后到美国 SEC 重新注册登记,一直到 2008 年 10 月 13 日才重新开业。[②] 据此美国建立了网络借贷平台需要在州一级证券监管机构进行登记,并取得证券经纪交易商营业牌照,同时接受证券交易委员会监管的制度。

2. 将平台行为定性为证券发行

《众筹法案》第 15 条第 i 款对众筹进行了定义,规定众筹是证券发行人(包括所有由该发行人直接控制、间接控制的实体)通过众筹平台进行证券发行或出售证券的融资方式。[③]《众筹法案》承认了众筹的合法性。美国的《消费者信用保护法》将互联网借贷纳入民间借贷的范畴,赋予其合法地位。[④] 可见,美国将网络借贷业承认为合法的行业,网络借贷平台是证券发行人。

---

① Order Instituting Cease-And-Desist Proceedings against Prosper Marketplace, Inc., Securities Act Release No. 8984, 94 SEC Docket 1913 (Nov 24, 2008) (cease-and-desist order).

② Jack R. Magee, "The Dodd-Frank Wall Street Reform and Consumer Protection Act: Peer-to-Peer Lending in the United States: Surviving After Dodd-Frank", *North Carolina BankingInstitute*, March, 2011, p. 54.

③ 15U. S. C. 77d.

④ Paul Slattery, "Square Pegs in a Round Hole: SEC Regulation of Online Peer-to-Peer Lending and the CFPB Ahemative", *Yale Journal on Regulation*, Vol. 30, No. I, 2013. pp. 233 – 275.

3. 平台定性具有选择性

《JOBS 法案》第三章专门规定了众筹,第 302 条规定了众筹豁免,在(b)款众筹豁免的资格要求中规定,在《1933 年证券法》第 4 条款结尾处增加条款 4a 关于特定小额交易的要求,①4a 内容为:对中介的要求——在证券发行或销售的交易中,按照第 4(6)条款的规定为他人担任中介的,应当:

(1)为经纪商或集资门户

众筹平台可在 SEC 登记注册类型有两种,《众筹法案》通过修订《1934 年证券交易法》第 3(a)(80)条款,规定众筹平台或为经纪商或为集资门户(new Form Funding Portal)。这是美国对众筹的首次立法承认,同时将众筹平台规定在中介条款中,也即规定平台为中介主体。众筹平台有两种:一是借贷众筹平台,如 P2P 平台;二是股权众筹平台。众筹法案对网络众筹平台专门增加了一种类型即集资门户。

(2)集资门户的条件

根据《1934 年证券交易法》第 3(a)条的规定,集资门户作为交易中介需满足以下条件:(A)接受证券交易委员会的监管,遵守颁布的规则。(B)必须注册为国家证券业协会的会员。(C)遵守 SEC 相关的其他限制规定,并且规定集资门户不得从事如下服务:(a)不得向投资者提供投资意见或建议;(b)不得劝诱投资者购买平台上的证券,不得劝诱借款人在平台上销售证券或发行证券;(c)不得为推销平台上的证券,对相应员工、代理人及其他个人支付推销奖励或报酬;(d)不得持有或购买投资者发行的证券;(e)不得参与 SEC 按照规则确定的其他行为。②

---

① 15U. S. C. 77d(6).

② 15U. S. C. 78c(a).

4. 平台营业限制

由于网络借贷业属于放贷业范畴，美国对于放贷业需要获得牌照。因此网络借贷平台需要在注册的州首先获得放贷牌照，但是美国各州对待网络借贷服务平台的营业规定不尽相同，基本上有两种模式：

(1)允许网络借贷平台在一定的范围内进行营业。这些州有的是限制针对借款人进行营业，有的是限制针对放贷人进行营业，如Prosper目前只能针对30个州和哥伦比亚特区的放贷人进行营业，这些地区分别是阿拉斯加、加利福尼亚、科罗拉多、康涅狄格、特拉华、佛罗里达州、格鲁吉亚、夏威夷、爱达荷州、伊利诺伊、印第安纳、路易斯安那、缅因州、密歇根、明尼苏达、密西西比州、密苏里、蒙大拿、内华达州、新罕布什尔州、纽约、俄勒冈、罗得岛、南卡罗来纳州、南达科他州、犹他、弗吉尼亚、华盛顿、威斯康星、怀俄明州和哥伦比亚特区。① Lending Club只能在45个州及哥伦比亚特区对放贷人进行营业，不能在阿拉斯加州、新墨西哥州、北卡罗来纳州、俄亥俄州、宾夕法尼亚州五个州对放贷人进行营业。② 美国对于网络借贷营业的州之所以进行限制，主要是担心平台对于借款人信息真实性不能保证，对于借款人还款能力不能保证。这些也正是网络借贷的风险所在。

(2)消费贷款需要获得州的牌照。Prosper目前只能针对19个州获得消费贷款牌照，只能在这19个州针对借款人开展消费贷款，这19个州分别是亚利桑那州、阿肯色州、加州、科罗拉多州、佛罗里达州、爱

① Prosper, "Investor Requirements", Accessed Aug 5, 2017. https://www.prosper.com/plp/legal/compliance/.

② Lending Club, "What are the current State and Financial Suitability conditions?", Accessed Aug 5, 2017. https://help.Lending Club.com/hc/en-us/articles/216092957 - What-are-the-current-State-and-Financial-Suitability-conditions-.

达荷州、堪萨斯州、路易斯安那州、马里兰州、马萨诸塞州、密歇根州、蒙大拿州、俄克拉荷马州、俄勒冈州、罗得岛州、得克萨斯州、犹他州、威斯康星州、怀俄明州。①

由于美国实行联邦与州独立制国家，各州规定会不一样，但正因为各州规定不一样，才会使民间借贷网络服务平台遭受到欺骗，一个借款人如果他处在爱荷华州，则他不能通过民间借贷网络服务平台进行借款或放款，但他可以到其他相邻的允许借款的州去注册一个账号，申请一个银行账户，这样就能轻易得到借款，在美国这样的案件已有很多。② 由此可见不统一规定会带来对法律的规避。

5. 信息披露规定

《众筹法案》第 15 条 D 条款规定：借款人应当向 SEC、网络众筹平台提供如下信息：第一，借款人融资总额规定。法案规定一个借款人在 12 个月内在网络借贷平台上借贷金额总额不能超过 100 万美元，并且借款人一次只能在一个众筹平台上进行借贷融资。第二，借款人信息披露要求，借款人应当向 SEC、网络众筹平台提供如下信息：(A)借款人的名称、法律身份、地址和网站地址。(B)借款人的董事、其他高管人员(包括总裁、副总裁、董事会秘书、财务主管或首席财务官、审计师或首席会计主管，以及其他任何通常执行此类职务的人)，以及持股 20% 以上的股东姓名。(C)借款人的经营情况介绍。(D)借款人的财务状况介绍，借款人向放贷人提交的财务文件应随着

---

① Prosper, "State Licenses", Accessed Aug 5, 2017. https://www.prosper.com/plp/legal/compliance/.

② See Forum Post by HornzUp, "*Lending Club PEER-TO-PEER LENDING THREAD*", Jan 1, 2011, 11:31 AM, Accessed Jul 23, 2014. http://www.shaggybevo.com/board/showthread.php/79967 - Lending-Club-lt-peer-to-peer-lendinggt? s = 1fd3277778284852e50eebc3fa1f818&p = 2378532&viewfull = 1#post2378532.

融资额度不同而不同,借款人在12个月内借款总额在10万美元或以下的,借款人需要提供最近一次经首席执行官确认的完整年度(若有)的所得税申报表,以及借款人财务报告;借款人在12个月内借款总额在10万~50万美元的,借款人需提供经独立于借款人的注册会计师审核的财务报表;借款人在12个月内借款总额超过50万美元的,提供经审计师审计过的财务报表。(E)借款用途及借款项目规划介绍。(F)借款金额、平台上借款发布期限及截止日期,以及借款进展情况的定期更新。(G)借款利率,并且在发售前应向每位投资者以书面形式提供利率和所有应披露的信息,确保投资人拥有撤销借款承诺的合理机会(投资者可以在发行人发行说明书预定结束期限的48小时前取消一项投资承诺),①这些信息必须在平台上持续性公开,并允许投资者下载或保存。

美国对于公开发行的证券实行注册制,由市场投资者来评判证券的价值,需要给投资者非常充分有效的信息,美国SEC对于注册证券的信息披露要求很高,要求有全面的真实信息披露和全面的风险提示。具体到P2P平台来说,要求平台对每一份投资权证都要进行申报,并对投资信息进行信息披露、平台运行思路及风险提示。美国Lending Club于2016年5月9日宣布,其创始人兼公司董事长和首席执行官Renaud Laplanche辞职,原因是该公司在近期的一次内部评估中发现3月至4月的两笔总额2200万美元(分别是1500万美元和700万美元两笔)的贷款出售违反了相关条例,Lending Club内部调查显示,这笔贷款的部分申请日被刻意更改,以达到美国对合格投资者的标准,②美国SEC

① 15U. S. C. 77d.

② 网贷之家:《美国最大P2P董事长辞职　涉嫌数据造假舞弊》,载网贷之家-网贷资讯栏目:https://www.wdzj.com/news/guowai/28775.html,最后访问日期:2016年5月11日。

正在对此事件进行调查。此事件发生后，Lending Club 股价应声大跌超过 34%，报收 4.66 美元，由此可见信息真实性对平台的影响，尽管这两笔贷款所占 Lending Club 贷款总额比例非常小，但它体现出公众及监管部门对于信息真实性产生了巨大的信任危机。

6. 网络平台其他义务

《美国证券法》第 15 条 D 条款还对网络平台规定了详细的义务，主要内容包括以下几点：①

(1)加入行业自律组织。平台必须选择一个全国性的行业自律组织，作为行业协会会员，接受协会规则约束。

(2)投资者教育。网络借贷平台必须在投资者在平台上进行开户时向投资者进行教育。包括向投资者介绍平台性质，如 Lending Club 和 Prosper 都在平台上介绍自己为中介机构，不是投资顾问，平台所提供的信息不作为投资建议，投资收益没有保障，投资有风险等；投资程序；对投资者进行适当性教育，平台会告诉投资者在不同州法律有什么要求，包括年收入、净资产及单一项目投资比例要求，对投资者投资行为有什么限制规定；对投资者进行风险教育，平台应该让投资者了解投资风险等级，流动性不足风险及整个项目投资风险，并且要确认投资者了解这些风险。

(3)保证借款人主体资格的真实性。平台应该对于个人借款人身份进行确认，主要是考察其个人社会安全号码及信用，对于单位主要考察其董事或其他高管及 20% 以上持股股东的背景及证券执法监管历史核查，确保主体资格没有问题。

(4)保证投资者为合格投资者。对投资者身份进行核实，确保投资者为合格的投资者，投资者的投资不超过法律规定的投资限额。

---

① 15U. S. C. 77d.

(5)保密义务。平台对所获得的投资者信息负有保密义务,不得向非法律规定的提供人提供相关信息。

(6)平台保持中立性。不允许平台的合伙人、董事或其他高管从借款人处获得经济权益。

(7)提取风险准备金。美国 MLA 在行业准则上规定了流动性风险标准,要求平台应该提取足够的风险准备金,以应对平台可能面临的风险,具体比例要求以能应对平台 6 个月内的流动性风险为宜。①

7. 对 P2P 网络平台中借贷金额规定

美国各州对于放贷人的投资金融也有限制,很多州要求放贷人的放款金额不能超过他们净资产的 10%;如放贷人在加利福尼亚州,其放贷人条件是:(1)贷款人净资产必须至少 85,000 美元,年收入至少 85,000 美元;(2)贷款人净资产(不包括房屋、家居用品和汽车)不少于 200,000 美元(双方的丈夫或妻子算作一个单一个体);(3)如果一个投资人不符合前两项中的任何一项,则投资额度不得超过 2500 美元。加利福尼亚以外各州的个人投资者的要求:(1)至少 70,000 美元的年总收入和净资产至少 70,000 美元(不包括房屋、家居用品和汽车);(2)净资产至少为 250,000 美元(双方的丈夫或妻子算作一个单一个体)。②

网络借贷平台对投资金额也有要求,Prosper. com 要求借款人最小借款为 25 美元,最大借款区分不同借款人而不同,对于个人借款人最多借款不能超过 5,000,000 美元,对于机构借款人最多不能超过

---

① Marketplace Lending Association,"The Marketplace Lending Operating Standards", Accessed Aug 20,2017. http://www. marketplacelendingassociation. org/industry-practices.

② Lending Club,"What are the current State and Financial Suitability conditions?", Accessed Aug 5,2017. https://help. Lending Club. com/hc/en-us/articles/216092957 - What-are-the-current-State-and-Financial-Suitability-conditions-.

50,000,000 美元。[①] Lending Club 对投资人要求有两方面:一是主体资格要求,个人投资者要在 18 周岁以上,有一个有效的社会安全号码;二是对在平台投资的数额也进行了限制,Lending Club 要求投资人在平台上的投资最低不少于 25 美元,首次投资需要存款不少于 1000 美元。

8. 允许平台自营

《众筹法案》生效后,根据《众筹法案》要求,在《1934 年证券交易法》第 3 条款结尾处增加一条规定[②]:"(h)集资门户的有限豁免:1. 一般规定——证券交易委员会应按照规则,有条件或无条件地豁免已注册的集资门户,不要求其按照第 15(a)(1)条款的要求注册为经纪商或自营商,前提是该集资门户满足如下条件:(A)仍然接受委员会的审查、执法和遵守其颁布的规则;(B)属于按照第 15 条款规定注册的全国性证券业协会的会员;并且(C)根据证券交易委员会明确的适当规则,受本章其他要求的约束。"此条规定了网络平台可以登记为集资门户,也可以登记为经纪商或自营商,而经纪商和自营商可以进行自营交易。

MLA 制定的《市场化网络借贷运营标准》在前方部分就说明了该准则适用于 75% 以上的贷款资金来自外部投资者投资的网络借贷平台。[③] 这一前提是对加入市场化借贷协会的平台作了资格上的要求,同时,这一前提也说明了平台上的借贷项目资金并不全部都由外部投资者提供,外部投资者只需要占到 75% 即可,剩下的 25% 以下的借贷

---

① Prosper,"Legal Compliance",Accessed May 5,2016. https://www.prosper.com/plp/legal/compliance/.

② 15U. S. C. 78c.

③ Marketplace Lending Association,"The Marketplace Lending Operating Standards",Accessed Aug 20,2017. http://www.marketplacelendingassociation.org/industry-practices.

资金必然由平台来提供,这一准则说明了美国网络借贷平台可以自营放贷业务。

(三)对美国做法的评析

1.学者的评析

学者们对于美国有关网络借贷中介机构的做法评析主要体现在以下几个方面:第一,有专业的投资人和管理人员。网络借贷平台尽管不是发源于美国,但美国网络借贷业发展仍然被业界视为发展典范,①得到了世界各国的普遍效仿和推行。美国网络借贷业之所以取得这些成效,第一财经新金融研究中心的王朋月认为网络借贷平台有优秀的专业创始人,Lending Club 平台创始人兼 CEO 雷诺·拉普朗什(Renaud Laplanche)拥有法国蒙彼利埃大学税务和公司法研究生学位、巴黎高商(HEC)和伦敦商学院的 MBA 学位,早年是律师事务所 Cleary Gottlieb Steen&Hamilton 的证券律师和高级合伙人,他处理的案子包括并购、合资企业和与科技公司有关的投资交易等。后来,他和别人创办了自己的软件公司——Triple Hop Technologies,创造出知名的搜索引擎 Match Point,后公司被甲骨文公司(Oracle)收购,MatchPoint 被整合入甲骨文其他产品。在这些丰富的经验基础上,拉普朗什和苏海德(Soulaiman Htite)共同创立了网贷平台 Lending Club。美国繁荣平台创始人 Larsen 本来经营的 E-loan 就是一个网络在线抵押贷款提供商,后 Larsen 将其卖给了 Popular,王朋月认为正因为 Renaud Laplanche 和 Larsen 在电子商业领域积累了丰富经验,以及他

① 王朋月、李钧:《美国 P2P 借贷平台发展:历史、现状与展望》,载《金融监管研究》2013 年第 7 期。

们和风险资本家之间的密切联系，增加了 P2P 平台成功的可能性。[①] 第二，借款人信息与信用影响因素。美国良好的信用体系能减少网络借贷中借款人的道德风险，Herzenstein et al. 使用美国最大的 P2P 网络借贷平台 Prosper 数据进行研究，发现借款人的信用、个人信息会严重影响借款成功率。[②]

由此可见，学者们认为美国要求平台有专业的管理人员，有良好的信用体系，这些值得赞同。

2. 笔者的评析

美国对于网络借贷平台的做法存在可借鉴之处，具体表现在以下方面：第一，美国对于网络借贷平台中的放贷人金额的限制值得我国借鉴。从美国法对 P2P 网络平台中放贷人金额上的限制来看，尽管各州限制不同，但金额限制主要体现在最高及最低额度、净资产要求、资产投资比例要求，我国同样存在各个地区经济发展不一样状况，这些限制标准也可以成为我国将来监管 P2P 行业的参考标准。第二，美国网络平台中的专业人员管理值得效仿。网络借贷业之所以很发达，一方面是有系统的法律进行规范；另一方面也与平台中的高管更多为专业人士，使平台经营更有专业性有关。第三，美国发达的信用体系支持网络借贷业。美国有发达的信用体系，能有效地防范网络借贷行业中借款人违约风险，对于不同信用的人融资适用不同利率的做法也为我国所效仿。第四，对于信息披露违规责任制度的建立值得借鉴。美国对于信息披露虚假规定了很重的责任，允许

① 王朋月、李钧：《美国 P2P 借贷平台发展：历史、现状与展望》，载《金融监管研究》2013 年第 7 期。

② M. Herzenstein et al., "The democratization of personal consumer loans? Determinants of success in online peer-to-peer lending communities", Boston, *Boston University School of Management Research Paper*, June 2008.

投资人有撤销权值得我国所效仿。第五,允许平台适用自营也值得我国所借鉴。

二、英国的做法

(一)英国 P2P 平台发展现状

英国是网络借贷平台的创始国,2005 年世界上第一家 P2P 平台在英国成立,它就是 Zopa 平台。英国网络借贷种类主要有三种形式,分别是 P2P 网络消费信贷、P2P 网络商业贷款以及房地产贷款。网络消费信贷是针对借款人为个人而进行的借贷,商业借贷主要是针对企业而进行的借贷,房地产贷款主要是针对房地产业进行的贷款。[①]

目前在英国 P2P 行业协会(The Peer-to-Peer Finance Association, P2PFA)注册的平台成员共有 8 家,分别是 Folk2Folk, Funding Circle, Landbay, Lending Works, MarketInvoice, Rate Setter, ThinCats, Zopa。[②] 截至 2015 年第四季度,英国平台共向借款人提供 44 亿英镑的贷款,预计这一规模会在每 6 个月翻 1 倍。[③] 2017 年 7 月 28 日,英国 P2PFA 发布第二季度网络借贷数据,第二季度借贷总额为 818, 919, 129 英镑,2016 年同期借贷总额为 657, 939, 000 英镑,增长比例为 20% 左右,[④]数据说明英国借贷业发展速度较快。

---

① Peter Renton, "Oxera and P2PFA Release UK Report on P2P Lending", October 10, 2016, Accessed Aug 9, 2017. http://www. lendacademy. com/oxera-p2pfa-release-uk-report-p2p-lending.

② Financial Conduct Authority, "Members", Accessed Aug 5, 2017. http://p2pfa. info/p2pfa-members.

③ The Peer-to-Peer Finance Association, "What is P2P finance?", Accessed Sep 2, 2017. http://p2pfa. info/about-p2p-finance. P2P FA, "P2PFA publishes second quarter lending data", Accessed Sep 2, 2017. http://p2pfa. info/p2pfa-publishes-second-quarter-lending-data.

④ Ibid.

(二)现有的法律规范

英国 P2P 网络借贷平台之所以发展很快也很平稳,跟其有专门的立法有关系,《2000 年金融服务与市场法》(FSMA)中要求在英国向公众发行非上市证券必须经过监管机构批准,只有通过审批之后才可公布招股说明书。同时,FSMA 对非授权人从事金融推介行为进行了特别规范。第 21 条第 1 款规定任何人不得在经营过程中传播关于从事投资活动的邀请或引诱。除外情况为该主体是获授权人,或获授权人为第 21 条规定的目的批准了传播的内容。在实际中,监管机构对金融推介行为的认定与许可基本是根据个案情况进行自由裁量逐案决定的。除《金融服务与市场法》的调整和规制外,金融推介活动还需要适用针对一般性广告的指令和规则,如广告标准局的规定。

2013 年 10 月 24 日,英国金融行为监管局(Financial Conduct Authority,FCA)向全国发布了《关于众筹平台和其他相似活动的规范行为征求意见报告》,并在 2014 年 3 月 6 日,发布了全球第一部 P2P 网络借贷行业法——《关于网络众筹和通过其他方式发行不易变现证券的监管规则》(The FCA's regulatory approach to crowdfunding over the internet and the promotion of non-readily realisable securities by other media,PS14/4)(以下简称《众筹监管规则》),并于 4 月 1 日正式实施,2015 年 3 月 2 日进行了修改。2016 年 4 月,FCA 根据 P2P 平台的发展状况,实时对监管规则进行了一些调整,对监管细则进行了修订。第三章专门规定了网络借贷众筹。①

---

① Financial Conduct Authority, "Policy Statement PS14/4 The FCA's regulatory approach to crowdfunding over the internet, and the promotion of non-readily realisable securities by other media Feedback to CP13/13 and final rules March 2014", Accessed Feb 3, 2015. https://www.fca.org.uk/publication/policy/ps14-04.pdf.

世界网络借贷业发展得很快也很规范，没有中国式跑路和倒闭潮，是因为英国网络借贷业有很有名的行业自律规则，英国 P2P 金融协会(P2PFA)于 2012 年 6 月制定了规范网络借贷业运营的《P2P 行业运营规则》(Peer-to-Peer Finance Association Operating Principles，以下简称《运营规则》)，并于 2015 年 6 月作了大幅修订，条文从原来的 9 条已经扩展到现在的 29 条。①

(三)立法内容

1. 规定平台为新型金融中介机构

《众筹监管规则》规定网络借贷平台需要经过 FCA 许可，并在 FCA 注册登记并授受其监督，将网络借贷平台定义为运营或计划运营 P2P(个人对个人)借贷平台与 P2B(个人对企业)借贷平台的企业，通过其平台消费者可以以借贷协议方式进行投资。平台充当了借贷双方达成协议的桥梁，是一个中介机构。同时，由于平台提供的是借贷资金方面的中介服务，因此，本质上这是一个金融中介机构。②

2. 平台设立条件有规定

(1)规定平台最低资本保持要求

《众筹监管规则》第三章第 6 条对 P2P 平台的最低资本保持作出了具体规定，最低资本采用静态的最低资本(固定资本)和动态最低资本两个指标，将两者中高的一方作为平台最低资本保持要求，动态最低资本采取差额累进制计算，平台在运营过程中需要一直保持最低资本，由于

---

① P2P FA，"Peer-to-Peer Finance Association Operating Principles"，Accessed Sep 2，2017. http://p2pfa. info/wp-content/uploads/2016/06/Operating-Principals-vupdate2016. pdf. 有关运营规则的介绍都出自此处。

② Oxera and P2P FA，"The economics of peer-to-peer lending"，September 2016，Accessed Feb 7，2017. http://www. lendacademy. com/wp-content/uploads/2016/10/Oxera_P2P-report_FINAL. pdf.

这是首次对于网络借贷平台要求最低资本金保持,英国金融行为局对于网络借贷平台给予了一个过渡时间,让平台在 2017 年 3 月 31 日前和 4 月 1 日后适用不同的静态最低资本金要求,具体的资本要求数据如表 4 所示:

表 4 英国网络借贷平台最低资本金保持①

<table>
<tr><th>时间</th><th>静态最低资本(英镑)</th><th>动态最低资本比例(%)</th></tr>
<tr><td>2014.4.1~2017.3.31</td><td>20,000</td><td></td></tr>
<tr><td>2017.4.1 之后</td><td>50,000</td><td></td></tr>
<tr><td rowspan="4">平台借贷余额(英镑)</td><td>5000 万以内</td><td>0.2</td></tr>
<tr><td>5000 万~2.5 亿</td><td>0.15</td></tr>
<tr><td>2.5 亿~5 亿</td><td>0.1</td></tr>
<tr><td>5 亿以上</td><td>0.05</td></tr>
</table>

以平台借贷余额为 5 亿英镑来说,动态最低资本需要 65 万英镑;如果平台借贷余额为 10 亿英镑来说,动态最低资本需要 90 万英镑。动态最低资本金一般来说都要高于静态最低资本金,对于 5000 万英镑的贷款规模平台,最低动态资本金需要 10 万英镑,比 2017 年 4 月 1 日后的 5 万英镑静态最低资本还是高很多,而贷款规模 5000 万英镑的网络借贷平台还是比较常见的。

(2)规定平台要有专业管理人员

P2PFA 在《运营规则》第 3 条 a 款中要求,网络借贷平台运营需要有相应的技术和专业运营能力。专有的技术需要有专业的技术人员来进行开发或维护,专业运营能力,需要有网络借贷业相关经验的专

① Financial Conduct Authority, "Policy Statement PS14/4 The FCA's regulatory approach to crowdfunding over the internet, and the promotion of non-readily realisable securities by other media Feedback to CP13/13 and final rules March 2014", Accessed Feb 3, 2015. https://www.fca.org.uk/publication/policy/ps14-04.pdf.

业人士才能提供专业运营服务。这些要求平台要有专业的管理人员和专业的团队人才,为平台经营进行人才方面的保驾护航。

(3)规定平台设立需要经过批准

《众筹监管规则》要求平台设立必须经过FCA的批准,获得授权后才能进行营业。[①] FCA会从平台最低资本金方面来审查其是否有充足的运营所需资金,同时从相关的管理人员角度来审查平台是否有专业的管理人员,另外还要看是否有相应的与互联网相关的技术要求和环境是否与所从事的业务相匹配。

3. 有专门的激励措施

P2P行业属于民间金融业,民间金融与正规金融在发展过程中会有竞争,另外,这两者更应该是相互促进和互相补充的关系,为防止这两者的不正当竞争,促进两者的和谐发展,英国政府对于P2P行业发展给予了政策支持,即当正规金融部门如银行不能满足借款者借款需要时,银行必须将借款者业务推荐给P2P平台,如果银行不将该业务推荐给P2P平台,则银行会受到惩罚。[②] 2015年夏天,英国政府就在金融创新型个人储蓄账户(Individual Savings Account, ISA)[③]提案中讨论过P2P式ISA,并于2015年11月向社会公布自2016年起ISA账户向P2P和众筹平台开放,[④]ISA账户增加了免税的收益类型,把投资者从网络借贷

---

① Oxera and P2P FA, "The economics of peer-to-peer lending", September 2016, Accessed Feb 7, 2017. http://www.lendacademy.com/wp-content/uploads/2016/10/Oxera_P2P-report_FINAL.pdf.

② 汤浔芳:《英国"另类金融"启示录》,载《二十一世纪商业评论》2015年第1期。

③ 个人储蓄账户(ISA)是英国政府于1999年4月6日向其民众开启的个人储蓄账户,包括现金和股票等多种投资方式所获得的收益,账户内投资收益享受免所得税和资本利得税等税收优惠,但账户内金额有限制,政府每年会有所调整。

④ Jim Atkins, "ISAs To Open Up For Crowdfunding And P2P Lending", *iExpats Financial News*, November 27, 2015. Accessed Oct 5, 2017. https://www.iexpats.com/isas-to-open-up-for-crowdfunding-and-p2p-lending/.

平台上获得的收益作为免税的第三种类型，即在现金、股票免税收益类型外专门增加了P2P业的免税收益。

4. 信息披露要求

英国FCA及P2PFA都非常重视平台的信息披露，并提出详细的要求，P2PFA在《运营准则》总则第3条第4款中提出平台运作要透明化的基本原则。对于透明化的信息披露主要体现在以下几个方面：

首先，对信息披露方式有规定，在信息披露方面，要求网络借贷行业必须100%用通俗易懂的语言告知消费者其商业模式以及延期或违约贷款评估方式的信息，在与存款利率做对比说明时，必须要公平、清晰、无误导。

其次，平台信息披露内容有规定。信息披露内容主要包括三方面内容：一是对平台本身经营状况要进行信息披露，包括平台近5年的收益率及坏账率、近5年的信贷状况。二是项目信息披露，主要包括项目内容、借款人状况、公开收益率计算模型、项目中需要收费的名称及具体细节；项目风险信息披露，包括平台资金不受金融服务补偿计划(FSCS)覆盖，平台对于借贷资金不能收回的风险提示等。三是争议解决指引，主要包括项目发生纠纷后的纠纷解决途径、相应的流程等。规定鼓励平台建立符合自身实际情况的争端解决机制，以避免不必要的花费。同时确保交易参与者在必要时能向金融监察机构提出申诉。

最后，规定在平台上的投资建议属于金融销售行为，平台必须遵守金融销售行为的相关规定。

5. 风险控制

(1)规定资金第三方存管制度。为防止平台挪用客户资金，英国监管规则规定放贷人资金不能与平台资金相混淆，放贷人资金必须单独开户设立，平台每年要就资金管理接受专业机构的独立审计。

(2)设立风险准备金

为防止网络借贷平台发生风险，影响整个行业发展及投资者信用指数,英国网络借贷行业协议倡议平台自行设立风险拨备金(Provision Fund),为平台经营进行自我增信。英国三大平台之一的 Rate Setter 是全球首家为 P2P 网贷设立风险准备金(Provision Fund)的平台,到 2016 年 7 月止,该平台的风险准备金创造了 100% 覆盖损失的成绩纪录。① 目前,英国风险拨备金一般来自三个方面:一是来自平台收取的业务管理费,就该费用规定一定比例的风险拨备;二是由借款人另行交纳一定比例的资金作为风险拨备金来源;三是来自股东出资。如英国 Rate Setter 平台设立的"Provision Fund"(预备基金),来自借款人根据信用评级及项目具体情况而缴纳的专门费用;Zopa 平台设立的"Safeguard"(安全基金)以及 Lending Works 设立的"Reserve Fund"(风险准备金),其来源都是借款人手续费的一部分,托管于信托机构;Wellesley & Co 平台设立主动型风险准备基金,先由股东出资 10 万欧元,之后从借款中提取。②

(3)对平台自营、自融业务进行限制。P2PFA 对于平台能否自己从事借贷营业进行了规定,《运营规则》第 22 条规定,平台可以在自己平台上出借资金,第 23 条规定,平台不得通过自己平台进行融资。

6. 规定平台定期报告制度

英国自 2014 年 10 月 1 日开始对网络借贷平台实行报告制度。③ 网络借贷平台要定期向 FCA 及 P2PFA 报告相关审慎和财务数据,《运

---

① Rhydian Lewis(CEO and Co-founder of Rate Setter),"What Next for Peer-to-Peer Lending? —An Interview with Rhydian Lewis",*Boao Review* 45,Jul 2016.

② 郑扬扬、汪炜:《国内外 P2P 平台角色差异及对我国监管的启示》,载《现代经济探讨》2016 年第 4 期。

③ Financial Conduct Authority,"Policy Statement PS14/4 The FCA's regulatory approach to crowdfunding over the internet, and the promotion of non-readily realisable securities by other media Feedback to CP13/13 and final rules March 2014",Accessed Feb 3, 2015. https://www.fca.org.uk/publication/policy/ps14-04.pdf.

营规则》第26条规定平台应该在每季结束后的下个月10日向P2PFA的秘书处提交报告，报告的具体数据包括平台本季度的借贷数据，具体是指累计放款额、未偿付贷款额、新放款额、偿付本金额、净放款额、出借人数量、借款人数量等方面的数据。第27条还要求平台报告客户投诉情况，包括投诉数量、纠纷类型、处理结果等，并要求客户投诉情况要采保密方式报告。

7. 规定平台退出机制

(1)协议需要安排平台退出处理程序

为保护借款资金安全，规范网络借贷业发展，稳定网络借贷业行业信心指数，英国规定平台经营时要做好停止运营后的借贷合约处理预案，以便在停止经营后使用，保护投资者利益。《运营规则》第17条规定平台必须做好预案，以便在终止运营时，仍能保证借贷业务的有效管理。根据P2PFA要求平台可以自行建立一个机构来处理后续未完成借贷项目的管理，或者委托有良好声誉的第三方来处理，并对后续管理机构有条件要求，具体包括：一是要有足够的人员来管理后续业务；二是要有贷款追讨时合理的程序安排；三是要有支付出借人到期本息的支付程序安排；四是要确保客户有能与后续管理人进行有效沟通的途径；五是要有相应的许可执照；六是要安排好后续管理需要的管理费用。①

(2)协议需要规定退出具体制度

首先规定平台继续管理义务。英国对于网络借贷平台破产制度有相应的规定，即网络借贷平台如果破产，应当对已存续的借贷合同继续管理，对贷款管理作出合理安排。FCA在制定《众筹监管规

---

① P2P FA, "Peer-to-Peer Finance Association OperatingPrinciples", Accessed Sep 2, 2017. http://p2pfa.info/wp-content/uploads/2016/06/Operating-Principals-vupdate2016.pdf.

则》时，曾经在第三章借贷众筹中的第12个问题提出，平台终止后是否要继续设置机构管理后续贷款？大部分客户及FCA观点认为，破产管理人应当设立一个机构来继续管理平台后续贷款，主要原因有两个：一是放贷人并不了解借款人，放款主要是依赖平台进行；二是放贷人放款额度少，放贷人自行去主张权利成本会很高。①

其次设置资金处理规则。规定平台破产后未借出的资金不得再贷出去，而是要返还给放贷人，即使贷款进入借款人账户中，只要借款人还未提到贷款，借款人则必须将资金返还给放贷人；同时规定平台因倒闭注销后不得继续接受借款人归还的借贷本息。② 英国FCA在制定《众筹监管规则》时，曾经就第三章借贷众筹中第九个问题，即平台终止运营时客户资金规则向社会征询意见，公众答复者建议考虑两种情况：当平台倒闭或破产时，第一，贷款资金已存入客户账户，但这笔贷款尚未被借款人提取，此时是否要继续支付给借款人；第二，借款人已向客户账户还款，放贷人还未取得资金。很多人建议在第一种情况下，把钱交给借款者。第二种情形下，他们同意把钱交给投资者。FCA意见认为平台终止后考虑到不能很好地管理客户资金，应该将资金尽可能还给客户，因此，FCA最终采纳这两种情况下都应该将资金归还给放贷人。③ FCA的一个基本原则就是当平台破产时，破产管理

---

① Financial Conduct Authority, "Policy Statement PS14/4 The FCA's regulatory approach to crowdfunding over the internet, and the promotion of non-readily realisable securities by other media Feedback to CP13/13 and final rules March 2014", Accessed Feb 3, 2015. https://www.fca.org.uk/publication/policy/ps14-04.pdf.

② 王钢等：《英国借贷类众筹监管规则及对我国P2P监管的启示》，载《金融时报》2014年6月16日，第12版。

③ Financial Conduct Authority, "Policy Statement PS14/4 The FCA's regulatory approach to crowdfunding over the internet, and the promotion of non-readily realisable securities by other media Feedback to CP13/13 and final rules March 2014", Accessed Feb 3, 2015. https://www.fca.org.uk/publication/policy/ps14-04.pdf.

人应该将已经持有的客户资金无论是借出去的还是未还回的支付给放贷人。当平台倒闭后，破产管理人应该重新设立一个新的账户以收取客户归集回来的资金。

但是英国没有把网络借贷业纳入金融服务补偿计划（FSCS）范围，认为网络借贷属于替代性金融服务，平台不属于银行，平台破产后，投资人损失不能获得存款保险补偿。但英国政府鼓励网络借贷平台自行设置破产规则并向投资者披露相关规则。

（四）对英国做法的评析

1. 学者的评析

剑桥大学商学院于 2015 年年初对欧洲各国有关网络借贷立法及监管进行了调查，其中在对英国的调查中，大多数被调查者认为英国立法及监管对于网络借贷业是开放的。[①] 这说明英国民众对网络借贷业的立法是满意的。欧洲中央银行表示，P2P 业在英国得到了快速增长，在 2012 年 P2P 借贷总额只占到整个英国贷款总额的 0.12%，但到 2014 年年底，这一比例就上升到了 0.5%，贷款余额有 1500 亿欧元，[②] 2015 年 P2P 借贷总额占到整个英国贷款总额的 0.8%。[③] 尽管 P2P 业在消费信贷中还未成主流，但其快速增长说明其发展存在巨大的潜力，这也跟英国对于网络借贷业的规定比较宽松有很大关系。

2016 年英国 P2PFA 委托第三方咨询公司 OXERA 针对 P2P 业发

---

① Jevgenijs Kazanins, "European Peer to Peer Lending: Has it Gone Mainstream or is the Opportunity Still There?", Crowdfund Insider, April 17, 2015. Accessed May 12, 2016. https://www.crowdfundinsider.com/2015/04/66287 – european-peer-to-peer-lending-has-it-gone-mainstream-or-is-the-opportunity-still-there/.

② Ibid.

③ Peter Renton, "Oxera and P2PFA Release UK Report on P2P Lending", October 10, 2016, Accessed Aug 9, 2017. http://www.lendacademy.com/oxera-p2pfa-release-uk-report-p2p-lending.

展进行研究,OXERA 公司于 2016 年 9 月与 P2PFA 共同发布了有关 P2P 业的研究报告,报告认为,第一,P2P 借贷为整个借贷市场提供了竞争和增加了供给,为投资者提供了选择的机会,增加了投资者的投资收益。第二,当前 P2P 平台会积极地去控制行业违约风险,主要是由于 P2P 平台主要靠收取客户的服务费作为收入来源,一旦客户认为 P2P 业有风险便会影响其投资,进而直接影响平台的收入,因此平台采取了有效的手段使这一行业风险可控,平台与传统的借贷机构一样运营稳定,风险可控。① 第三,平台提供的信息是透明的,尤其使个人投资者充分了解了网络借贷是资本投资而不是现金存款,存在流动性风险。总体来说,这份报告说明了平台、公众、监管者对于当前的法律规范、监管环境基本是满意的,这样会使平台更加积极采取措施控制风险。报告同时说明平台运用了先进的科技方法、专业的管理者和专业的服务人员,使平台经营状况良好。

郑仁荣认为,英国 FCA 有关网络借贷平台立法坚持了成功三原则,一是适当性原则,立法能与平台发展阶段相适应;二是过渡性原则,立法充分考虑了网络平台对于法律规则所带来的调整需要的适应时间;三是成本与效益考量原则,②FCA 对于立法征求意见进行的反馈意见很多采用成本与效益考量,最终确定立法规则。

曹兴华认为,英国高水平的《运营准则(2015)》覆盖更为全面,内容更为合理,规定更为具体,并且在信息系统建设的明确性和透明性等方面都比国家监管法律法规更为详尽和符合实际。由此也可以合

① Oxera and P2P FA,"The economics of peer-to-peer lending",September 2016,Accessed Feb 7,2017. http://www. lendacademy. com/wp-content/uploads/2016/10/Oxera _ P2P-report _ FINAL. pdf.

② 郑仁荣:《英国借贷众筹平台的法律规制及对我国的启示》,载《行政与法》2016 年第 3 期。

理预见,《运营准则(2015)》将成为未来英国 P2P 网贷监管法律法规修订的重要参考。[1] 胡启忠和曹兴华还认为英国行业自律规则也对美国形成重大影响,美国网贷协会 2016 年成立之初制定的《市场化借贷运营标准》(The Marketplace Lending Operating Standards)就是在参考《运营准则(2015)》的基础上制定的。[2] 因此,我国也应该借鉴英国行业自律规则,规范我国网络借贷平台。

2. 笔者的评析

英国对于网络借贷中介机构的规定有几个方面值得借鉴。第一,对于平台准入有较高注册资本要求,但不采取统一资本要求,而是与平台运营规模相结合确定,这样就防止了"一刀切"带来的平台数量的不足,限制了平台进入新型行业,根据运营规模来确定动态资本金会更有利于平台的做大和做强;第二,对于平台规制方面规定较全,平台规制从三个方面进行,一是设立制度规范,二是设立经营管理规范,三是设立退出机制规范;第三,英国对于网络借贷业有合适的法律规则,对整个借贷业有全过程的法律规范,正因为有这些规定,才有效地促进了这个行业的快速稳定发展;第四,英国网络借贷业的免税政策,也体现了政府对于新兴行业的支持;第五,为保证网络借贷平台稳定运营,允许其进行适度的平台出借业务,增加平台的利润来源,这些都是值得我国借鉴的;第六,英国对于平台的发展支持值得我国借鉴。英国对于投资人在平台上的经营所得免征税收,这就很好地鼓励了投资者去进行投资,实际上是对新兴行业的支持,值得我国借鉴。

---

① 曹兴华:《英国 P2P 网贷〈运营准则(2015)〉及其借鉴》,载《金融法苑》2017 年第 1 期。

② 胡启忠、曹兴华:《美国网络借贷规范化运营标准研究及其借鉴》,载《理论探讨》2017 年第 2 期。

三、法国的做法

法国网络借贷业产生比较晚，最早成立的网络借贷平台是 Prêt d'union 平台，成立于 2009 年 10 月，目前是法国最大的网络借贷平台，也是第一家获得法国央行授予的信用机构许可证和法国金融管理局（Autorité des Marchés Financiers，AMF）许可的经纪人执照的 P2P 平台。

（一）有专门立法承认网络借贷的合法性

法国政府于 2014 年 5 月 30 日颁布了《参与性融资条例》，该条例于 10 月 1 日正式生效，该条例后经过了 2015 年和 2016 年 10 月两次修改。法国成为继美国和意大利之后第三个对众筹活动立法的国家，同时成为世界上第一个将各种类型的众筹活动统一纳入法律规定的国家。根据新条例，注册的平台可以使用"参与性融资平台"标志，并应标示于网站上，表明其合法身份。① 该条例承认了网络借贷的合法性。

（二）立法内容

1. 平台性质定性为参与性融资中介

《参与性融资条例》第 L. 548 - 2 条规定，①按第 L. 548 - 1 条的规定，有偿或无偿为借贷活动提供专业中介服务的是参与性融资中介，只有法人能够成为参与性融资中介。②仅从事捐赠活动的中介可以成为参与性融资中介，如果成为参与性融资中介，则受该章规定约束。③参与性融资中介不得从事除第 L. 548 - 1 条以外的其他活动，但如果其还持有其他信用机构、金融公司、支付机构、电子货币机构、投资

---

① 顾晨：《法国众筹条例正式生效》，载《互联网金融与法律》2014 年第 8 期。

公司、支付服务商或参与性投资顾问的牌照，则可以从事相应活动。如果参与性融资中介活动是信用机构、支付或电子货币机构或金融公司的附属业务，则此类业务可与保险中介活动兼营。① 法国将众筹称为“Le Financement participatif”，即“参与性融资”，将“参与性融资”，规定为“是一种以为一个创新项目或企业融资为目的，向一大群人筹集资金的金融机制，主要通过网络进行”。将参与性融资分为三类，分别是股权融资、借贷型融资和捐助型融资，条例对股权融资和借贷性融资平台的定性不一样，将股权性融资平台定性为“参与性投资顾问”，对网络借贷性平台定性为“参与性融资中介”（IFP）。条例规定平台从事信用贷款中介服务。②

2. 平台设立准入制度

规定从事借贷业务的“众筹平台”应获取“参与性融资中介”牌照，目前该牌照由法国金融审慎监管局（Autorité de contrôle prudentiel et de résolution，）授予，同时需要获取信用机构许可证，目前由法国央行授予。Prêt d'union 平台是法国第一家获得信用机构许可证和经纪人牌照的网络借贷平台。③ 另外，条例还规定了借贷性融资平台的设立条件，主要包括：

（1）平台必须是在法国注册设立的法人。

（2）要有相应的专业管理人员。《参与性融资条例》第 L. 548 – 4 条规定，领导或管理参与性融资中介的自然人应当满足声誉和职业能力条件，具体由国民议会令确定。④ 法国对于专业管理人员主要从年

---

① 顾晨译：《法国（参与性融资法令）》，载《金融服务法评论》2015 年第 1 期。

② 同上。

③ 郑扬扬、汪炜：《国内外 P2P 平台角色差异及对我国监管的启示》，载《现代经济探讨》2016 年第 4 期。

④ 顾晨译：《法国（参与性融资法令）》，载《金融服务法评论》2015 年第 1 期。

龄、专业、信誉、风险管控能力方面考虑,具体条件包括在加入众筹机构担任管理层之前的5年中,应该在金融、支付或商业咨询机构担任管理层至少2年;在加入众筹机构担任管理层之前的5年中,应该在金融、支付或商业咨询机构任职至少3年;要有80小时以上的专业性培训证明。任何违反上述规定的,将可能被处于5年监禁或最高37.5万欧元的额外罚款。①

(3)申请牌照。中介性平台需要到金融审慎监管局申请牌照。如果平台涉及第三方资金接收和支付,则还需要有法定的最低注册资本以及另外在金融审慎监管局申请支付牌照。② 法国对于金融市场主要以分业监管为原则,对于借贷平台涉及放贷业务,则平台需要申请信贷牌照,如果由其他机构来发放贷款,则不需要申请信贷牌照,平台拥有的"参与性融资中介"牌照可以和其他牌照共同使用,如果只有中介牌照则只能做中介业务,涉及支付、放贷业务的,还需要申请其他牌照。

3.规定平台义务

《参与性融资条例》第L.548-6条规定,参与性融资中介遵守反映其业务性质的尽职规则和组织规则,应当:(1)以清楚易懂的方式向公众提供其组织机构信息和联系方式;(2)告知公众项目和项目发起人的筛选条件;(3)每年发布业绩报告;(4)向出借人或捐款人提供有关项目特征的信息,尤其是借贷项目所适用的利率、信用贷款总额、借款期限、清偿条件和出借人撤回权(如有)等信息;(5)提醒出借人注意与参与性融资项目有关的风险,尤其是借款人破产和项目发起人负

---

① 郑联盛、王寿菊:《法国是如何保护网络借贷投资者权益的》,载《上海证券报》2016年7月26日,第12版。

② 顾晨:《法国众筹立法与监管介绍》,载《互联网金融与法律》2014年第10期。

债过多的风险；(6)向出借人提供相应工具，使其可以根据其收入和费用对预计借款额进行估计，并提供一切相关因素的信息，尤其是商业计划，以便于评估项目的可行性；(7)向项目发起人和出借人或捐赠人提供有关参与性融资中介的报酬和必要费用的信息；(8)向项目发起人和出借人，或必要时向捐赠人，提供一份写明融资条件的标准合同，该合同的提交方法和必要条款均由国民议会令具体确定；(9)向项目发起人提供一份包含交易总额、协议利率(必要时)、借款期限、清偿条件和总体成本的综合文件；(10)对于以进行第 L. 548 – 1 条第 3 款所述职前或在职教育为目的而募集资金的自然人，或必要情况下的相关法人，确保利率不高于《消费法典》第 L. 313 – 3 条所规定的固定利率；(11)规定具体融资交易的监督方式，并安排对交易的跟踪和管理，包括在参与性融资中介终止业务情况下的措施。如果与其业务有关的广告宣传中出现了利息率或与融资交易有关联的数字信息，其表示方式必须清楚、准确、明显。国民议会的法令进一步明确这些义务的具体实施要求、在参与性融资中介网站上就第 L. 548 – 1 条所述交易进行注册的流程，以及此服务的具体使用要求。① 此条规定了平台以下一些主要义务：

一是提供格式合同义务，以便供借贷双方在线签约，格式合同内容主要包括借贷双方当事人相关信息，借款金额与利率，是否有撤回权，是否有提前还款权。②

条例规定平台的第二个义务是信息披露义务，具体的信息披露义

---

① 顾晨译：《法国(参与性融资法令)》，载《金融服务法评论》2015 年第 1 期。

② ACPR and AMF, " S'informer sur le nouveau cadre applicable au financement participatif (crowdfunding)" ,Publié le 30 septembre 2014. Accessed Nov. 23 ,2015. https://www.amf-france.org/technique/multimedia? docId = workspace://SpacesStore/a784a82d – 295c – 4371 – 8d04 – f9b51895d370_fr_3. 0_rendition.

务包括:(1)每年发布业绩报告;(2)向出借人提供一定的评估工具,使其可以根据其收入和费用对预计借款额进行估计;(3)向借款人提供一份综合信息文件,使之了解和明确有关众筹借贷金额、协议利率、借款期限、清偿条件和总体成本等信息;(4)应向审慎局主动提供相应情况的信息,缴纳管理费,配合其检查和管理活动,尤其是对出借人信息保护和与合同格式有关的违法行为以及未履行义务之情况的调查权;(5)平台所持牌照、注册号,平台的报酬方式和费用;(6)项目申请资格、筛选条件、项目发起人资格标准;(7)每个项目及其发起人的信息。① 同时,平台需要在每年6月30日以前出具上一年度报告,具体报告内容必须包括:众筹平台的治理结构,平台申请融资项目的数目,最终获得融资的项目数目,不同融资类型的规模,贷款人总数,融资项目的平均融资额,不同融资类型的平均融资规模,违约项目等。②

条例规定平台的第三个义务是风险提示义务。平台应该详细向投资人说明项目的具体风险点,如借款人的道德风险以及违约风险等。

条例还规定平台不得从事的义务,主要包括平台不得收取中介费之外的费用;不得从事特定项目宣传,但可以对平台自身进行宣传,宣传时不能涉及特定项目,宣传用语必须真实、准确、易懂,不能误导潜在的客户。

4. 平台引入保险机制

法国《参与性融资条例》还引入了债务保险制度,第L.548-5条

---

① 顾晨:《法国众筹条例正式生效》,载《互联网金融与法律》2014年第8期。

② 郑联盛、王寿菊:《法国是如何保护网络借贷投资者权益的》,载《上海证券报》2016年7月26日,第12版。

规定，参与性融资中介应当就其经营活动中可能导致他人损失而承担民事责任的风险办理保险合同，在其未履行如第 L. 548 – 6 条所规定的尽职义务时，能够随时证明此类保险合同的存在，以减轻或者免除赔偿责任。[①] 条例要求平台自 2016 年 7 月 1 日起必须向专业债务保险公司投保职业保险，以防止平台执业过程中由于平台的原因给投资人造成的经济损失，同时要求对平台项目中的投资进行商业保险，并向投资者说明保险是否能覆盖到其投资的项目。目前职业保险义务是一个强制义务。[②]

5. 规定平台退出制度

条例规定，平台在设立时需要与其他平台签署协议，规定在平台破产或终止后，平台中的交易业务不会因为平台退出而终止，而是由协议中的另一个正常经营的平台继续承担进行中的项目，直到项目完成才可结束服务。

（三）对法国做法的评析

1. 学者的评析

Fleur Pellerin 认为法国的立法措施较为宽松。根据法国政府的表述，法令强调“创新、信任和包容”。[③] 创新体现在取消借款人融资的准入门槛，使融资变得容易、便利；信任体现在立法对信息披露要求严格，整个过程信息透明，使借贷双方能够容易想到信任；包容是指投资人没有门槛，法国没有实行合格投资者制度，投资者只有投资金额限制。

---

① 顾晨译：《法国（参与性融资法令）》，载《金融服务法评论》2015 年第 1 期。

② 顾晨：《法国众筹条例正式生效》，载《互联网金融与法律》2014 年第 8 期。

③ Fleur Pellerin, “Faire de la France le Pays pionnier du financement participatif”, Ministère de l’économie et des Finances, Paris, le 12 février 2014.

2.笔者的评析

法国有关网络借贷平台的立法规定有些方面值得我国借鉴。第一,法国有关网络借贷平台的立法规定比较详细,规定了平台的设立、经营管理、投资者的保护和退出机制,对于平台的设立采准入审批制,对高管人员有专业要求,并详细制定了标准,对于平台经营规定了详细的信息披露义务和风险提示义务;第二,注重投资者保护,为保护投资者还专门引入强制保险和一般商业保险,对于强制引入保险,实际上即为平台进行增信,这点值得我国借鉴;第三,对于平台退出制度有具体规定,为保护投资者而专门规定平台终止投资项目不终止的规则。这些规则对于我国来说有非常重要的启示,目前我国在这些方面还没有相应的规则,导致问题平台较多,为此我国在有关网络借贷平台立法中应该借鉴法国法的相关规定。

四、德国的做法

德国网络借贷平台的产生时间与中国类似,Smava 平台是德国第一家 P2P 平台,成立于 2007 年;Auxmoney 平台是除英国平台外的在欧洲实力最大的一家网络借贷平台。目前德国有五大网络借贷平台,分别是 Auxmoney、Lendico、Zencap、Smava、Finmar。

(一)德国相关立法

德国是欧洲重要国家之一,金融体系在大陆法系中很有代表性,对于金融业监管较严格,目前没有专门针对网络借贷进行专门立法,德国金融实行混业经营,银行业从事很多业务活动,涵盖了一般银行业务和投行业务,属于全能性银行。[①] 1961 年 7 月 10 日通过的《德国

① 陈柳钦:《德国金融混业经营及其监管》,载《上海金融学院学报》2008 年第 4 期。

银行法》是规范一般商业银行的主要法律,《德国银行法》第 1 条第 1 款第 1 句规定,从事一项或多项银行业务的企业为银行机构,这些业务主要包括存款、贷款、贴现、证券业务。因此除了保险之外,其他的业务银行都可以经营。[①] 德国采全能型银行模式,很多业务由银行专营,网络借贷业也是由银行进行经营。目前德国还没有制定针对网络借贷业方面专门的法律,适用网络借贷业的法律仍然是《德国银行法》,另外还适用《德国民法典》有关高利贷的规定。

(二)德国立法内容

1. 规定平台为纯中介的主体

德国网络借贷平台上的贷款是通过债权转让模式来进行的,由网络借贷平台与银行合作来完成,即借款人申请借款时,由平台向合作的银行申请,银行把借款直接发放给借款人,然后再由银行将债权向平台上的投资人进行转让,这一债权转让可以部分或全部转让,目前主要是部分小额转让给平台上的投资人。银行将债权转让给网络平台上的投资人有两种模式:一种是银行直接将债权转让给投资人;另一种是银行将债权转让给平台或平台关联企业,由平台或关联企业将债权转让给投资人。[②] 由于德国网络借贷平台模式是采债权转让方式进行经营的,平台是债权人银行与投资人直接交易的场所,充当的是一个典型的中介角色。

2. 规定平台不能单独从事放贷居间业务

《德国银行法》第 1 条第 1 款第 2 句第 1 项对存款进行了定义:

---

① BaFin, "Merkblatt-Hinweise zum Tatbestand des Einlagengeschäfts (Stand: März 2014)". *Bundesanstalt für Finanzdienstleistungsaufsicht*, Aug. 4, 2014.

② BaFin, "Auslegungsschreiben zum Crowdlending", *Bundesanstalt für Finanzdienstleistungsaufsicht*, 09. Oct. 2015.

“接受他人金钱作为存款,或自公众接受需无条件归还的金钱,且还款义务并未被证券化为不记名债券或指示债券,是否应支付利息在所不计。”①按照德国法的规定,存款包括两个范畴,一是来自单个个体存款人,需要支付本息;二是自公众处接受未被证券化的金钱,并且要还款。因此,存款实质为自公众处接受需要还款的金钱。② 由于网络借贷平台上的借款是借款人自公众处接受金钱,并且需要归还,因此这一业务应该归入存款范畴,而根据《德国银行法》规定,存款属于银行专营范畴,其他主体不得从事此项业务,《德国银行法》第37条第1款第4句规定:“某主体虽然自己没有非法吸收公众存款,但如果其帮助他人开展和实行非法吸收公众存款活动的,金融监管部门有权禁止其从事该种活动。”③网络借贷平台虽然不向别人吸收公众存款,但若其存在协助他人从公众处吸收存款之嫌,会构成非法吸收公众存款罪,因此,在德国网络借贷平台不得直接从事贷款业务。④

(三)对德国做法的评析

1.学者的评析

剑桥大学商学院在2015年年初作了有关德国网络借贷行业立法情况调查,有58%的人认为德国有关网络借贷行业管制过多,立法对

---

① BaFin, “Merkblatt-Hinweise zum Tatbestand des Einlagengeschäfts (Stand: März 2014)”. *Bundesanstalt für Finanzdienstleistungsaufsicht*, Aug. 4, 2014.

② Ibid.

③ BaFin, “Merkblatt-Hinweise zum Tatbestand des Einlagengeschäfts (Stand: März 2014)”. *Bundesanstalt für Finanzdienstleistungsaufsicht*, Aug 4, 2014; Schäfer, in: Boos/Fischer/Schulte-Mattler, Kreditwesensgesetz, 4. Auflage 2012, § 37, Rn. 32ff.

④ Claus Lehmann, The state of P2P lending in Germany, https://www.altfi.com/article/0572_the_state_of_P2P_lending_in_germany,最后访问日期:2019年12月5日。

这个行业要求严格，只有13%的人认为立法是充分的。[①] 这说明德国大部分民众对于网络借贷业的相关规定是不满意的。2014年年底，英国P2P借贷余额为1500亿欧元，占到整个德国贷款总额的0.5%，而德国P2P借贷余额为8040万欧元，P2P借贷额只占到整个德国贷款总额的0.037%，这一比例远低于英国的0.5%的比例。[②] 这一比例可能也正好印证了德国对于P2P业管理较严格。

2. 笔者的评析

德国对于网络借贷业规定太过保守。德国由于采全能型银行模式，传统型金融在国内占据主要地位，同时由于德国采取严格监管，对于新型网络借贷业没有过多支持，仍然采用传统的金融模式经营，导致德国的网络借贷业没有法律支持，发展较慢；我国网络借贷业在没有纳入监管及法律规范之前发展速度却很快，与德国不同之处是我国金融业实行分业经营，商业银行从事的业务相对德国而言要狭窄，网络借贷平台从事信贷方面的业务不受法律所限制，因而在没有法律规范的情形下发展快但却乱象丛生。从德国与我国网络借贷业都没有法律规范这一点来看，德国网络借贷业发展较慢是由于传统金融太发达，监管太严格导致，而我国网络借贷业虽然发展快但问题很多，是由于我国对于借贷业基本采放开态势。由此可见一个新型行业的发展离不开专门的法律进行规范，德国与我国的经验正好说明这一问题。

① Jevgenijs Kazanins，"European Peer to Peer Lending：Has it Gone Mainstream or is the Opportunity Still There?"，Lawyers Focused on Crowdfunding on EGS of Crowdfund Insider，April 17，2015. Accessed Feb. 27，2016. https://www.crowdfundinsider.com/2015/04/66287-european-peer-to-peer-lending-has-it-gone-mainstream-or-is-the-opportunity-still-there/.

② Ibid.

第三节　我国法的立场及存在的问题

一、我国现行法的立场

(一)相关立法

我国有关网络借贷中介机构的一般法主要适用1999年的《合同法》,其中分则有关居间合同规定适用于网络借贷中介机构。

有关网络借贷中介机构特别法主要体现在部门规章方面,具体包括:第一,2010年5月,《国务院关于鼓励和引导民间投资健康发展的若干意见》("新36条")出台,在第五大点鼓励和引导民间资本进入金融服务领域,第18条规定,鼓励民间资本发起设立金融中介服务机构,参与证券、保险等金融机构的改组改制。这是我国与网络借贷平台中介机构设立有关的第一个相关规定。第二,2015年7月20日《十部委指导意见》发布,第1条第1项规定:积极鼓励互联网金融平台、产品和服务创新,激发市场活力。支持有条件的金融机构建设创新型互联网平台开展网络银行、网络证券、网络保险、网络基金销售和网络消费金融等业务。支持互联网企业依法合规设立网络借贷平台,建立服务实体经济的多层次金融服务体系,更好地满足中小微企业和个人投融资需求,进一步拓展普惠金融的广度和深度。这是我国有关网络借贷业及平台的第一个专门立法。第三,2016年8月24日,颁布的《网络中介机构暂行办法》,这是我国第一部直接规范网络借贷平台的立法。第四,2016年10月13日,国务院办公厅颁发了《关于印发互联网金融风险专项整治工作实施方案的通知》。为了规范各类互联网金融业态,优化市场竞争环境,扭转互联网金融某些业态偏离正确创新方向的局面，遏制互联网金融风险案件高发频发势头，提高投资者风险防范意识，建立和完善适应互联网金融发展特点的监管长效机制，实现规范与发展并举、创新与防范风险并重，促进互联网金融健康可持续发展，切实发挥互联网金融支持大众创业、万众创新的积极作用。第五，2016 年 11 月 30 日，银监会发布了《网络借贷信息中介机构备案登记管理指引》；2017 年 2 月 22 日，银监会发布《网络借贷资金存管业务指引》；2017 年 8 月 25 日，银监会正式发布《网络借贷信息中介机构业务活动信息披露指引》。

（二）立法内容

1. 将网络借贷定性为民间借贷

《十部委指导意见》第 2 条第 8 点关于"网络借贷"规定，网络借贷包括个体网络借贷（P2P 网络借贷）和网络小额贷款。个体网络借贷是指个体和个体之间通过互联网平台实现的直接借贷。在个体网络借贷平台上发生的直接借贷行为属于民间借贷范畴，受《合同法》《民法通则》等法律法规以及最高人民法院相关司法解释规范。

2. 对网络借贷平台定义进行了规定

《网络中介机构暂行办法》第 2 条对网络借贷平台进行了定义，规定网络借贷信息中介机构是指依法设立，专门从事网络借贷信息中介业务活动的金融信息中介公司。该类机构以互联网为主要渠道，为借款人与出借人（贷款人）实现直接借贷提供信息搜集、信息公布、资信评估、信息交互、借贷撮合等服务。指出网络借贷平台是以互联网为渠道，为借款人与贷款人提供服务的中介机构。

3. 规定网络借贷平台性质为金融信息中介机构

规定网络借贷平台为信息中介机构首先在《十部委指导意见》明确提出，其第 2 条第 8 项网络规定，个体网络借贷机构要明确信息中介性质,主要为借贷双方的直接借贷提供信息服务,不得提供增信服务,不得非法集资。《十部委指导意见》规定网络借贷平台只能是信息中介,不能提供增信服务。《网络中介机构暂行办法》直接在规章名称中将网络借贷平台称作网络借贷信息中介机构,并在第3条中提出网络借贷信息中介机构按照依法、诚信、自愿、公平的原则为借款人和出借人提供信息服务,维护出借人与借款人合法权益。第3条第2款规定:"借款人与出借人遵循借贷自愿、诚实守信、责任自负、风险自担的原则承担借贷风险。网络借贷信息中介机构承担客观、真实、全面、及时进行信息披露的责任,不承担借贷违约风险。"此条规定进一步解释了信息中介机构就是提供信息服务的机构,不承担借贷双方的交易风险,风险由借贷双方自行承担,这条规定实际上将网络借贷平台与客户间的关系界定为居间关系。《合同法》第426条规定,居间人促成合同成立的,委托人应当按照约定支付报酬。网络借贷平台本质上是提供居间服务,其利润来源于客户支付的服务费。

4. 规定网络借贷平台实行登记备案设立制度

《网络中介机构暂行办法》第5条规定,拟开展网络借贷信息中介服务的网络借贷信息中介机构及其分支机构,应当在领取营业执照后,于10个工作日以内携带有关材料向工商登记注册地地方金融监管部门备案登记。第7条规定,备案登记事项发生变更的,应当在5个工作日以内向工商登记注册地地方金融监管部门报告并进行备案信息变更。第8条规定,经备案的网络借贷信息中介机构拟终止网络借贷信息中介服务的,应当在终止业务前提前至少10个工作日,书面告知工商登记注册地地方金融监管部门,并办理备案注销。

《网络中介机构暂行办法》用了3个条文规定了网络借贷平台设立备案制度,首先,网络借贷平台仍然采取一般企业登记设立制度,没有实行市场准入制度。其次，网络借贷平台开展经营采取备案登记制度，必须到地方金融监管部门进行备案登记，地方金融监管部门有权对备案登记后的网络借贷信息中介机构进行评估分类，并及时将备案登记信息及分类结果在官方网站上公示。因此，备案制度是对平台评估的分类，同时备案制度也是开展经营的前提，经过地方金融监管机构备案登记后才能申请电信业务经营许可证，才能取得网络借贷业经营资格。

5. 规定网络借贷平台主要义务

(1) 中介机构主要义务体现在以下几个方面：

第一，承担居间义务。中介机构为出借人与借款人提供直接借贷信息的采集整理、甄别筛选、网上发布，以及资信评估、借贷撮合、融资咨询、在线争议解决等相关服务。

第二，对借贷双方主体真实性和合格性进行审查。平台需要对出借人与借款人资格进行审查，需要保证出借人与借款人是合格的网络借贷业主体，同时需要保证借贷金额合格，根据《网络中介机构暂行办法》第 17 条第 2 款规定："同一自然人在同一网络借贷信息中介机构平台的借款余额上限不超过人民币 20 万元；同一法人或其他组织在同一网络借贷信息中介机构平台的借款余额上限不超过人民币 100 万元；同一自然人在不同网络借贷信息中介机构平台借款总余额不超过人民币 100 万元；同一法人或其他组织在不同网络借贷信息中介机构平台借款总余额不超过人民币 500 万元。"

第三，对项目进行审查。网络借贷平台需要对借款人借款项目进行必要的审查，从真实性和合法性两方面进行审查，确保项目真实存在并且合法可行。

第四，做好投资者教育义务。《网络中介机构暂行办法》第 9 条第 4 项规定，网络平台要持续开展网络借贷知识普及和风险教育活动，加强信息披露工作，引导出借人以小额分散的方式参与网络借贷，确保出借人充分知悉借贷风险。

第五，规定平台信息披露义务。《网络中介机构暂行办法》第五章专门规定了平台的信息披露义务。规定网络借贷信息中介机构应当在其官方网站上向出借人充分披露借款人基本信息、融资项目基本信息、风险评估及可能产生的风险结果、已撮合未到期融资项目资金运用情况等有关信息。同时规定，网络借贷信息中介机构应当及时在其官方网站显著位置披露本机构所撮合借贷项目等经营管理信息。这些信息主要包括平台本身经营信息、借款人信息、项目信息、风险评估信息四个方面。银监会发布的《网络借贷信息中介机构业务活动信息披露指引》要求将网络平台披露的信息对象区分为公众和放贷人，对于公众信息披露包括：一是平台的经营信息情况披露，包括平台备案信息、平台组织信息、平台的审核信息（包括上一年度平台的财务审计报告、重点环节审计结果、合规审计报告）；二是平台撮合交易，每月要公布截至上月末平台累计借贷金额及笔数、借贷余额及笔数、累计出借人和借款人数量、当期出借人和借款人数量、前十大借款人待还金额占比及最大单一借款人待还金额占比、关联关系借款余额及笔数、逾期金额及笔数、逾期 90 天（不含）以上金额及笔数、累计代偿金额及笔数、收费标准；另外需要临时披露的信息是公司减资、合并、分立、解散或申请破产，公司依法进入破产程序，公司被责令停业、整顿、关闭等，这些信息需要在事件发生后 48 小时内将事件的起因、目前的状态、可能产生的影响和采取的措施向公众进行披露。对于放贷人信息披露包括：借款人基本信息（包含借款人主体性质即其为自然人、法人或其他组织的情况、借款人所属行业、借款人收入及负债情况、截至借款前 6 个月内借款人征信报告中的逾期情况、借款人在其他网络借贷平台借款情况）、项目基本信息（应当包含项目名称和简介、借款金额、借款期限、借款用途、还款方式、年化利率、起息日、还款来源、还款保障措施)、项目风险评估及可能产生的风险结果、已撮合未到期项目有关信息(包含借款资金运用情况、借款人经营状况及财务状况、借款人还款能力变化情况、借款人逾期情况、借款人涉诉情况、借款人受行政处罚情况等可能影响借款人还款的重大信息)。

第六,定期报告。依照法律法规和网络借贷有关监管规定要求报送相关信息,其中网络借贷有关债权债务信息要及时向有关数据统计部门报送并登记。

第七,保存客户网上交易信息。办法规定网络借贷信息中介机构应当记录并留存借贷双方上网日志信息、信息交互内容等数据,留存期限为自借贷合同到期起 5 年;每两年至少开展一次全面的安全评估,接受国家或行业主管部门的信息安全检查和审计,检查和审计结果保存期限应当符合法律、法规及网络借贷有关监管规定的要求。借贷合同到期后应当至少保存 5 年。

(2)禁止性义务遵守

第一,禁止从事借贷之外的中介业务及线下业务。《网络中介机构暂行办法》禁止平台从事股权众筹业务;不得代销银行理财、券商资管、基金、保险或信托产品等金融产品;禁止平台自行或委托、授权第三方在互联网、固定电话、移动电话等电子渠道以外的物理场所进行宣传或推广融资项目,即不得开展线下业务,《网络中介机构暂行办法》规定平台物理场所只能用于对信用信息的采集、核实、贷后跟踪、抵质押管理等风险管理及网络借贷有关监管规定明确的部分必要经营环节。

第二,禁止从事高风险借贷中介业务。《网络中介机构暂行办法》禁止平台向借款用途为投资股票、场外配资、期货合约、结构化产品及其他衍生品等高风险的融资提供信息中介服务。

第三,平台不得开展自营与自融业务。《网络中介机构暂行办法》禁止网络借贷平台自己在平台上发放贷款,也不得在平台上为自身或变相为自身融资,不得自行发售理财等金融产品募集资金。

第四,不得设立资金池及拆分期限。《网络中介机构暂行办法》禁止平台直接或间接接受、归集出借人的资金;将融资项目的期限进行拆分。

第五,平台不得提供增信服务。《网络中介机构暂行办法》禁止平台直接或变相向出借人提供担保或者承诺保本保息。

6. 平台终止时规则。《网络中介机构暂行办法》也规定了平台暂停营业或终止时的处理要求,首先,规定平台提前公告义务。《网络中介机构暂行办法》第 24 条第 1 款规定,中介机构暂停、终止业务时应当至少提前 10 个工作日通过官方网站等有效渠道向出借人与借款人公告,并通过移动电话、固定电话等渠道通知出借人与借款人。其次,规定平台终止不影响借贷双方当事人权利义务。规定平台终止不影响已经签订的借贷合同当事人有关权利义务;出借人与借款人的资金分别属于出借人与借款人,不属于网络借贷信息中介机构的财产,不列入清算财产。最后,要求平台妥善处理已撮合仍在存续的借贷业务。

二、现行法存在的问题

(一)学者层面的问题

学者们对于网络借贷中介机构的法律规制还存在一些争论,主要体现在以下几点:

第一,有关网络借贷中介机构规制的必要性,学者们存有不同的意见。以封延会等为代表一种观点认为对于网络借贷中介不需要规制,P2P 网络借贷归根结底,只是个人与个人之间借款合同的网络化,并不涉及是否需要金融牌照的问题。[①] 另一种观点认为对 P2P 网络借贷进行规制很有必要。姚海放认为立法需要规制网络中介,并认为不需要规制的观点忽视了我国现行的复合中介平台的业务实质,这种认识是“只见树木,不见森林”。[②] 赵静认为法律规制是必要的,其在对人人贷的分析基础之上,得出必须将网络中介纳入监管体系中去。[③] 李爱君则从另一个角度,论证了 P2P 网络借贷法律规制的必要,她经过分析,认为我国的 P2P 网络借贷平台是准金融机构的性质,应对其进行监管。[④] 吴晓光也认为必须加强对 P2P 网络借贷平台的监管。[⑤]

第二,有关平台性质定位方面,郑扬扬等认为可以增加平台的增信功能,网络借贷中介机构有信息中介、信用中介及增信中介三种形式,我国政府应该对网络借贷业进行适当的包容,可以允许一定程度的增信中介在一定时间内存在,但最终只能将平方性质确定为信息中介,禁止网络借贷平台成为信用中介。[⑥] 艾志锋也认为要增加平台增信功能,因为我国网络信用体系不健全,不能满足平台发展,目前平台发展中还存在信息中介平台之外的异化,截至目前,网贷之家、网贷天眼、网贷点评网是专门针对网络借贷提供信用资讯服务的第三方网络平台,然而这三家民间机构因其征信数据的差异、收集信息的片面和

① 封延会、贾晓燕:《“人人贷”的法律监管分析——兼谈中国的影子银行问题》,载《华东经济管理》2012 年第 9 期。

② 姚海放等:《网络平台借贷的法律规制研究》,载《法学家》2013 年第 5 期。

③ 参见赵静:《“金融创新的法律规制与防控”研讨会会议综述》,载《犯罪研究》2012 年第 6 期。

④ 李爱君:《民间网络借贷平台的风险防范法律制度研究》,载《中国政法大学学报》2012 年第 5 期。

⑤ 同上。

⑥ 郑扬扬、汪炜:《国内外 P2P 平台角色差异及对我国监管的启示》,载《现代经济探讨》2016 年第 4 期。

缺乏有效的更新机制等缺点并不能满足全国疯涨的 P2P 网络借贷行业需求。[①] 杨东也认为有必要增加平台增信功能,由于网络借贷业没有健全的信用体系支撑,导致 P2P 网贷平台不能从我国发育不健全的征信体系中获取有效的增信保证,只有借助平台自身或第三方担保机构来防范风险,从而演变出各种形式的异化。[②] 曹晓路认为当前信用中介不符合发展需要,《网络中介机构暂行办法》将平台界定为纯信息中介,禁止提供增信,这一制度设计大大提高了对放贷人风险识别和承受能力的要求,同时会降低对投资者的吸引力,不符合我国国情。众多学者普遍认为网络借贷平台不应成为信用中介,但现实中却存在平台作为信用中介的异化,这主要是由于没有信用体系支撑所造成的,在信用体系不健全环境下应该对平台性质重新进行界定。

第三,有关网络借贷平台合法性方面,纪海龙认为当前规定会使平台陷入非法经营状态。2011 年 1 月 4 日起施行的《最高人民法院关于审理非法集资刑事案件具体应用法律若干问题的解释》第 3 条规定,个人非法吸收公众存款数额在 20 万元以上或吸收公众存款对象 30 人以上的,单位非法吸收公众存款数额在 100 万元以上或吸收公众存款对象 150 人以上的,应追究刑事责任。此条规定会使网络借贷平台陷入非法集资状况,使平台经营合法性存在疑问。[③] 同样,刘建民、蒋雨荷认为网络中介有非法经营之嫌,目前,我国部分 P2P 平台实际从事的是资金融通业务,却以贷款咨询的名义在工商机关注册,导致

---

① 参见艾志锋、陈宇:《我国网络借贷行业征信体系建设问题探析——基于第三方网络借贷资讯平台发展的视角》,载《武汉金融》2013 年第 1 期。

② 杨东:《P2P 网络借贷平台的异化及其规制》,载《社会科学》2015 年第 8 期。

③ 纪海龙:《P2P 网络借贷法律规制的德国经验及其启示》,载《云南社会科学》2016 年第 5 期。

自己缺乏相应融资资质，鉴于此，P2P 模式可能因为涉嫌非法发行证券或变相吸收公众存款而被清出市场。①

第四，有关 P2P 平台市场准入制度方面，宋怡欣、吴弘认为 P2P 平台目前没有市场准入门槛是不适当的，《网络中介机构暂行办法》只是规定了登记备案制度，这样会造成平台违规成本很低，而违规的成本就是经营不好时的跑路和提现，这样会使 P2P 平台普遍违规，显然会对投资者造成极大不利。② 刘建民、蒋雨荷也认为我国未规定平台的准入制度存在风险，P2P 平台存在风险的原因之一是因为平台设立门槛低，这是由于当前我国法律对于平台与一般企业的设立条件的规定没有区别。③

第五，有关平台的信息披露方面，宋怡欣、吴弘认为平台会存在收集和披露信息的虚假性。由于 P2P 平台存在没有能力全面对收集信息的真实性进行识别的情况，如果要识别需要付出更高的成本，同时基于平台业务盈利需要，披露信息的真实性会影响平台业务量。④ 杜明鸣、刘司墨认为当前有关信息披露规定缺乏可操作性，且披露主体、内容等实体性信息披露要求与时间、方式等程序性信息披露要求尚待进一步明确，另外，当前立法对投资者保护过于倾斜，并未对借款人隐私权保护给予相关规定，造成一方主体具有权利滥用之嫌。⑤ 陈冬宇

---

① 刘建民、蒋雨荷：《P2P 网贷的风险控制：金融分析与模式构建》，载《西南政法大学学报》2016 年第 2 期。

② 宋怡欣、吴弘：《P2P 金融监管模式研究：以利率市场化为视角》，载《法律科学》（西北政法学院学报）2016 年第 6 期。

③ 刘建民、蒋雨荷：《P2P 网贷的风险控制：金融分析与模式构建》，载《西南政法大学学报》2016 年第 2 期。

④ 宋怡欣、吴弘：《P2P 金融监管模式研究：以利率市场化为视角》，载《法律科学》（西北政法学院学报）2016 年第 6 期。

⑤ 杜明鸣、刘司墨：《我国 P2P 网络借贷平台信息披露制度建构研究》，载《西部金融》2017 年第 7 期。

等认为，网络借贷业的风险的核心问题是信息的不对称。①

第六，有关平台的违规宣传方面，陈涛认为线下模式背离信息平台本质，会带来违规宣传，国外 P2P 平台多为纯粹线上业务，全部业务均在线上进行，平台提供撮合双方交易的服务。而我国 P2P 多采用线下模式，知名平台员工总数在千名以上，以线下调查取证获取贷款需求，招揽放贷人，已经完全背离 P2P 平台作为信息中介平台的本质。②

第七，有关平台的退出机制方面，宋怡欣、吴弘认为目前存在平台倒闭潮而没有退出制度。当前基本没有中介准入门槛设立制度，P2P 平台进入非常容易，使 P2P 平台抗风险能力降低，同时由于违规成本较低，容易造成平台的普遍违规，进而导致赔偿责任难以承担，最终出现的是严重的平台倒闭潮现象。③ 丁国峰认为 P2P 网贷行业并无特别的市场退出制度，仅依据《破产法》的破产清算程序及《公司法》规定的解散、清算规则，投资人、融资人的利益保护仍存有重大漏洞，民间金融市场的安全与稳定无法有效维持。④ 学者们认为平台未实行准入制度带来了倒闭潮，但我国当前对于网络借贷业还没有建立退出制度，这会影响新兴行业发展。

学者们认为对于网络借贷中介机构的规制研究还存在一些争议，主要体现在平台合法性定位、平台准入制度、平台的信息宣传及披露以及平台的退出制度等方面。

---

① 陈冬宇、朱浩、郑海超：《风险、信任和租借意愿——基于拍拍贷注册用户的实证研究》，载《管理评论》2014 年第 1 期。

② 陈涛：《需给 P2P 平台划定风险红线》，载《经济参考报》2015 年 1 月 9 日，第 1 版。

③ 宋怡欣、吴弘：《P2P 金融监管模式研究：以利率市场化为视角》，载《法律科学》（西北政法学院学报）2016 年第 6 期。

④ 丁国峰：《P2P 网贷平台异化经营的法律规制》，载《上海财经大学学报》2017 年第 4 期。

（二）笔者层面的问题

我国立法尽管已经对网络借贷业开始进行规制，监管部门也对网络借贷业增加了监管，我国的网络借贷业也在快速向前发展，这些都是我国在网络借贷业方面取得的成绩，但网络借贷业中问题平台跑路、非法提现、倒闭潮的产生使得我国网络借贷业在高速发展的同时被蒙上了阴影，目前我国法律在网络借贷业方面规定还不够完善，还存在以下一些问题：

第一，对于网络借贷平台定性还存在立法冲突。根据2011年最高人民法院有关非法集资的规定，网络借贷平台常常会陷入非法经营状况，尽管后来银监会出台办法规定网络借贷业为民间借贷，应该鼓励这一创新模式，但银监会并没有解决最高人民法院有关网络借贷平台存在非法可能的问题，同时银监会也不能改变最高人民法院司法解释的规定，当立法上没有承认网络借贷平台合法性时，其还可能是非法经营，这会使网络借贷业发展不具有稳定性。另外，网络借贷平台在我国当前法律体系下还没有就其合法性得到明确承认，而在网络借贷平台上贷款需要平台提供网络技术支持，也可能需要平台提供资金方面的支持，如果不对网络借贷平台进行法律确认，其很可能会由于平台上存在的非法集资行为而构成共同犯罪，这样会不利于对平台的保护和对金融创新成果的确认，同时，也会对投资者造成伤害。基于此，我国当前法律制度体系对于网络借贷平台合法性未予以确认的现状会带来新兴行业的不稳定及投资者受损的结果，因此，立法应该首先对网络借贷平台经营的合法性加以承认。

第二，对于网络借贷平台性质规定不恰当。目前，我国现行法规将网络借贷平台定性为纯信息中介还不恰当，因为，网络借贷业是一个新型的行业，还存在信息不对称、羊群效应等诸多问题，投资者权益不能得到很好保护,长此以往将会影响投资者的行业信心指数。立法将网络借贷平台定性为纯信息平台不能足够保护投资者利益,由于平台的违法成本较低,平台的违法行为普遍存在,最终导致大量的问题平台存在,反而不能保护投资者利益。作为增信平台有多种形式,一是平台自己提供担保;二是平台引入第三方机构担保;三是平台引入保险机构保险。当前《网络中介机构暂行办法》将所有的平台增信情形都予以禁止,显然是不利于对投资人的保护和新兴行业的发展的,对于第三方机构担保,只要不是平台相关联的企业,对于平台经营并不会带来风险,引入保险更不会影响平台经营,而这两种情形都能对投资者起到保护作用。因此,《网络中介机构暂行办法》不应该一味禁止平台的增信,而应区别平台增信进行规范。

第三,当前规定的网络借贷平台的登记备案制度不恰当。目前对平台中介登记设立条件采一般企业原则,不需要有最低限额的法定资本金,不需要有专业的借贷从业人员,只需要按一般企业到工商注册登记即可成立,成立后还需要去地方金融监管部门进行备案,但法律对备案的内容并没有规定,只是规定地方金融监管部门有权对备案登记后的网络借贷信息中介机构进行评估分类,并及时将备案登记信息及分类结果在官方网站上公示。当前平台的设立制度存在以下几点问题:首先,设立成本低,不能限制低劣平台进入市场。由于设立成本很低,平台设立数量在我国快速增长,但是平台规模小导致抗风险能力差,最终出现平台倒闭潮,同时,由于设立成本低,平台的违约成本低,平台违规经营机会会更大。其次,平台没有专业的管理人员,不能从专业角度为放贷人把关借款人的项目。网络借贷属于民间借贷范畴,但放贷人与借款人之间并未有任何联系,缺乏传统的民间借贷关系中借贷双方相互熟悉的地域性和自发性特点,放贷人对借款人的认知缺乏会使放贷人一方面依赖监管部门监管,另一方面会依赖平台的专业判断。再次,放贷人以高利率为投资唯一选择标准。当前两者都存在问题,放贷人只能选择高利率的产品来弥补其高风险,而信用良好的借款人会有很多融资渠道,同时成本也较低,能够进入网络借贷平台的高利率项目主要是信用不好的借款人的项目,这样会使网络借贷业行业信用度降低,最终使风险承受能力低的投资人退出市场,网络借贷市场只剩下高风险的项目和高风险的投资人,导致网络借贷上的利率市场失灵。① 要想使网络借贷业上的利率市场回归正常,必然需要对网络借贷业加强监管,使借贷双方信息透明,选择充分,同时要使专业平台能从专业角度为投资者进行风险识别和把关。最后,备案登记机构主体标准不能有效确立。目前由地方政府金融办对网络借贷平台进行备案登记,地方政府金融办对平台进行评估,评估标准和经验都是很重要的考量因素,但由于对网络平台行为的监管由银监会来行使,金融办无法了解网络平台经营是否规范,对平台设立之初的备案登记只能简单地从投资人、高管、资本金三方面来进行评估,而无法对行业真实情况作全面分析,这样的备案制肯定不能有效地评估一个平台的优劣。同时,备案制只能对平台的信用有所影响,它本身不能影响平台的设立,如果金融办对于平台信用评分较低,平台仍然能进入市场,不像审批制未获得审批便不能设立,更不能从事经营活动。因此,备案制目前并不能改变平台的设立制度,也不能防止低水平平台进入市场。审批制设立情形下,立法会设置各个审批事项,符合条件的平台才能进入市场,从目前来看问题平台较多,是由于门槛低,审批制设立会提高平台的设立门槛,让高水平的平台进入市场,将低水平的平台排除在市场之外。

---

① 宋怡欣、吴弘:《P2P 金融监管模式研究:以利率市场化为视角》,载《法律科学》(西北政法学院学报)2016 年第 6 期。

第四,禁止网络借贷平台自营不利于平台发展。《网络中介机构暂行办法》规定网络借贷平台不得在平台上发放贷款,也即禁止平台从事自营业务,主要是防止平台资金出现风险会影响其经营。虽然《网络中介机构暂行办法》的出发点是好的,但这样会造成平台自有资本大量闲置,影响其收益,如拍拍贷注册资本为1个亿,实缴资金也是1个亿;陆金服注册资本为1个亿,实缴资本为8千万元;红岭创投注册资本为6千万元,实缴资本为5千万元。[①] 网络借贷平台作为信息中介,只能通过收取客户的服务费作为利润来源,这样会使平台利润来源狭窄,造成平台经营困难。成立于2009年5月的哈哈贷平台,在成立后两年多的时间里它已经发展了近10万会员,2011年7月21日,哈哈贷宣布关闭通告,哈哈贷创始人给出的解释是:"主要是运营资金不足"[②],尽管哈哈贷又于2012年2月22日在已经歇业了大半年时间后重新开张,但其运营资金紧张却代表了众多平台经营现象。2017年7月27日,红岭创投董事长周世平发文称,网贷业务最终会被清理出去,2020年12月31日前会将现有产品全部清理完成,据网贷之家2017年7月27日的数据显示,红岭创投目前的待还余额为192亿元,排名平台第10位。社科院金融研究所副主任尹振涛认为"信息中介盈利难,加上经济环境下行,平台不良率也在升高"。[③] 作为网络借贷业龙头平台之一,红岭创投都因为利润率降低,难以经营下去,更不用说其他众多中小平台的举步维艰。作为信息中介的平台,其本身并不需要承担违约责任,因此,其是否有足够的资金跟借贷是否成功

① 网贷之家:《网贷档案》,载网贷之家:http://www.wdzj.com/dangan/hlct/,最后访问日期:2017年8月12日。

② 高翔:《哈哈贷无折:网络P2P借贷平台面临洗牌》,载《经济观察报》2011年8月8日,第20版。

③ 陈鹏:《红岭创投宣布三年清盘P2P业务》,载《新京报》2017年7月28日。

没有多大关系，借贷项目的违约率只会跟其专业的团队有关联，在对平台进行规范后，应该借鉴英国允许平台自营的做法，这样能更好提高平台利润来源，为平台获得资金保障的同时吸引更优质客户来服务于这个新兴行业。

第五，网络借贷平台信息披露义务标准还不健全。网络平台信息披露制度是借贷成功的关键，也是贷款能否收回的关键因素。各国都对信息披露进行了规定，我国也对网络借贷平台的信息披露进行了规定，并且已经制订了细则，但目前我国有关网络平台的信息披露与国外相比还有些不足，表现在未要求对平台信息进行详细披露，诸如平台撮合的融资项目逾期率及金额逾期率的时间，英国规定了五年内的融资项目都要进行信息披露。当前在没有信息披露具体细则情形下，平台都只对其作正面宣传，并没有对项目不良作相应的描述。如宜人贷在其官网上有关信息披露栏目中对平台信息方面有七项内容，分别是基本信息、治理信息、平台信息、法律法规、财务信息、重大事项、运营信息，但在平台信息、重大事项及运营信息方面没有任何内容，其他信息中也没有任何地方提出平台撮合的不良贷款率。① 作为最早成立的 P2P 平台，目前也是最具实力的平台，②其在信息披露方面还非常简单，尤其对于平台自身的风险类信息基本没有披露。这样，会影响投资者对于平台的判断，目前，我国信息披露细则刚出台，是否能整改到位，效果还不得而知。平台能否进行自我宣传，宣传内容是什么，宣传方式是什么，能否在线下进行宣传也没有规定。同时，平台能否通过奖励或提成形式为项目宣传或变相进行宣传，这些都没有体现，而现

---

① 宜人贷：《信息披露》，载宜信官网：https://www.yirendai.com/infoAnnounce/jibenxinxi/，最后访问日期：2017 年 8 月 20 日。

② 网贷之家 2016 年 5 月发布《2016 年 5 月网贷平台发展指数评级》，宜人贷位居北京地区第一名。

实中平台违法宣传极为常见,尤其线下宣传更为常见,且对线下宣传的员工或相关业务人员奖励较大,这样会带来项目高风险,最终由投资人买单的状况。2017 年 8 月 8 日起,杭州 P2P 平台妙资金融被立案调查的消息在圈内传开,很多人可能根本就没听过这家平台,但是,在羊毛圈,妙资金融的知名度还是很高的。去年度,这家平台的羊毛是"投资 5 万,期限为 7 天,收益 500 元左右",折合年化收益率约 50%,今年年初更是高达 170%。[①] 这样的宣传是否合适,因为当前法律没有对平台宣传进行限制,导致平台作出了高收益率宣传,最终损害了投资者利益。

第六,当前还未规定网络借贷平台退出制度。首先,当前立法未对存续的借贷业务退出事项进行规定。虽然《网络中介机构暂行办法》对网络借贷平台退出设置了相应规则,但这些规则只是明确平台退出不影响借贷双方的权利和义务,借贷双方的资金属于各自所有不属于平台资产,不得纳入平台资产进行清算。但《网络中介机构暂行办法》对于平台退出后如何处理仍然存续的借贷业务没有具体规定,只是规定平台要妥善处理好存续的借贷业务,对于一个处于倒闭或破产状况的企业来说,其本身境况已经非常糟糕,让这样的企业去处理未完成的借贷业务是很难得到妥善处理结果的,同时也没有人员去处理,对于平台的投资人来说只有清算义务,对于平台的高管来说只负有尽责完成本职工作的义务,当平台终止时未完成的借贷业务不属于清算范畴,平台高管不需要工作,自然也不再负责这些工作;对于新成立的清算组或破产管理人来说,现有的法律制度也未要求其处理借贷业务,清算组或破产管理人只负责清理平台的资产和债务,并不负责

① 《高返平台妙资金融雷了　羊毛年化收益曾达 170%》,载网贷之家:https://shuju.wdzj.com/,最后访问日期:2017 年 8 月 9 日。

不属于平台的资产和债务的处理。因此,《网络中介机构暂行办法》对于平台终止后如何妥善处理仍然存续的借贷业务并没有设置具体的规则,现有的制度也很难做到妥善处理,因此,平台终止后仍然存续的借贷业务会受到影响,我国应该对于妥善处理存续的借贷业务设置具体的规则。其次,退出制度有许多缺失的规则。《网络中介机构暂行办法》只是简单规定平台终止后,借贷双方的资产归各自所有,并没有对如何处理借贷双方所有的情形作出规定。一方面,《网络中介机构暂行办法》没有明确借贷双方资产归属的具体情形。借贷双方的资产有多种情形,有时很难明确界定是谁的资产,比如,平台终止前,放贷人已经将资金划转到平台账户上,项目仍然在筹集期内,平台终止了,此时资金属于谁的不能确定;再如,平台终止前,借款人已经将贷款返还到平台账户,但平台还未将资金转给放贷人,此时资金属于谁的也没有规定。另一方面,《网络中介机构暂行办法》没有规定平台终止后业务是否继续。当一个网络借贷平台终止后,平台上正在募集期的项目是应该结束还是应该继续募集后由平台妥善处理还不得而知。

第七,有关风险准备金性质未明确规定不恰当。当前对很多平台风险都会有所防范,行业里通行做法是提取风险准备金,然而风险准备金是否就一定有保障,其本身是何性质,属于担保还是风险防范都是当前争议之处,同时如果出现风险时风险准备金按什么顺序清偿,对于行业中平台基本都采取的提取风险准备金的做法,立法应该尊重行业惯例,但应该设置规则保证这一保护投资人的惯例能切实起到保护作用。

总之,《网络中介机构暂行办法》既没有规定平台终止程序设置,也没有规定平台终止实体义务及对投资人的保护,最终会使投资人不能得到充分保护,影响到投资人利益及损害新兴行业的形象,同时也会带来社会的不稳定。

第四节　网络借贷中介机构立法论

一、学者的立法论

学者们对于网络借贷平台的法律规制从以下几个方面提出了制度构建：

第一，有关平台性质的观点。学者们对于平台的定位分别从不同角度进行研究，首先，有关平台性质的重新定位，杨东认为应该允许平台引入担保机制，平台如果独立于交易之外，会更不利于对投资者的保护。他认为平台引入第三方担保机制是正常的商业模式，尽管第三方都是与平台有着关联关系的关联方，但只要做好平台与第三方关联方业务之间的切割和风险控制，平台引入担保机制是可行的。① 王家卓、徐红伟认为适度提供担保有利于放债人，纯粹的、不介入任何担保的网络借贷如同让借款人风险处于"裸奔"的状态②。曹晓路认为应该引入信用保险制度，鼓励网络借贷平台和放贷人购买信用保险，结合信用征信平台的建设，对不同信用借款人实行分层保险金额制度，以获得保险公司的保险。③ 张永亮、张蕴萍认为可以增加平台信用中介功能，针对中国征信市场不健全、资本市场不发达的客观实际，允许平台根据自身实际决定其是信息中介或信用中介可能是较为现实的

① 杨东：《P2P 网络借贷平台的异化及其规制》，载《社会科学》2015 年第 8 期。

② 王家卓、徐红伟主编：《2013 中国网络借贷行业蓝皮书》，知识产权出版社 2014 年版，第 87 页。

③ 曹晓路：《金融消费者利益保护与 P2P 网络借贷监管博弈分析——兼评现行网络借贷监管办法》，载《金融监管研究》2016 年第 11 期。

选择。①学者们普遍对于将平台定性为信息中介持反对意见，多数学者建议将平台重新定性为适度的增信中介。其次，有关平台非银行金融机构地位的问题，杨东认为对于网贷平台首先需要明确其准金融机构法律地位。他认为，国内已经建立的 P2P 借贷平台，一般登记为投资咨询公司和网络电商。严格来说，这两种机构都不能准确说明该类平台的性质。而网络借贷平台，已经或多或少地从事了金融机构某些业务，应该给予其准金融机构的地位。②王艳等(2009)认为应该对 P2P 网络借贷平台的法律地位予以明确，且应当将其划归于我国的金融监管，主要是由于网络平台从事借贷金融业务，且具有涉从性。③由此可见，学者们对于将平台定性为单纯信息中介，不允许任何增信规定持反对意见。同时对于平台地位建议定性为金融机构，为非银行金融机构，归属于金融监管范畴。

第二，有关平台合法性定位。冯果等认为对于网络借贷平台首先应该承认其合法性地位，辅以《刑法》进行规制，目前我国市场经济已经比较健全，市场已经起到关键作用，但因为市场经济的干预，网络借贷平台可能会涉及非法集资问题，从维护金融安全的角度来说需要《刑法》对这一新型领域进行适度的干预，但是《刑法》干预必须谨慎、适当，不能以阻碍金融创新为代价。金融市场需要安全与效率两个价值之间的共生和平衡，而不应顾此失彼。④林山田认为网络借贷平台需要《刑法》规制，但更需要先对其进行合法性承认。犯罪不是社会的

---

① 张永亮、张蕴萍：《P2P 网贷平台法律监管困局及破解：基于美国经验》，载《广东财经大学学报》2015 年第 5 期。

② 杨东：《P2P 网络借贷平台的异化及其规制》，载《社会科学》2015 年第 8 期。

③ 王艳、陈小辉、邢增艺：《网络借贷中的监管空白及完善》，载《当代经济》2009 年第 24 期。

④ 冯果、袁康：《社会变迁视野下金融法理论与实践》，北京大学出版社 2013 年版，第 15 页。

非常态现象,反而是社会的规则现象或常态现象,也就是说,犯罪是对合法行为的一种保护,是对违反规则的行为的一种制裁。[①] 学者孙永祥认为推进我国网络众筹监管的当务之急是通过法规明确网络众筹的合法性,只有解决合法性,才能让平台有合法的身份从事经营。[②] 有关平台的合法性,由于存在最高人民法院司法解释与中国银监会各部门规章制度的不一致性,因此学者们建议应该重新对平台合法性进行确认。

第三,有关平台市场准入机制建议。杨东认为应该对 P2P 平台实行市场准入,网络借贷市场的准入过程应当由金融监管部门、工商行政部门以及主管网络信息的工信部门三大类部门来完成。[③] 而宋怡欣、吴弘认为应该对网络借贷平台实行准入制度,因为准入制度不会影响融资成本,这主要是由于 P2P 平台并不是融资主体,其只是中介主体,对资本市场的中介主体实行市场准入并不会改变互联网金融市场的资本供应与需求结构,自然不会影响资本市场的价格及利率。[④] 张影强认为,应该对互联网金融行业从事经营的企业设置相应的门槛,在互联网安全、信息披露及高管任职方面设置相应的标准和规范。[⑤] 冯果认为,对于网络借贷平台应该实行市场准入制度,这样既能将一部分资质差的申请人排除在外,同时也能让监管部门掌握平台的真实经营状况。[⑥] 叶秀认为 P2P 网络借贷平台的市场准入制度至关重

---

① 林山田:《刑法通论》(上),北京大学出版社 2012 年版,第 1 页。

② 孙永祥等:《我国股权众筹发展的思考与建议——从中美比较的角度》,载《浙江社会科学》2014 年第 8 期。

③ 杨东:《P2P 网络借贷平台的异化及其规制》,载《社会科学》2015 年第 8 期。

④ 宋怡欣、吴弘:《P2P 金融监管模式研究:以利率市场化为视角》,载《法律科学》(西北政法学院学报)2016 年第 6 期。

⑤ 张影强:《借鉴国外经验促进我国互联网金融发展政策建议》,载《全球化》2015 年第 8 期。

⑥ 冯果、蒋莎莎:《论我国 P2P 网络贷款平台的异化及其监管》,载《法商研究》2013 年第 5 期。

要,并进行了深入的研究。[①] 中央财经大学《个体网络借贷(P2P)监管办法(学者建议稿)》的专家组认为网络借贷平台应该实行注册资金准入制度,经过统计认为目前5000万元以上注册资本的平台占有1/3左右,因此可以建议将5000万元作为网络平台设立的注册资本法定限额要求。[②] 学者们对于平台市场准入持支持态度,认为应该从注册资本金、投资人、管理人员方面进行准入规制。

第四,有关网络借贷平台信息披露建议。宋怡欣、吴弘认为应该引入具有公信力的第三方机构对融资信息进行审核,保证平台收集和披露信息的真实性,以保证融资双方的信息对称,而网络借贷平台本身既没能力来充分识别收集的信息的真实性,同时平台基于交易量的问题,其本身也存在虚假披露信息的可能,而信息是投融资双方行为的基础,基于此应该引入具有公信力的第三方机构对融资信息进行审核,第三方机构包括政府及其职能机构,专业的审计、律师服务机构和专业评估机构。[③] 信息披露为平台的主要义务,对于如何保证信息披露的真实性,学者提出应该增加第三方审计观点。

第五,有关网络借贷平台退出建议。宋怡欣、吴弘认为网络借贷平台的退出机制要从两方面来考虑,一是平台违规经营时适用公司人格否认制度来追究股东的责任,二是平台退出后要安排原有业务的接管。[④] 俞林等人通过建立包括P2P网络借贷平台、借款人、投资人和监

---

① 参见叶秀:《P2P网络借贷公司的市场准入制度探析》,载《金融经济学研究》2013年第28卷。

② 中央财经大学《个体网络借贷(P2P)监管办法(学者建议稿)》专家组:《个体网络借贷(P2P)监管立法例及解读》,载《财经法学》2016年第1期。

③ 参见宋怡欣、吴弘:《P2P金融监管模式研究:以利率市场化为视角》,载《法律科学》(西北政法学院学报)2016年第6期。

④ 宋怡欣、吴弘:《P2P金融监管模式研究:以利率市场化为视角》,载《法律科学》(西北政法学院学报)2016年第6期。

管者在内的博弈模型,结合实际案例,提出了建立信用评级系统、引入保险制度、完善进入退出机制等对策建议。① 丁国峰认为网络借贷平台退出机制可以参照金融机构的接管制度、清偿制度和业务存续制度。② 学者们对于平台退出机制都提出建立相应制度,包括原有业务的接管和具体规则的建立。

二、笔者的立法论主张

鉴于我国对于网络借贷平台的规定还有不完善之处,建议对网络借贷平台的法律规制可以从以下几个方面进行构建:

第一,网络借贷平台的合法性定性。对于平台合法性的承认是法制规定的首要内容。2011 年 1 月 4 日起施行的《最高人民法院关于审理非法集资刑事案件具体应用法律若干问题的解释》,使得网络借贷平台陷入非法集资地位,尽管网络借贷平台目前有 2016 年颁布的《网络中介机构暂行办法》对其合法地位予以承认,并且银监会的制定在后面,看似能够为网络借贷平台行为正名,但司法解释是对法律所作的解释,与被解释的法律具有同等法律效力,而银监会制定的只是部门规章,其效力层次上来说应该低于最高人民法院的司法解释。因此,从目前来看,网络借贷平台的合法性地位还没有被上位法所确认,并且还有违反上位法的可能,为支持新兴行业发展,顺应世界发展潮流,当前我国应该在法律层面或由国务院制定条例,来承认平台的合法性地位。这样才能使网络借贷平台的地位真正合法化。

第二,增加平台增信功能。应该对平台进行有条件增信,以保障

---

① 参见俞林、康灿华、王龙:《互联网金融监管博弈研究:以 P2P 网贷模式为例》,载《南开经济研究》2015 年第 5 期。

② 丁国峰:《P2P 网贷平台异化经营的法律规制》,载《上海财经大学学报》2017 年第 4 期。

平台的盈利能力和保护投资者利益。网络借贷平台从世界各国规定来看其性质有三种:第一种是信息中介机构,如中国、英国;第二种是可注册为证券经纪商或申请其他牌照,如美国可申请为证券经纪商,英国可申请其他牌照来经营许可的其他业务;第三种是为其专门规定地位,如美国规定平台为集资门户,法国规定为参与性融资中介。从本质上看,第一种信息中介与第三种参与性融资中介性质类似,这两种性质也是各国平台所普遍使用的平台性质,但像英美国家给予了平台更多的选择,可将平台申请为更多业务的机构。当前我国规定平台就是一般信息中介,以收取借贷双方的服务费为收入来源,不能提供增信服务。事实上,正如前面提到,平台为借贷业务提供增信有三种模式,第一种是平台自己提供担保;第二种是平台引入第三方提供担保;第三种是平台引入保险。目前我国法不让平台提供任何形式增信,主要是担心平台提供增信会影响平台自身的经营,立法的出发点是好的,但没有具体分析平台增信的三种形式的不同,而是全部否定,出现立法的以偏概全。同时,平台的增信有助于放贷人的投资回收,保护投资人利益。立法没有在平台保护与投资者保护之间取得一个平衡点,最终的结果并不能使平台能更好地经营,问题平台及终止经营的平台仍然大量存在。从平台的三种增信方式来看,只有平台自身提供的担保会影响平台经营,对于第三方担保只要其本身合法就不会影响平台经营,就应该被允许,[①]另外,保险更不会影响平台经营,保险公司本身就是一个合法的金融机构,其本身有足够的判断能力。因此,立法应该在对于平台的信息中介性质确认的同时,适度增加平台的增信功能,具体来说,就是禁止平台自身提供的增信担保,同时,也禁止平台

① 刘志伟:《论 P2P 网络借贷平台业务发展的合法模式选择——从〈关于促进互联网金融健康发展的指导意见〉谈起》,载《中南大学学报》(社会科学版)2015 年第 6 期。

的关联方提供的增信担保,关联方包括平台投资的机构、平台股东投资的机构,当前可以将关联方的范围规定得更广一点,以防平台变相提供增信服务。等到将来行业发展规范了,可以将关联方范围再缩小些,将关联方规定在平台控股的第三方及平台控股股东投资的第三方。当前立法应该允许平台引入非关联方的第三方担保,诸如专业的担保公司。同时,立法应该鼓励平台与保险公司合作,保护投资者利益。保险公司作为专业的金融机构,其本身能应对市场风险,与此同时能增加保险公司的业务范围,使双方都能获益。国内陆金服平台,2017年8月数据显示其排名第二,①其于2012年上线,并不是上线最早的平台,之所以能快速发展到目前的地位,与其获得多家风险投资机构的融资,并引入保险公司为平台增信分不开。

有人担心第三方增信会增加平台上的交易成本,最终转嫁到交易双方的身上。基于此,有必要对此观点进行评析,首先,平台上的投资者最先关注的是自己的投资安全,其次,是自己的投资收益,只有安全了,才会有更多投资者进入平台交易。平台投资收益不应该是投资者考虑的第一要素,安全才应该是投资者考虑的第一要素。再次,平台会考虑第三方增信引入成本对交易的影响。如果第三方增信会增加融资成本,使投资收益降低,则投资者会选择退出此平台交易,因此,从交易量来看,平台会具体考虑交易成本,并与引入的第三方机构进行谈判,以引入合理的交易价格,尽可能降低平台的交易成本。另外,平台适度增信会增加交易量。交易安全了,会有更多的投资者进入,无形中会降低增信成本。最后,域外经验可值得借鉴。法国最新立法将平台引入保险作为平台的强制性义务,这样的规定一定是基于投资者保护与平台安全间的平

---

① 《网贷档案》,载网贷之家:http://www.wdzj.com/dangan/ljf2/,最后访问日期:2017年8月16日。

衡考量。基于此,我国法应该允许平台引入非关联第三方的增信,将来成为行业习惯后,可将引入保险作为平台的义务设置。

第三,建立市场准入机制。对于网络借贷中介机构应该实行准入制度,以提高行业进入门槛,保护投资者利益,具体理由及内容如下:

其一,准入制度的论证。网络借贷中介机构的设立应采审批设立制度。网络借贷中介机构是一个新生主体,它是否能健康发展,影响着网络借贷业这个新兴行业的发展,法律应该对网络借贷中介机构的设立进行把关,实行审批设立制度。首先,网络借贷业的金融属性。金融是货币资金的融通,金融业包括正规金融(formal finance)和民间金融(informal finance)两块,正规金融业包括银行、证券、保险和信托业;民间金融是指在政府批准并进行监管的金融活动(正规金融)之外所存在的游离于现行制度法规边缘的金融行为。目前我国学界多数认同将民间金融定义为在国家金融体系外运行的金融活动的统称。国外学者通常将没有被中央银行监管当局所控制的金融活动称为民间金融。[①] 民间金融主要形式包括民间自由借贷、民间集资、钱庄和合会等。民间借贷只是民间金融的一种常见形式。金融业是一个特殊行业,这个行业是个融资行业,稍有不慎就会有系统风险产生,进而引发行业风险,像去年温州老板的跑路,使得民间借贷业陷入低谷,中小企业融资更加困难。因此要想使民间借贷业能够健康发展,就应该对其进入主体如放贷主体及中介主体实行市场准入,目前我国保险中介机构如保险代理人及保险经纪人实行市场准入审批设立制度,小额贷款公司也是实行的审批设立制度。我国应借鉴目前试点成功的小额贷款公司这一非银行金融机构的设立制度,及保险业中介机构设立制度来设立网络借贷中介机构。其次,网络借贷中介专业人员的必要

① 毕雪:《中国民间金融及其改革的法律思考》,载《时代金融》2012 年第 23 期。

性。网络借贷中介机构主要从事借贷居间，促成借贷双方达成交易，其要对借款人经营状况进行调查和信用评级，这样才能对资金出借人提供真实有效的信息，而这些行为需要有金融背景的专业人士才能进行，从目前网络借贷中介机构设置来看，网络借贷中介机构由于没有什么门槛，因此其发展迅速，与快速发展的中介数量相伴的是问题平台的快速产生，问题平台之所以大量产生，主要是由于其没有行业进入门槛，设立条件低，抵抗风险能力弱。如果采当前登记备案制，未来民间借贷中介业必然还会经常遇到平台倒闭、平台跑路、平台间的合并及兼并潮，而真正能存活下来的一定是口碑好的中介机构，而这些中介机构之所以口碑好肯定是由于能为客户资金的安全把关，美国目前营利性平台业务基本被 Lending Club 和 Prosper 两大网络平台占据，其他平台数量很少，这是由于这两大平台的投资人及管理人都是有相关业界经验的专业人士，能有效地对借款人的信用历史、收入、债务和其他因素进行综合考虑，然后再决定借款利率，①所有借款人必须具备公司规定的最低标准，如 Lending Club 要求借款人菲佐评分至少 660 分，这样才能在网络平台上贷到款，②Prosper. com 要求一个借款人菲佐评分至少从 520 分到 640 分③。平台交易中的借贷利率计算，信用评分与利率间的关系都需要专业人才去评估才能得出有效的结论。基于此，我国法应该对网络借贷中介机构实行审批设立，要求其要具备专业人才，这样会减少网络借贷中介机构关闭风险，确保客户资金

① Pamela Yip, "Person-to-Person Lending Is Networking Its Way Up", Dallas Morning News, Dec. 10, 2007, at 1D.

② See Sheryl Jean, "Also on the loan menu", Dallas Morning News, Feb. 14, 2010, at D01 (minimum FICO of 660 required).

③ Brent Hunsberger, "Peer-to-Peer Lending: Know the Risks", Oct. 3, 2009, Accessed Jan 2, 2013. http://blog.oregonlive.com/finance/2009/10/peer-to-peer_lending_know_the.html.

安全。再次,网络借贷业的传导机制分析。网络借贷中介机构存在的作用是将资金闲置方和资金需求方汇集起来,促使双方能尽快地达成交易,在法律上来说这是一种中介行为,作为中介方对于双方的借贷风险是不用承担责任的,但由于资金出借方不了解借款方,其在不了解借款方时当然不会轻易将自己的资金借给借款方,作为中介机构要想促成交易,其就必须要去了解借款方的情况并向资金出资方提供其所掌握的信息,为资金出借方提供专业的风险把关,事实上,当前投资者更多是依靠中介平台来帮助其筛选项目及排除风险。网络借款中介机构实际工作中都在制定保障出资人资金安全措施,随着网贷平台日益增加,所有预期风险完全由投资者自己承担的模式已经被淘汰①。也正是因为有了这些有效的保障措施,民间借贷中介业务才会在近几年来迅速发展及膨大。但是任何事业发展总是有起有落,哈哈贷也曾有过关闭的境况,其当时引起了业内的震动,同时在放款方中犹如投下了一颗“炸弹”。美国有两大很有名的网络借贷服务平台 Lending Club 和 Prosper,其中之一的 Prosper 在 2007 年 3 月到 2009 年 4 月平均年回报率为 4.8%,到 2009 年 4 月只有 2.8%②,这是由于违约人高违约率所导致的③。当前经济复杂多变,如果一个网络借贷中介机构长期处于这么低的收益率,其肯定很难生存下去,应该看到未来的民间借贷中介市场必然存在重新洗牌状况,但是只有一家中介机构关闭时就会涉及众多资金出借方的资金可能无法收回的问题,这些带着本金

① 梅俊彦:《网贷借贷成交量达 200 亿 25 家平台签署自律条约》,载新浪财经:http://finance.sina.com.cn/money/bank/ywycp/20121127/011413803128.shtml,最后访问日期:2017 年 7 月 4 日。

② Jane J. Kim, “Peer-to-Peer Lender Relaunched”, *The Wall Street Journal*, Apr. 28, 2009, at D5.

③ Prosper, “Marketplace Investor Performance: July 2009 - June 2010 Loans”, Accessed Jan. 11, 2013. http://www.prosper.com/welcome/marketplace.aspx.

安全，投资有收益的心理进行投资的出借方，在网络借贷中介机构关闭时肯定会陷入恐慌的，这样的心理会有市场传导作用，恐慌心理会在民间借贷市场蔓延开来，进而使得其他网络借贷中介机构业务也跟着受影响，最终会使整个网络借贷业会受影响。因此网络借贷中介机构的健康发展会是这个行业能否健康发展的一个重要因素，而目前网络借贷中介机构进入没有任何门槛，人才也多是没有金融经验的非专业人才，这样的主体必然经不起民间金融业这个大的专业市场的洗涤，另外，网络借贷中介机构将陌生的借贷双方拉拢到一起，尤其在网络平台上众多的放贷人放款给一个陌生人是一件很不安全的事情①，为了使民间借贷业能健康发展，有必要对网络借贷中介机构的进入实行准入，使有专业技能和经验的专业机构进入这个行业，有效地避免对民间借贷市场的震动。最后，金融中介机构的准入惯例分析。金融业是一个特殊行业，各国金融机构都实行市场准入，如商业银行、证券公司、保险公司、信托投资公司，以及目前推行的非银行金融机构小额贷款公司等。这些金融机构中，有些社会认同度很高，如商业银行及证券公司不需要有人介绍就会被一般人所认可并直接与其打交道产生交易关系，有的行业的社会认知度低些，如保险行业，这个行业并不能被一般人所认可，一般人也不太愿意直接与其产生交易关系，但这个行业也是一个很重要的行业，是对社会风险进行防范及给予保障的一种重要手段，能使社会安定及生产稳定，因此保险这个行业发展需要积极去推进，如何使投保人积极地去投保保险，仅靠保险公司去宣传是不够的，还需要市场再创设一些主体为这个行业的发展服务，因此保险行业不仅有保险公司这一金融机构，还有保险代理人、保险经纪人这么一些保险中介机构，这

---

① Andrew Verstein, "The Misregulation of Person-to-Person Lending", *University of California Davis Law Review* 45(2), December 2011, p. 102.

些保险中介机构的存在主要是为了促进保险交易的产生,而国内外对于保险代理人及保险经纪人产生都是实行市场准入。之所以实行如此制度主要是考虑到对中介机构进行规范高层次设置,才能使其行为更规范,有效地推进保险业发展。目前网络借贷中介机构进入没有什么门槛,一个行业的兴起及稳定必然会随着这个行业中的主体分分合合及优胜劣汰,这是市场经济的必然规律,但民间借贷行业的是金融行业的一个部分,这个行业的稳定很重要,如果中介机构不稳定必然会影响民间借贷行业的稳定和健康发展。有鉴于金融业中其他中介机构设立采审批设立制度的成功经验,同时考虑到准入门槛的提高也能够提高 P2P 平台的违规成本,①使网络借贷平台更注重合规经营,因此民间借贷行业中介机构设立也应采审批设立制度。

其二,审批机构。首先,对现有审批机构重新审视。目前我国有关货币借贷金融业务单位的审批机构并不统一,如银行借贷业机构由银行业监督管理委员会进行审批设立,小额贷款公司由地方政府金融办审批设立,典当行由商务部审批设立,农村资金互助社由银监会审批(但银监会自 2007 年 1 月出台《农村资金互助社组建审批工作指引》后到 2011 年 7 月,全国获批资金互助社一共 43 家,平均每年仅 10 家。② 其他存在的农村资金互助社多为地方政府审批,一般而言,农民资金互助合作社由各地民政部门审批,农工部监管③)。可见目前存在的货币借贷业务除银行外,审批机构不统一,有民政部门审批设立,有

① 宋怡欣、吴弘:《P2P 金融监管模式研究:以利率市场化为视角》,载《法律科学》(西北政法学院学报)2016 年第 6 期。

② 任旭:《农村资金互助社暂缓审批 农村金融出路在哪里?》,载《四川农村日报》2011 年 9 月 14 日,第 8 版。

③ 乔加伟:《监管缺位催化互助社变异 灌南县农村金融困境调查》,载《21 世纪经济报道》2012 年 11 月 1 日,第 10 版。

政府金融办公室审批设立,有商务部审批设立。但比较普遍的多为地方政府部门审批设立。因此目前的借贷业务审批机构就形成了银行业监督管理委员会审批和地方政府审批两种体制。其次,对审批机构的修正。目前正规金融是由一行三会(人民银行,银监会,证监会,保监会)在调控和监管,民间金融应该由专业的一行三会监管,还是由地方政府部门监管,一直存在争论,国家也一直没有明确,由于人民银行属于中央银行,其职能主要是从事货币政策方面的宏观金融调控,对于具体的业务监管就不符合其身份,因此人民银行来监管民间金融显然是不能成立的观点,银监会、证监会和保监会是具体的金融业务监管部门,其主要负责货币业务、证券业务和保险业务的监管,由于我国金融业实行分业经营、分业监管模式,如果由这三个金融监管机构分别对民间金融进行监管会导致多头监管,及存在业务边界不清而相互扯皮的现象,同时由于民间金融属于自发性金融,交易主体主要是基于相同地域环境而相互熟悉并达成交易,民间金融具有很强的地域性,一个地方的人文环境,经济环境具有很强的地域性和与其他地区的差异性特征,如果将民间金融统一由专业监管机构来监管,专业监管机构会没法制定统一的监管指标,没有统一的监管指标就无从去实施监管,同时民间借贷一般主要存在于县级及乡镇和农村这些区域,而目前银监会派出部门只到设区的市级才设置,如果由银监会进行监管必然存在离被监管对象太远,监管难的问题。由于民间金融服务于地方建设,民间金融监管由地方政府来监管会更有效些,同时从权利义务对等性来看,民间金融为地方政府经济繁荣做出了贡献,地方政府部门也应承担起对民间金融的监管职责。民间借贷属于民间金融的重要组成部分,民间借贷业也就应该由地方政府来审批并监管。目前网络借贷经营主体主要是在地方政府部门备案登记,但具体监管的部门不同,像农民资金互助社以前由政府民政部门审批设立,有的农民资金互助社符合银监会成立条件的由银监会审批设立，典当行由商务部审批设立，小额贷款公司由金融办审批设立。一般来说审批设立机关应该对审批设立单位进行监管，但目前民间借贷审批设立机关中只有银监会对由其审批设立的农民资金互助社进行监管，小额贷款公司由金融办进行监管，其他审批部门基本没有对这些民间借贷经营主体进行监管，这样的设立机制必然存在缺陷，而且像商务部门及民政部门与借贷业没有什么关联，审批部门也没有相关的专业人员，即使让其监管也很难进行有效的监管。因此对民间借贷的监管就剩下地方政府金融办和银监会，上文已论述过银监会对民间借贷审批及监管存在较大难度，地方政府金融办监管会更有可效。目前各县级及以上地方政府都已在其机构设置中增加了金融工作办公室这一机构，并且在其主要职责一栏中都有对地方金融的监管和管理，如江苏省金融办的主要职责的第3条规定“协调、组织对地方金融机构的管理”①，广东省金融办的主要职责的第3条规定“培育和发展农村金融体系，对小额贷款公司、融资性担保机构进行市场监管和风险处置，会同有关部门防范化解地方金融国有资产风险。”②上海市金融办主要职责的第7条规定“负责由地方政府管理的各类新兴金融行业的日常监督和管理”，第8条规定“促进金融中介服务业发展，参与拟定促进会计审计、法律服务、信用评级、资产评估、投资咨询、精算公估、金融资讯等与金融业密切相关的中介服务机构发展的政策、规划，并配合市有关部门

---

① 江苏省人民政府金融工作办公室:《主要职责》，载江苏人民政府网：http://www.jiangsu.gov.cn/tmzf/szfjg/qtjg/jrb/，最后访问日期:2012年11月18日。

② 广东省人民政府金融工作办公室:《主要职责》，载广东金融网：http://www.gdjrb.gov.cn/viewInfo.jsp?info_id=666af24c-df55-4d72-8ebe-f73fa6032702&sortid=413b87b8-782b-4037-b0b9-702c1e7366b4，最后访问日期:2012年11月18日。

实施”。[①] 到目前为止全国各省都成立了政府金融办，在县级政府也相应成立了金融办，在其职责栏中都有“服务农村金融发展规划，对地方金融进行监督和管理”的一个主要职责，同时地方政府金融办已经对小额贷款公司的设立进行审批，也对小额贷款公司的业务进行监管。各地的金融办公室既能了解当地的金融状况，也有对民间金融机构进行审批设立的经验，还有监管能力，对将来的各类民间借贷经营机构及中介机构的设立审批及监管都有能力进行审批及监管，网络借贷中介机构的设立由各地政府金融办公室进行审批设立会更专业，也能进行后续有效监管，因此网络借贷中介机构的设立今后应该采审批设立且由地方政府金融办公室审批。

其三，平台的资本金设置。网络借贷平台作为中介机构是否需要法定最低注册资本金或保证金，各国对此规定不一样，英国有最低资本金要求，包括静态资本金和动态资本金要求，美国要求最低资本金要有 400 万美元。从世界两大 P2P 强国来看，对于平台都采高标准进入，导致英美两国网络借贷平台数量不多，同时网络借贷平台业务集中在少数几个平台中，像美国 Lending Club 在美国的市场份额占有率达 75%，与另一家 P2P 公司 Prosper 一起占据了美国 P2P 行业 96% 的市场份额。[②] 英国目前平台业务也主要集中在五大平台内。之所以英美平台的集中度高是因为平台准入条件高，专业人员要求高，这样市场抵抗力才能强，也正因如此，英美国家没有平台跑路及问题平台频现的现象。我国应该借鉴英美两国经验，对网络借贷平台设置法定最低资本金作为市场准入条件之一，并且应该提高法定

---

① 上海市金融服务办公室：《主要职责》，载上海金融网：http://sjr.sh.gov.cn/sub.jsp? main_colid = 1368&top_id = 1367，最后访问日期：2012 年 11 月 18 日。

② 朱苑桢：《全球最大 P2P 公司即将 IPO，你至少应该知道这些》，载东北新闻网：http://www.nen.com.cn/，最后访问日期：2014 年 10 月 23 日。

资本金数额,这样才能将高水平的平台引入市场,排除低质平台进入市场。高水平平台首先体现在注册资本金方面,资本实力雄厚的平台一定是由实力雄厚的股东投资而成,意味着股东的守法、规范经营;同时,注册资本金高的平台本身就会吸引专业人士进入。我国在《网络借贷中介机构管理暂行办法》出台前曾经预测平台需要注册资本金要求,并且实缴资本要达到5000万元,后来市场调查认为当前平台很难达到这一要求,监管层担心会增加融资成本,因此出台的《网络借贷中介机构管理暂行办法》中没有规定法定资本金要求。如前所述,平台注册资本高低不会影响平台的融资成本,因为融资成本是由平台借贷双方所决定,平台注册资本高低只会影响平台的专业程度及规范程度。因此,我国法应该对于平台设定最低注册资本要求。为防止注册资本只是虚设,有必要设置平台的实缴资本,这样才能保证有实力的优质平台进入市场。有关平台资本数量设置应该根据当前平台现状来看,截至2017年8月17日,我国目前平台有4791家(含停业、跑路和经侦),注册资本为1亿元的有716家,占总平台15%左右;5000万元以上的有1952家,占总平台40.7%左右;3000万元以上的平台有2450家,占平台51%左右。[①] 如果法定平台注册资本数为5000万元,则可能有60%左右平台不能达标,显然这一标准会过高,而3000万元的注册资金平台有50%以上,并且有两千多家,从平台数量上看市场上有这么多平台已形成了有效的竞争,同时,有一半以上的平台能达标。因此,当前我国平台应该设置法定注册资本要求,目前可将注册资本设定为3000万元,同时要求注册资本必须是实缴资本。将来随着时间的变化,我国应该采英国的立法模

① 《网贷档案》,载网贷之家:http://www.wdzj.com/dangan/ljf2/,最后访问日期:2017年8月17日。

式，将这一标准隔几年重新调整下，调整的标准就是择优留存好的平台存续下来。

其四，网络平台的专业人才设置。网络借贷平台服务的行业属于民间借贷业，民间借贷业属于民间金融，民间金融是正规金融的补充，金融业是一个非常专业的行业，这个行业需要有懂金融的专业人才来经营，尤其需要有专业的管理人员从事金融管理业务，因此立法对金融企业及中介服务企业设置时都会规定高管人员的专业资格要求。我国《公司法》在第147条规定不得担任公司的董事、监事、高级管理人员的情形，并没有规定公司高管人员的一般要求，这充分体现了私法自治原则，商事主体有权自行决定适合自己的高管人员，可是金融类企业是一个特殊的商事主体，这个主体需要市场准入才能进入，也需要有专业的高管人员才能胜任这一行业，因此对金融业的企业立法都有规定需要具备相应资格的高管人员，如《证券法》第124条第4款规定设立证券公司需要董事、监事、高级管理人员具备任职资格，从业人员具有证券从业资格；《保险法》第68条第4款规定设立保险公司需要有具备任职专业知识和业务工作经验的董事、监事和高级管理人员；《保险代理人管理规定》第20条第4款规定专业保险代理公司成立需要具有符合任职资格的高级管理人员；《保险经纪人管理规定》第15条第4款规定专业保险经纪公司成立需要具有符合人民银行任职资格的高级管理人员；《商业银行法》第12条第3款规定设立商业银行需要具备拥有任职专业知识和业务工作经验的董事、高级管理人员；《信托投资公司管理办法》第13条第4款规定设立信托投资公司需要有具备中国人民银行规定任职资格的高级管理人员和与其业务相适应的信托从业人员。因此网络借贷中介机构设置也应该要求要有高级管理人员任职资格要求，中国人民银行于2000年规定了《金融机构高级管理人员任职资格管理办法》，要求对于高级管理人员实行审批制和备案制两种,具体要求首先是法定代表人需要是中国籍公民。其次,高管人员具有的基本条件是:能正确贯彻执行国家的经济、金融方针政策;熟悉并遵守有关经济、金融法律法规;具有与担任职务相适应的专业知识和工作经验;具备与担任职务相称的组织管理能力和业务能力;具有公正、诚实、廉洁的品质,工作作风正派;在专业知识和经验方面,要求担任信托投资公司、企业集团财务公司、金融租赁公司董事长、副董事长,监事长,总经理、副总经理,应具备本科以上(包括本科)学历,金融从业 6 年以上,或从事经济工作 9 年以上(其中金融从业 3 年以上)。并且规定,对其他金融机构高级管理人员任职资格的核准范围和条件,比照同类金融机构办理。当前,我国法应该参照国内外的立法通例,对于网络借贷平台高管设置专业标准,同时对于一般人员要求有一定比例的专业人才参与。立法应该从国籍、学历、专业经验及管理能力方面来进行设置;同时,立法应该还要设置禁止性规范,排除犯罪、对企业终止负有个人责任、对违法经营负有个人责任的,品质有瑕疵的高管和专业人才的进入。设置民间借贷业高管人员任职资格要求,这样才能更好地服务民间借贷业,使民间借贷业能更规范有效地发展。

第四,平台自营权设置。应该增加平台自营权利,当前,我国法律规定网络借贷平台只能通过收取借贷双方的服务费作为利润来源,这样导致了大量的平台亏损及薄利现象,据网贷之家数据显示,截至 2016 年 10 月末,我国所有的平台有 6079 家(含问题平台)①,2016 年 10 月末,国内正常运营的平台数量为 2154 家,也就是说只有 35.4% 左右的平台生存下来;据苏宁金融研究院互联网金融研究中心粗略统

---

① 《网贷数据》,载网贷之家:https://shuju.wdzj.com/industry - list.html,最后访问日期:2019 年 12 月 5 日。

计,行业内真正具备可持续盈利能力的平台可能不超过1%。① 网络借贷平台的整个行业环境普遍不好,究其原因可能由于问题平台频现影响了行业信心指数,网络放贷人比例大幅下降,同时不让平台自营,剥夺了平台的盈利机会,减少了利润来源途径。网络借贷平台自营,在实践领域,司法系统也并没有认为违法,以山东省宁阳县法院2015年判决为例,2014年10月26日,青岛开开贷投资有限公司泰安分公司(经营P2P网站平台)向张军令借款人民币600,000元(大写陆拾万元整),利息按年利率百分之十九计算,期限为一年,每月还款额为63,100元,款项在2014年10月24日通过电子银行向被告张军令账户支付了581,760元,剩余款项在被告书写借条当天以现金形式支付给了被告。张军令借款后并未按照约定按时每月偿还63,100元,青岛开开贷投资有限公司泰安分公司要求与被告解除借款合同,被告偿还借款本金60万元并支付利息,赔偿账户管理费、律师费及违约金。山东省宁阳县人民法院认为,被告张军令向原告青岛开开贷投资有限公司泰安分公司借款并出具了借条,借款金额为60万元,双方存在借贷关系的合意,同日,被告张军令向原告出具确认书,确认收到现金60万元,应视为原告已经交付给被告该笔借款,原、被告之间的民间借贷关系成立,合同生效,因此最终判决被告应该偿还原告网络借贷平台的借款。② 由此可见法院对于网络借贷平台自营不认为是违法的。网络借贷中介机构有用自己企业的自有资金去营利的权利,当前我国法不允许其自营主要有两方面担忧,一方面,考虑网络平台可能经营不

---

① 薛洪言:《2000家P2P平台不到20家盈利,面临三大黑洞的网贷平台还能赚钱吗?》,载虎嗅网:http://www.huxiu.com/article/171616.html,最后访问日期:2017年8月18日。

② 山东省宁阳县人民法院:《青岛开开贷投资有限公司泰安分公司诉张军令等民间借贷案》,(2015)宁民初字第187号。

规范,会挪用客户的资金,如果网络借贷中介机构有自营权,其必然希望自己有更多的资金去从事放贷,在其有好的借款客户来借款,而网络借贷中介机构无自有资金时,其可能会想办法筹集资金,尤其是他们可能会想到挪用客户的资金为其所用,一旦项目出现风险,会严重损害投资人利益;另一方面,担心平台自营时不能维持客户与平台自己利益的平衡,如果让网络借贷中介机构有自营权,可能会造成两种后果,面对同等条件下的借款,网络借贷中介机构是应该让自己优先于客户去贷款,还是让客户优先去贷款,从资本逐利性来说,网络借贷中介机构肯定会让自己优先于客户去贷款营利,这样的结果会有违民法诚信原则,客户基于信任找其代理居间业务,可是网络借贷中介机构却让自己更优先于客户,这样会造成客户与网络借贷中介机构间事实上的不平等,可能造成的结果是网络借贷中介机构会选择那些条件好的、优质的借款人给自己,而将那些劣质的借款人介绍给它的一般客户,这样会使网络借贷中介机构的客户权利得不到平等对待,有违公平原则。因此对自营业务的金融机构,现行法律都规定得非常严格,并要进行特殊审批,如我国四大资产管理公司(长成、华融、信达、东方资产管理)在完成当初的四大国有银行不良贷款清收处置任务后,面临新的转型,在2006年华融、信达、东方3家资产管理公司获准经营券商业务,但其拿到的却并非是券商类的“全牌照”,3家资产管理公司最初只能进行投行和经纪业务,被认为是最“赚钱”的自营业务不在其中。[①] 证监会的意见认为自营业务是风险最高的业务,对于初入证券业务的资产管理公司来说,其还不能准确控制风险,必须在其经营一段时间后,达到相关证券监管要求时才能再申请自营业务。到

① 苗燕、周翀:《资产公司转型券商未获自营权　证监会称还需调理》,载新浪财经:http://finance.sina.com.cn,最后访问日期:2012年11月27日。

2012 年这 3 家资产管理公司下设的证券公司也只有两家证券公司获得了自营权,其中东方资产管理公司下设的东兴证券还没有获得证券自营权①。对于网络借贷中介机构来说让其一开始就从事自营业务可能会由于其没有借贷经验,带来经营风险,会影响客户的利益,另外自营业务会造成客户资金被挪用,因此不是所有证券公司都是综合型证券公司,有很多证券公司没有自营业务,主要也是担心其会经营不规范造成亏损挪用客户资金。在保险行业方面存在两种保险,即财产保险和人身保险,由于这两种保险性质不同,时间不同,风险来源不同,如果将这两种保险业务由一家保险公司混合经营,会不利于人身保险的发展和稳定,因此一开始我国 1995 年保险立法时禁止保险公司经营两种保险,一直到 2009 年《保险法》第三次修正时才适度允许"经营财产保险业务的保险公司经国务院保险监督管理机构批准,可以经营短期健康保险业务和意外伤害保险业务"。法律所放开的也只是短期保险,并且还要经过监管部门单独特批后才能兼营。金融业的这些做法和法律规定都说明了一个新的金融主体对两种不同性质的业务经营要给予谨慎对待,只有经过一定时间经营后才能判断该经营主体行为是否规范,是否达到经营两种业务的资格。自我国 2007 年产生第一个网络借贷平台,至今已经经过 10 年时间,网络借贷平台一开始由于没有立法的限制和监管的监督,平台一直从事自营和居间业务,在 2015 年《网络借贷中介机构办法》出台后才禁止其自营。立法担心自营会带来的不良后果确实存在,但支持新行业持续发展,平台稳定经营是一个新兴行业立法所要做的保护,我国法可以通过设置规则来消

---

① 资料来源中国东方资产管理公司官网:http://www.coamc.com.cn/yewfw/zyyw/zqyw/;中国信达资产管理股份有限公司官方网:http://www.cinda.com.cn/service/service_asset_securities.jsp;中国华融资产管理股份有限公司官方网:http://www.chamc.com.cn/gsgz2012/。

除自营可能会带来的后果。首先,在挪用客户资金方面,平台之所以能挪用客户资金是平台设立了资金池和控制了客户资金,当前我国法已经明确平台不得设立资金池,同时,对于客户资金保护可以通过银行存管来进行防范,严格设置平台运用客户资金的条件。其次,在平台自营与客户保护方面,我国法都有个基本规则,即客户权利优先原则,当有客户申请项目贷款时,平台应该优先保护客户获得该项目,即同一时间申请时客户优先。平台对于一个借款项目的了解时间会早于客户,信息获得会更充分,专业程度会更高,如果一个项目一开始就在客户没有申请时被平台申请自营,这样对于客户也不能有效保护,可以设置平台只能在项目融资期限的最后一天申请自营权利。通过平台申请自营的不同时间来设置保护客户优先规则,这样就能平衡平台与客户间的利益关系。最后,为防止自营风险影响平台经验,立法应该对于平台自营设置比例限制,诸如单一项目投资比例不得超过自收资本金加公积金总和的10%(这一比例是各行业限制对外投资的通用标准);总投资金额比例,向平台进行自营总投资额度不得超过自有资本金加公积金的一定比例,具体比例可考虑平台3年持续盈利能力来确定一个比例标准,原则上是不超过上一年度的净盈利额,这样平台可通过盈利来消化投资风险,也可以参照美国的规定,平台可以自营放贷的比例不超过投资项目的25%的资金比例。

综上所述,我国平台自营已有一定经验,只要设置好客户保护规则,平台自营就能实现,平台自营能为平台带来更多的利润,能更好地提升自己的经营管理水平。同时,有鉴于国内外对于自营的立法设置历程及对平台设置的直接经验借鉴,我国法应该允许平台有自营权。

第五,网络借贷平台信息披露制度重构。应该对我国网络借贷平台披露制度进行重构。网络借贷业目前仍然还没有详细的信息披露细则,尤其是对平台本身的风险信息披露,只有平台正面信息而缺少负面信息披露会影响投资者对平台的判断,英国要求平台披露近 5 年的收益率和坏账率以及近 5 年撮合的信贷状况,美国 MLA 也要求平台经营首先要透明,即对平台各方面的信息都应该进行披露,由此可见,监管者希望投资者首先对平台本身要进行判断,平台的选择是投资者借贷行为成功的一个重要标志,也是放贷人认为放款能否收回的一个重要标志。基于此,我国法应该对于平台的信息披露进行规定,尤其对于负面信息要明确列举清单,诸如平台五年内的项目逾期率,项目逾期金额,平台不良项目占整个总撮合项目的数量及金额比例,让投资者能正确判断平台的风险防控能力。为保证这一信息的真实性,平台的信息每年需要由第三方进行审计,平台需要提交年度审计报告供交易双方参考。平台不仅要进行正确的信息披露,还需要对自身的宣传进行规范,宣传包括两种:一种是言语上的宣传,另一种是行为上的宣传。由于平台只是信息中介,其本身不应该对于借贷项目进行宣传,只应该对项目进行信息披露,由投资者自行判断项目的好坏。因此,对于平台言语上的宣传应该只限于对平台自身真实情况的描述,而不应该涉及对具体项目的推荐宣传,真实情况应该既要包括正面信息披露也应该要包括负面信息披露。目前,我国网络借贷平台只对其正面信息进行官网首页披露,而未同时在同页面进行负面信息披露。因此,我国法应该规定平台只能向公众作平台真实情况的介绍,并且包括正面及负面信息,包括平台撮合的金额、不良率都应该涉及;同时,平台行为上的宣传也很重要,这就是平台线下的宣传行为,尽管我国法已经规定平台线下只能进行借款人身份核实,项目核实和评估及担保落实,但平台行为上的宣传还更多体现在平台对员工或业务人员的激励,在平台对员工的业绩考核以其撮合项目金额数判断,使得员工或第三人会尽力推荐金额较大的项目,影响投资者的判断标准。美国 JOBS 法案禁止向潜在投资者推荐或者宣传债券干扰其初始投资意向;不能给个体雇员、代理人或其他招商证券在网站上提供一定的补偿。[①] 因此,在平台行业宣传方面,我国法应该禁止平台给予员工撮合成功的奖励措施,也应该禁止员工向投资者进行自身行为的示范,诸如平台或其员工及其家属个人放贷于某个项目的展示。只有这样,才能杜绝平台的不良宣传行为。

第六,风险准备金的立法定性。风险准备金不属于担保,应该对它的性质进行定性并且规定用途。网络借贷平台目前普遍提取风险保险基金,尽管风险准备金提取是行业内普遍做法,但它并不是平台的义务,对于大的想经营好的平台肯定会提取风险准备金,但对于劣质的违法平台,可能进入这个行业目的就不当,其肯定不会提取风险准备金,而可能会用很高的利率来诱惑投资人,最终损害的还是投资人利益。因此,我国法应该尊重行业惯例,将风险准备金作为平台法定义务进行立法规定,统一平台义务。我国《商业银行法》第 57 条规定,商业银行应该提取呆账准备金,冲销呆账。我国《保险法》第 100 条规定,保险公司应当缴纳保险保障基金。保险保障基金应当集中管理,并在保险公司被撤销或者被宣告破产时,向投保人、被保险人或者受益人提供救济。网络借贷业与银行业及保险业很类似,都有金融机构终止时未获得权利的投资人存在,因此,我国法应该参照我国已经成熟的金融立法,规定网络借贷平台有提取风险准备金的义务。具体比例可采取美国法立法模式,由行业协会具体规定。同时,立法应该明确规定风险准备金性质,风险准备金是应对风险的资金,根据我国《担保法》的规定,担保必须明示,基于合同意思自治及协商一致原则,担保存在必须是合同当事人在合同签订时的意思表示的一致,而平台

---

① 参见丛彦国:《美国对冲基金监管与欧美监管转型——以后金融危机时代为背景》,载《湖北经济学院学报》2015 年第 5 期。

在进行融资居间时并没有明确向公众说明其提供担保,我国法律也不允许平台自身提供担保,因此,风险准备金只是平台自身为了稳定经营而应对风险的一种防范措施,其本质上是为了防范平台自身经营出现风险,即在平台发生可能破产时使用,在平台正常经营时的项目产生风险,由于风险准备金不属于担保,平台没有义务承担责任,如果允许平台运用风险准备金来支付项目风险,无疑是平台变相在自我增信,而这与我国目前立法不允许平台自我增信相抵触。另外,风险准备金如果用于支付发生风险的项目,这样一方面会造成风险准备金可能提取比例会较高,另一方面会使未发生风险的投资者收益降低,而当初交纳风险准备金的投资人并没有发生风险,平台也不会将这笔费用返还给客户,对于未发生风险的客户来说既增加了融资成本,又减少了投资收益,会造成借贷双方的不满情绪。如果风险准备金只是防范平台风险,则风险准备金不一定是由客户出具,而可能是股东或平台自身提供,则风险准备金的金额需要会比项目风险需要的金额要小得多,同时,对融资成本产生的影响也会较少。因此,当前立法可明确平台需要提取风险准备金,以应对平台自身经营中可能需要承担责任而提取基金的情况,禁止平台运用风险准备金向投资者支付发生风险的项目,规定风险准备金专门开户,实行风险准备金专款专用,外部机构不得对风险准备金采取任何措施及主张任何权利。

第七,网络借贷平台退出制度构建。立法应该增加网络借贷中介机构的退出制度。完备的市场主体法应该要有主体设立、变更及终止制度,也要有主体运营规则及义务。目前我国法对于网络借贷平台的设立、变更作了相应的规定,但对于平台的终止制度没有作出规定,只能参照一般的企业法来进行,这对于放贷行业来说显然有许多不足之处,更不利于保护投资者,尤其在当前问题平台很多,行业信心指数下降时规范平台的退出机制就尤为必要。因此,我国法应该对于网络借贷平台特别增加退出制度。参照国外的一些成功经验,我国法应该从下面几个方面来建立平台退出机制。其一,继受服务主体。网络平台上的放贷人更多是依赖平台来帮其把关借款人,因此放贷人一般来说并不了解借款人,甚至是并不知道借款人是谁,平台如果终止,放贷人会处于很茫然的状态,为防止放贷人的债权出现无人看管状态,立法应该明确平台终止后的继续服务义务,即规定平台有做好在其终止后安排其他人接替平台继续服务放贷人的义务。从英美国家来看都有要求平台在项目融资时就必须对于终止事项进行安排,因此,我国法应该明确要求平台对于其在终止后的后续服务事项进行信息披露,明确服务主体是谁,服务主体的义务是什么,是否收取费用等。就后续服务主体来说,必须要明确,同时,服务主体应该有放贷业管理债权的经验。我国《保险法》第 92 条规定,经营有人寿保险业务的保险公司被依法撤销或者被依法宣告破产的,其持有的人寿保险合同及准备金,必须转移给其他经营有人寿保险业务的保险公司;不能同其他保险公司达成转让协议的,由国务院保险金融监督管理机构指定经营有人寿保险业务的保险公司接受转让。人寿保险是长期保险,《保险法》对于长期保险业务规定了继受管理主体,并且要求继受主体只能是经营人寿保险业务的保险公司,主要是要求继受主体要有相应的经验。网络借贷平台应该在项目融资时规定如果其终止后继受服务的主体是谁,立法应该规范平台的自行安排义务,要求继受服务主体应该是网络借贷平台或者有放贷管理经验的贷款公司等主体。同时,立法还要考虑继受主体在将来可能存在的倒闭风险,为了防范平台安排的继受主体可能也会倒闭的风险,立法应该对继受主体进行法定补充规定,即如果平台事先安排的继受主体先于平台或者与平台同时终止,则由平台与投资者协议新的继受主体,如果协商不成,则由监管部门来指定继受主体。继受主体是终止的平台继受者,其是代替网络平台管理债权、债务，由于网络平台在项目融资时已经向借贷双方收取过相应的服务费，因此继受主体就不能再向借贷双方收到服务费，否则会有重复收费之问题。同时要规定继受主体要履行终止的平台未完成的所有义务，作为借贷双方主体对于原平台享有的权利仍然可以向继受主体主张。其二，运营保证金。立法不仅要考虑继受主体的设立，同时要保证继受主体的正常运营，继受主体的正常运营需要运营费用，由于其是替代终止的平台进行服务，其无法再向终止平台的借贷双方收费，平台倒闭时肯定也没有什么资金，此时，继受主体的运营费用会落空，自然无法履行义务。因此，立法应该要求平台提前提取继受管理费用。我国《保险法》第 100 条规定，保险公司应当缴纳保险保障基金。保险保障基金应当集中管理，并在保险公司被撤销或者被宣告破产时，向依法接受其人寿保险合同的保险公司提供救济。我国网络平台立法也可以借鉴《保险法》的规定，具体做法为，在平台进行融资居间义务时，提取收取到的服务费用的一定比例作为继受主体的管理费用，可以将此费用定性为继受运营保证金，只有在平台终止后才能使用，实行专门账户设立管理，平台在平常运营管理中不得使用这笔资金，也不允许外部机构对此笔资金主张任何权利或采取任何措施。另外，立法还应该规定继受运营保证金的提取比例，具体比例可以通过测算平台正常运营所需的管理费用，规定平台可以从收取到的每一笔服务费用中自动提取测算出来比例的继受运营保证金，进入专门账户进行管理。由于平台的运营管理费用随着时间的推移会有所变化，同时，不同地区的运营费用也会有所区别，法律规范具有稳定性，立法规定比例可能会带来比例不合适及不能适应时间推移要求的问题，因此，立法可以将保证金的提取比例交由网络借贷行业协会进行确定，从英美两国来看，对于已规定的金额都明确了会三年或五年调整一次，因此，比例标准由行业协会来制定会更准确，同时，要求规定调整的时间,以适应形势变化。其三,清偿规则。平台破产时平台名下的财产可能不一定是平台自身的财产,立法应该对平台名下的财产进行定性,以确立清偿规则:首先,继受运营保证金不属于平台破产财产。前面所述,平台收到的继受运营保证金是为了针对尚未完成的项目服务而提取的基金,这一基金由于在设立时就明确了性质,因此,继受运营保证金尽管是平台名下的资金,但它不应作为平台的破产财产进行破产分配,而应由破产管理人直接将其拨付给继受的管理人。其次,借款人已经支付回来的资金属于放贷人所有。对于已经到期的项目,借款人会将资金偿还给平台,然后,由平台分配给放贷人,当借款人将资金还给平台,平台在未支付给放贷人时面临破产,此时回来的资产属于借款人专有还是属于平台的破产财产会有争议,英国 FCA 在出具监管规则征询意见时,有公众就提出此问题,同时建议此部分款项应该属于借款人财产,FCA 最终也采纳了公众意见,将归还到平台的客户资金规定属于客户所有。之所以这么规定是基于投资者保护原则,同时,也是对行业信心的稳定。当前,我国网络借贷业信心指数不断在下降,问题平台也较多,投资者保护是监管的一个重要目标,我国法应该参照英国做法将借款人已经归还给平台的资金规定属于放贷人所有,不属于平台的破产财产,不进行破产分配。最后,放贷人已经支付给平台的资金应该返还给放贷人。放贷人在申请成功项目后将资金已经支付给平台,在项目融资期限还未结束时遇到平台破产问题,此时,项目是应该继续进行还是应该停止,同时此部分资金是否属于平台的破产财产,这些立法也应该要明确。当平台面临破产时,其不能很好地向借贷双方履行其应该履行的义务,这样可能会影响借贷双方权利的实现,尽管立法可能会要求平台破产时安排继受者,但对借贷双方来说继受者并不是其主动选择,而是基于破产时的一种无奈安排,因此,英国法规定此业务应该终止,我国法也应该规定平台破产时还未发生的融资业务应该停止，投资者已经支付给平台的投资款只要没有交给借款人，平台破产管理人应该及时告知放贷人和借款人，并应及时将资金返还给放贷人，同时，对于借款人已经支付的服务费由于没有完成居间服务，平台应该将借款人的服务费退还给借款人，不作为平台的破产财产处理。

第四章　网络借贷利率法律规制

利率一直是民间借贷的核心，更是网络借贷的绝对核心。网络借贷主体往往互不相识，资本逐利的本性就会暴露无遗，从而使利率成为当事人订立合同时关注的重心，因此对于网络借贷，利率是毋庸置疑的法律规制重点，当然利率也成为民间借贷纠纷案件的主要根源。

网络借贷本质上而言仍然是民间借贷，尽管在呈现出来的借贷利率的现状上，网络借贷和一般的民间借贷会有一些差别，多数情况下网络借贷利率仍然沿用传统民间借贷利率的规定。

第一节　概说

一、网络借贷利率概要

（一）概述

网络借贷利率本质上还是民间借贷利率，可以理解为自然人、法人、其他组织在网络借贷平台上订立民间借贷合同所确定的利率。其特点与规制必要性与上文广义的民间借贷利率大致相似，下文只针对网络借贷利率的特别之处进行阐述，相同之处不做赘述。

网络借贷平台如雨后春笋般涌现出来，利率就是这些借贷平台竞争的焦点,也是消费者选择与关注的热点。Ceyhan 等在研究 P2P 网络借贷平台竞价机制的基础上认为利率是资金出借方选择借款对象时考虑的重要因素①。因此,网络借贷利率对于研究网络借贷具有非常重要的意义。

(二)网络借贷利率特点

1. 网络借贷利率是完全市场化的利率

相对于传统金融媒介,P2P 网贷通过资金买卖双方竞拍市场的动态定价机制取代了“一口价”的静态定价机制,其利率完全由供需双方的博弈所决定,市场化的程度显然要高于传统间接融资方式。② 这一点是网络借贷利率与一般的民间借贷利率关键区别所在。尽管网络借贷利率与一般的民间借贷利率都反映资金提供者的收益水平与资金供给者的成本水平,但网络借贷利率反映这一水平是通过市场信息的更新及时调整的,而不是固定不变的。相比较于传统的民间借贷,网络借贷能够通过市场根据经济状况做出及时反应,完全市场化的利率可以更好地反映市场资金流动性,借贷双方能够根据其变动情况做出更加合理的判断,从而确定借贷利率。就如同民间金融那样,与那些受政策调控的银行利率相比起来,网贷利率能够更好地发挥出市场利率运行机制的作用。③

利率市场化是网络借贷利率的优势所在,也是现在的民间借贷利

---

① Simla Ceyhan, X. Shi, and J. Leskovec, *Dynamics of bid-ding in a P2P lending service: Effects of herding and pre-dicting loan success* (paper represented at Proceedings of the 20th International Conference on World Wide Web, WWW 2011, Hyderabad, India, March 28 – April 1, 2011 ACM, 2011), pp. 547 – 556.

② 周耿、范从来:《货币政策对 P2P 网贷市场利率的影响研究》,载《中央财经大学学报》2016 年第 6 期。

③ 叶茜茜:《影响民间金融利率波动因素分析——以温州为例》,载《经济学家》2011 年第 5 期。

率(包括传统的民间借贷利率)发展的必然趋势,是不可逆转的,利率市场化带来了机会与便利,也带来了危机与不法行为。面对利率市场化,首先,我们必须接受,它就好比经济全球化,想要反其道而行之是不可能的,是违背规律的;其次,我们必须更加小心谨慎,加强对网络借贷利率的立法与监管,扫除利率市场化过程中的不法行为。有关利率市场化,笔者还会在下文详细阐述,此处不再叙述。

2. 网络借贷利率具有自发性

传统的民间借贷利率以借贷双方直接交易利率为准,由于没有统一的民间借贷市场,利率没有确定的定价体系,只能参照银行和融资者的利率定价机制,P2P 网络借贷利率打破了传统的以融资者和金融中介为主导的利率定价模式,而以信用风险为主导定价,利率具有自发性。①

3. 网络借贷利率存在失灵状况

传统的民间借贷具有地域性和自发性特征,借贷双方相互比较了解,但网络借贷中的借贷双方缺欠地域性特征,双方并不熟悉,完全是由平台将两者联系起来,也不具有自发性。借贷双方之所以能达成交易一方面依赖平台的专业判断,另一方面依赖透明的信息来为自己把关,还有一方面是看中项目的高利率。由于借款人欠缺专业知识,对于平台和信息可能不太关注,更多关注高利率项目,而高利率项目会有更高的风险和高违约率,这样就会带来很多违约项目,导致低风险承受能力的放贷人会退出网络借贷业,剩下的就是高风险的借款人,高风险借款人会关注高利率项目,市场上就只会有高风险项目存在下来,长此以往会将低风险的放贷人及低风险的项目都驱逐出这个行业,市场已经不是一个健康的市场,出现的高利率并不是真正的市场

---

① Peter Tufano, " Financial innovation and First-Mover advantages ", *Journal of Financial Economics* 25(2), Dec. 1989, pp. 213 - 215.

借贷利率,这样就会存在利率失灵状态。因此,网络借贷业如果信息不透明,平台不专业,监管也不力,就会影响借贷利率真实状况。

宋怡欣、吴弘认为,要想使网络借贷业上的利率市场回归正常,必然需要对网络借贷业加强监管,使借贷双方信息透明,选择充分,同时要使专业平台能从专业角度为投资者进行风险识别和把关。①

4. 网络借贷利率呈下降趋势

有学者提出因为P2P网贷企业组织合法性的增强使得其向投资者提供的高借贷利率水平回归理性,且用户规模由于人们对P2P网贷企业的认可度提高而扩大②。当央行采用了降低法定存款准备金政策时,存款准备金回归商业银行系统,通过乘数效应使得信贷资金的供给增加,通过这里的“供给效应”使得利率水平相应降低。近几年,P2P网络借贷平台的利率正逐渐大幅下降,很大一部分原因是受到央行降低法定存款准备金以降准降息的带动。这表明国家的金融与货币政策对于网络借贷利率的调控有很大的作用。可以肯定P2P网络借贷平台的利率在国家政策与法律规制的双重作用下定会逐渐回归合理区间。

二、网络借贷利率规制必要性

(一)优化资金配置

长期以来我国存在的金融抑制现象,使得很多小微企业及一般个人被排除在正规金融服务之外,带来长尾现象③,而互联网金融主要服务的是被正规金融排除在外的主体,能够有效消除长尾现象。利率不

---

① 宋怡欣、吴弘:《P2P金融监管模式研究:以利率市场化为视角》,载《法律科学》(西北政法学院学报)2016年第6期。

② 徐二明、谢广营:《借贷利率、用户规模与P2P网贷交易额悖论:合法性视角的解释》,载《上海金融》2016年第11期。

③ 长尾现象是指金融抑制情形下,金融只能服务于非常少的一部分主体,造成大部分主体不能被服务到的现象。

仅只是一个单纯的数字，抑或者只是合同当事人单纯的自由意志的体现，从而可以任其拟定，如果利率这个简单的数字在合同自由、意思自治的保护伞下被放任不管，成为法外之地，将会造成权利的滥用，甚至引发一系列的社会问题。合理的(较低的)利率有助于社会信用的组建，监测金融风险，维护金融稳定，合理引导资金流向，促进经济发展，保障借贷合同的履行从而规范民间借贷行为，可以成为经济市场稳定发展的润滑剂，过高的利率则可能引发高利贷、非法集资、非法吸收公众存款等一系列的社会问题，正如凯恩斯在《就业、利息和货币通论》中提道："经济繁荣的补救办法不是较高的利息率，而是较低的利息率。因为低利息率或许还能将繁荣继续下去。"①因此利率是否合理会产生截然不同的社会效果，我们必须明确法律规制网络借贷的目的之一就是保证民间借贷利率的合理性，合理的利率会使资金更多流向正当的用途，亚当·斯密认为，过高的利率会挤出诚实的人。

(二)支持实体产业发展

高利率导致大量民间资金不能投入实体经济，在某种程度上还会从实体产业卷走大量资金。许多实体企业超出经营范围将大量企业资金出借，出现实体产业资金"空转"现象，实体经济萎缩。实体产业发展受到影响，就会催生市场泡沫，容易引发金融危机。网络借贷主要针对融资难的中小微企业，对于利率进行规制，会使资金流向有需要的中小微企业，支持实体经济的发展。

(三)维护良好的经济秩序

民间借贷尤其是在P2P网贷平台迅猛发展以及利率市场化后，民

① [英]约翰·梅纳德·凯恩斯：《就业、利息和货币通论》，宋韵声译，华夏出版社2005年版，第247页。

间借贷可以说是从熟人关系发展为任何人之间的关系。在高利引诱下,民间借贷如今已成为一个巨大的利益诱惑,许多专业借贷中介、贷款公司甚至非专业的企业都渴望能通过放贷或者吸储获取利润,超出企业经营范围的比比皆是,再加上民间借贷往往具有隐蔽性,常常处于监管之外,变相吸储、非法集资等非法金融活动的产生也就不难理解了,违法行为充斥市场,使人们对网络借贷市场信心指数下降,影响市场中真实的交易,破坏了经济秩序。对于网络借贷利率进行规制,有利于利率的透明化,去除利率方面的不法行为,维护新兴行业经济秩序。

(四)维护社会稳定

高利贷很大程度上是由民间货币资本家追逐资本利益之心导致的现象,持有资金的人通过出借资金赚取较高的利润,而急需资金者极有可能为度过经济难关借下高利贷,但其行为不异于饮鸩止渴,之后反而陷入更大的经济危机。长久下去,马太效应即穷者越穷、富者越富的社会状况就会出现,贫富差距就会扩大。

从宏观来讲,高利借贷如果长期广泛存在且法律放任不管,将会扩大贫富差距,威胁社会稳定;从微观来讲,高利贷往往伴随暴力追债,公民的个人生存权受到威胁,还会有黑社会等话题牵涉其中。暴力追债是许多人听到高利贷三个字的第一反应,这也是人们听到民间借贷会有所怀疑、有所顾虑的缘由。高利贷历来不受法律保护,贷款人无法通过公力救济追回贷款,只能谋求私力救济,转而寻求黑社会的帮助;借款人面对黑社会暴力追债往往人财两空,从而由普通的经济纠纷演变为严重的人身伤害,借款人所遭受的人身伤害同样难以获得救济。如此的恶性循环,给社会稳定埋下了一颗“定时炸弹”。

(五)维护法律的公平和正义

借款人处于弱势地位,接受高利率往往非基于真实意思表示。民间借贷合同的订立是平等民事主体之间的民事法律行为,基于意思自治原则,应尊重当事人的自由意思。但是,民法强调公平原则,尤其体现在合同订立上,应当遵循双方真实的意思表示。在很多情况下,借款人因为急需资金渡过难关,处于弱势地位,尤其体现在生产性借贷上,很多个人及中小企业为了完成购买原材料、设备器械,修建厂房等生产经营活动不得不接受较高的利率,因而导致了许多借款人违背了自己真实的意思表示,长此以往,公平正义原则就会受到威胁。但需要强调一点,公平正义原则不是法律对于民间借贷合同任意干预的理由,只有极其不合理或者有充分证据证明违反了当事人真实意思表示时法律才能否定双方订立的民间借贷合同。

(六)克服人性的非理性

边沁在 *Defense of Usury* 一书中讲道:"任何心智健全、可自由行事的成年人,只要他在清醒的时候,他均具有在借贷市场获得满意的利率的金钱的自由和放贷自由"①。根据古典契约理论,人是具有理性的,能够正确认识和控制自己的行为,而且人是自己利益的最佳判定者,双方当事人通过充分协商签订的合同最能实现各自利益的最大化,故保护当事人的合同自由就保护了合同正义。② 传统经济学与行为经济学在进行人的经济行为分析时,也认为每个人都是理性的,人的经济行为一定是对自己利益最大化的行为。无可否认,每个人都是或者希望成为一定程度上的理性人,但现实是人们的理性都是有限的。如果每个人在面对困境,面对抉择时都是一个百分百的理性人,那么法律甚至国家就丧失了其存在的意义。就如汉密尔顿、杰伊、麦迪逊在《联邦党人文集》一书中所说:"如果人都是天使,就不需要政府

---

① Jeremy Bentham, *Defense of Usury*. Toronto, Books LLC, 2010, p. 8.

② 杜万华、谢勇:《民间借贷利率的规制》,载《人民司法(应用)》2013 年第 19 期。

了。[①]”这种有限性在民间借贷上体现出来就是，首先，人对他人的认识是有限的，对方的经济状况、信用状况不可能在短时间内或者通过几次接触就完全了解；其次，人对自己的认识也是有限的，自己的还款能力、对资金的需求状况也不可能完全清楚，因此双方即使在经过利益权衡后确立了利率，仍然可能损害一方甚至双方的利益。此时，就需要法律在尊重公民个人自由意志的前提下，对其不够理性的部分进行弥补，以一个合理的度介入引导借贷行为，因而对民间借贷利率进行法律规制就是减少或者救济公民不理性意志的有效渠道。

第二节　域外法的经验借鉴

一、美国的做法

美国作为联邦制国家，各州都享有独立的立法权。因此对美国法进行分析时，需要对各个州的法律规定分析探究。

(一)美国的相关立法

1. 对民间借贷利率的一般性规定

(1)对利率上限规定模式

美国各州对于民间借贷利率有不同规定，主要有两种模式：

第一，对民间借贷利率不做规制。各州不对利率进行法律规制包括两种情形：一是完全不予规制，二是借贷符合一定条件时不受限制。美国共有五个州完全不对民间借贷利率进行法律规制，分别是内华达

---

① [美]亚历山大·汉密尔顿、约翰·杰伊、詹姆斯·麦迪逊：《联邦党人文集》，程逢如、在汉、舒逊译，商务印书馆1982年版，第138页。

州、犹他州、缅因州、新罕布什尔州和南卡罗来纳州。换言之,这五个州是不禁止高利贷的。对于借贷符合一定条件不予限制的具体有三种做法。第一种,借贷超过特定数额时利率不受限制。比如北卡罗来纳州法律规定借贷标的额超过 2.5 万美元或者标的额超过 1 万美元的抵押借贷不受限制①。第二种,借贷性质符合一定条件时利率不受限制。比如哥伦比亚州规定超过 1000 美元的借贷且性质是非抵押贷款或非营利性或以生意为目的、为投资购入不动产及个人财产的可以不受限制。第三种,有书面借贷合同则利率不受限制,新墨西哥州就有此种规定。

第二,对民间借贷利率进行规制。总结对利率进行法律规制的各州的规定可以分为以下两种:一是根据不同借贷类型设定不同上限进行规制,二是不做类型的区分,统一规制。根据不同的借贷类型设定不同利率上限进行规制主要有三种情形。第一种,以借贷的数额为区分。比如佛罗里达州,以 50 万美元为界限,低于 50 万美元的借贷以年利率 18% 为上限,超过 50 万美元的借贷以年利率 25% 为上限。第二种,以借款用途为区分。比如卡罗拉罗州消费性借贷利率上限为 12% 。第三种,以是否有抵押为区分,如佛蒙特州规定,若有汽车、飞机等价值较高的物品做抵押,则利率上限较低为 18% ;若抵押物明显贬值,则利率上限可以上浮 2% ,达到 20% 。② 除此之外,区分生产性和消费性借贷,美国各州还确立了"企业法人除外原则"(corporate exception),从 19 世纪后期开始,各州法院为了加快经济的发展通过判

---

① John M. Houkes, *An Annotated Bibliography on the History of Usury and Interest from The Earliest Times through the Eighteenth Century*, New Youk, The Edwen Mellen Press, 2004, pp. 379 – 383.

② See UpCounsel, Inc., "State Interest Rates and Usury Limits: What You Need to Know", Accessed Dec. 8, 2016. http://www.lectlaw.com/files/ban02.htm.

决创造了各种司法先例，以更变通的方式规制民间借贷利率，在此过程中确立的一个重要原则就是“企业法人除外原则”，即对于企业法人用于生产的民间借贷允许做出例外规定。

不区分类型，统一规制是许多州的做法。比如，马萨诸塞州规定利率上限为20%，亚拉巴马州规定利率上限为8%，华盛顿州利率上限为年利率12%，纽约州以年利率16%作为上限，佛罗里达州利率上限为18%①。但需强调在统一规制的前提下，一些州的法律还会灵活地做出例外规定，如亚拉巴马州，8%只是一般高利贷认定的基准。由于州里发薪日资金紧张情况，银行开发了发薪日贷款（payday loan），发薪日贷款资金数额小，取得简便，费用又非常灵活，但是费用换算利率后极高，有的能达到500%的年利率。针对这一规定，美国消费者联盟将其称为“合法的高利贷”②。

针对利率规制问题，美国刑法规定了“放高利贷罪”，将高利贷款行为入罪，《美国联邦反欺诈腐败组织法案》中规定，当事人确定的利率若在各州法律规定的最高利率两倍之上，即构成“放高利贷罪”，包括从民间借贷途径和从正规金融途径获得借款资金。美国《合同法重述》（第2版）第208条规定对于显失公平的行为法院可以确认合同无效，也可以部分地执行合同有效条款而排除部分无效条款的执行。③

由于美国是联邦制国家，联邦政府和各州都享有立法权，对于民间借贷利率，美国通过联邦与州的双重管制进行了较为严格的规

---

① John M. Houkes, *An Annotated Bibliography on the History of Usury, and Interest from The Earliest Times through the Eighteenth Century*, New Youk, The Edwen Mellen Press, 2004, pp. 379 - 383.

② ［美］查尔斯·韦兰：《公共政策导论》，魏陆译，上海三联书店、上海人民出版社、格致出版社2014年版，第208页。

③ 许德风：《论利息的法律管制——兼议私法中的社会化考量》，载《北大法律评论》2010年第1期。

制。尽管不同州对于民间借贷利率有不同的规制方式,有的统一规制,有的区分借贷类型,甚至部分州不予规制,但是所有州都不得违反联邦法案中"放高利贷罪"的规定,并且要承担高利违法放贷的民事处罚。

(2)对利率范围规定

由于联邦国家规定了高利率,部分人就将利率分成两部分,一部分是利率,另一部分是其他费用,这样就绕过了联邦规定的高利率,对此美国货币监理署(Comptroller of Currency)于1995年对《国家银行法》(National Bank Act) §85中的利息(interest)进行了扩大解释,认为利息包括因延期付款给付给债权人或未来的债权人的任何赔偿,包括信用卡的年费、会员费、延期付款支付的费用等。[①] 1996年美国联邦法院在Smiley v. Citibank一案中再次确认了美国货币监理署对利率进行的扩大解释。[②] 因此,目前美国联邦国家规定所有借款人的支出都属于利息范畴,应该受联邦高利率管制。

2. 网络借贷利率的特殊规则

美国对于网络借贷利率没有特别立法,但是网络借贷业对于利率范围有统一的规则。网络借贷由于通过网络平台进行交易,网络平台作为居间主体需要收取居间费用,因此,网络借贷利率是以借款人支付给放贷人计算,还是以借款人实际收到借款额度即加上平台居间费用后计算,两者得到的利率会不一样。美国Lending Club在其官方网站上介绍其借贷利率与个人贷款中的利率与费率栏目时写道:平台的年平均借贷利率(APR)从5.99%~35.89%,APR包括借款利率和平

① 周颖:《论信用卡逾期还款的违约责任及其限度》,载《法科科学》2015年第5期。

② See Smiley v. Citibank(South Dakota),517 U. S. 735(1996).

台收取的各项费用,APR 是快速比较不同贷款成本的最佳方式。① 因此,对于网络借贷利率范围包括费用既是美国法的需要,也是美国网络借贷业的统一规则。

(二)对美国做法的评析

1. 学者的评析

美国财政部 2016 年 5 月发布的网络借贷市场调研报告显示,2015 年从网贷平台获得贷款的小微企业对他们的成功贷款并不是很满意,根据 2015 年小微企业信贷调研,借款人满意度仅为 15%,最令人不满的一项就是 70% 的企业认为借贷利率过高。②

2. 笔者的评析

美国的网络借贷利率做法的三个方面值得借鉴,第一,利率较低,值得推荐。根据美国第一大平台 Lending Club 在其平台上发布的资料显示,Lending Club 平台的利率 60 个月以上的贷款大概是年利率 7.99%,72 个月以上的贷款年利率大概是 8.99%,③美国另一网络借贷平台 Prosper 发布的资料显示,Prosper 平台上 3 年期的贷款年利率最低是 5.99%,5 年期的贷款年利率最低是 9.68%,贷款利率从年利率 5.99% ~36%,根据每个借款人的信用不同而不同。④ 这个利率已经较低,但根据美国民众对于网络借贷利率不满的信息反馈来看,一方

---

① Lending Club, "Personal Loan Rates & Fees", Accessed Sep. 2, 2017. https://www. Lending Club. com/loans/personal-loans/rates-fees.

② U. S. Department of The Treasury, "Opportunities and Challenges in Online Marketplace Lending", May 10, 2016, Accessed Aug. 21, 2016. https://www. treasury. gov/connect/blog/Documents/Opportunities_and_Challenges_in_Online_Marketplace_Lending_white_paper. pdf.

③ Lending Club, "We offer financing solutions tailored to your specialty", Accessed Aug. 5, 2017. https://www. Lending Club. com/patientsolutions/.

④ Prosper, "Borrower Limits and Fees", Accessed Aug. 5, 2017. https://www. prosper. com/plp/legal/compliance/.

面说明借款人对于网络借贷利率的低利率期望度较高;另一方面说明美国的网络借贷市场会因为借款人的信用不同而实行高低不同的利率,适用高利率的应该是信用不好的借款人,从侧面也说明,信用不好的人将网络借贷平台作为其融资的主要途径,其可能已经没有其他的融资途径。第二,美国有关民间借贷利率范围的规定值得学习。它规定利率包括各种费用,实行一个标准利率,这对于网络借贷的利率透明化非常有帮助,值得我国加以借鉴。第三,对于利率区分生产性和消费性用途值得学习。对消费性借贷利率进行限制,对于生产性利率可以适度突出上限规定值得借鉴。

二、英国的做法

(一)英国的相关立法

1. 对民间借贷利率的一般性规定

英国对于民间借贷利率的态度可谓逐渐宽松。在 19 世纪 50 年代以前,英国针对高利借贷一直有专门的立法。1542 年,英国国王亨利八世颁布了《反高利贷法案》,对民间借贷利率上限进行了限制;1660 年,议会颁布了《反高利贷法》,将民间借贷利率上限规定为 6%。1854 年英国议会废除了 1660 年颁布的《反高利贷法》;1974 年,又废除了《消费者借贷法》中对消费者借贷利率不得高于 48% 的限制。爱尔兰原本规定年利率超过 39% 即构成非法,不再受法律保护,但是该限制于 1995 年被取消,自此之后,英国对于民间借贷利率的规制方式从立法规制转为法官主观判断的事后规制,并通过一系列改革保护消费贷款合同中的消费者。这一系列改变都彰显着对借贷利率更为宽松的态度,因此,英国目前对于民间借贷利率的规制方式与德国的方式大致相同,成为主观主义模式的典型代表。外国学者认为现在的英国虽然没有反高利贷法,但银行利率由于市场化的原因,在供求关系的制约下,也很难形成“高利贷”。

2. 网络借贷利率特殊规定

(1)网络借贷利率范围规定

英国对于网络借贷利率没有特别立法加以规定,但网络借贷业对于利率有统一的惯例。

Zopa 平台在其官网上对网站使用的术语定义时对利率作了规定,借贷利率是由借款利率和平台服务费率共同构成;①Rate Setter 平台在其官网上介绍合同条款时也规定:借贷利率将用年利率表示出来,利率包括支付给放贷人和任何支付给 Rate Setter 平台的费用或利率;② Funding Circle 也在其官网上强调,其收取的费用包括在借贷合同规定的利率中,并在偿还的贷款中直接支付。③ 由此可见,在英国,网络借贷平台的利率包括支付给放贷人的利率和支付给网络借贷平台的各项费用。

(2)网络借贷利率设置方法

欧洲对于国外网络借贷利率的设置有别于美国,先由借款人设置自己所希望确立的利率(区别于美国的最高利率),贷款人完全根据借款人设定的这一利率决定是否投入资金,不存在下调利率与实现资金供求平衡的后续步骤。这样的利率设置方法相比美国的更加迅速、快捷,而且

---

① Zopa,“Borrowing Rate means the rate of interest payable by the Borrower made up of the Lender Rate and the Zopa Servicing Rate”,Accessed Sep. 2,2017. http://www.zopa.com/principles#legal-status.

② Rate Setter,“The Borrower Rate will be expressed as an annual rate and will include any interest due to the lender plus any fees and/or interest due to Rate Setter”,Accessed Sep. 2,2017. https://www.Rate Setter.com/terms-of-use.

③ Funding Circle,“The Servicing Fee is included in the rate of interest stated in the Key Contract Terms for the relevant loan and will be taken directly from loan repayments”, Accessed Sep. 2,2017. https://www.fundingcircle.com/terms-and-conditions.

网贷平台上的利率水平是固定的，因而相比美国而言不确定性更低。但也不得不考虑到，网贷平台上显示的利率或许大部分并不是借款人的真实意思，借款人很可能是为了吸引贷款人而设置了较高的利率水平。

（二）对英国做法的评析

1. 学者的评析

2016 年英国 P2PFA 委托第三方咨询公司 OXERA 针对 P2P 业发展进行研究，OXERA 公司于 2016 年 9 月与 P2PFA 共同发布有关 P2P 业的研究报告，报告认为网络借贷业为社会提供了一个相对合理的利率，目前利率在 4% ~8%，包括消费与商业贷款类利率。[①] 由此可见，英国网络借贷利率相对是比较低的，更有利于社会发展。

2. 笔者的评析

英国网络借贷业对于利率范围规制较好，主要体现在两个方面：第一，实行利率统一标准的做法值得学习，网络借贷平台对于平台上项目的利率规定包括所有借款人支出的部分，包括居间费用，有利于信息的透明化，尤其对于我国当前网络借贷平台不当提高居间费用来变相提高借款人融资成本，绕过利率上限的做法可以起到借鉴作用；第二，英国的立法有利于低利率形成，英国对于借贷管制比较宽松，并且金融市场体系健全，立法成熟，对于借贷市场没有很高的利率标准，立法的宽松会吸引更多资本进入民间借贷业，形成低利率，使得英国在网络借贷业方面居于世界前列，其利率范围规定很透明和合理，利率也较低。

① OXERA and P2P FA, "The economics of peer-to-peer lending", September 2016, Accessed Feb. 7,2017. http://www.lendacademy.com/wp-content/uploads/2016/10/Oxera_P2P-report_FINAL.pdf.

三、法国的做法

(一)法国的做法

法国对于网络借贷业专门规定了相关的立法,同时对于网络借贷利率也进行了特别的规定。

1. 网络借贷可以有息也可以无息

法国政府于2014年5月30日颁布了《参与性融资条例》(以下简称《条例》),专门规范众筹平台,《条例》于10月1日正式生效。法国将网络众筹分为三种,分别是股权众筹、借贷众筹和捐助众筹。其中借贷众筹既可以是有息也可以是无息借贷,自然人为个人培训,自然人或法人出于职业目的所进行的借贷应当是有息贷款,而自然人其他目的的借贷,以及非营利组织的公益性借贷可以是无息贷款。①

2. 网络借贷利率必须固定

《条例》还规定网络借贷利率必须在平台提供的标准合同中明确约定,利率必须是固定的,在借贷期间内不能改变。②

3. 网络借贷利率有上限规定

《条例》第15条规定,网络借贷贷款利率固定,并不得超过《消费法典》第L. 313-3条所述利率的额度。③ 法国对于民间借贷利率一般规定不得超过33%,但也有对于不同合同的区别对待。④

---

① 顾晨:《法国众筹条例正式生效》,载《互联网金融与法律》2014年第8期。

② ACPR and AMF, "S'informer sur le nouveau cadre applicable au financement participatif (crowdfunding)", Publié le 30 septembre 2014. Accessed Nov. 23, 2015. https://www.amf-france.org/technique/multimedia? docId = workspace://SpacesStore/a784a82d-295c-4371-8d04-f9b51895d370_fr_3.0_rendition.

③ 《法国〈参与性融资法令〉》,顾晨译,载《金融服务法评论》2015年第1期。

④ Donato Masciandaro, "Why Shylock Can Be Efficient? A Theory of Usury Contracts", *Kredit and Kapital* 3, Jan. 2002, p. 381.

(二)对法国做法的评析

1. 学者的评析

法国第一家众筹借贷平台 Unilend 的创始人以及首席执行官 Nicolas 认为,Unilend 的贷款利率上限为 10%,这对中小型企业来说是一个比较有竞争力的利率,并且这也给借款人相同水平的净利率,因为在其他市场风险更大的贷款可以获得更高的利率。① 实务中的人员认为利率有竞争力,说明法国网络借贷业利率是适合当前行业的,也与法国立法有关。

2. 笔者的评析

法国是重视网络借贷业立法的国家,同时也是全世界第一家规定网络借贷业利率的国家,说明法国政府对于网络借贷业的重视。另外,法国法对于网络借贷业利率也有明确规定,利率是网络借贷的核心要素,法国法对此明确规定,使得网络借贷业比较活跃,在欧洲国家网络借贷业发展国,除了英国处在领先位置外,法国网络借贷业也很活跃,这与其立法规范不无关系。网络借贷利率与传统的民间借贷利率有一定的区别,我国可以借鉴法国做法对网络借贷利率进行专门规定。

四、德国的做法

(一)德国相关的立法

1. 传统借贷利率的规制

很多人都尝试搜寻德国针对民间借贷利率进行直接规制的法律

① Therese Torris, "Nicolas Lesur of Unilend Talks Peer to Peer Partnership with Banks", Feb. 9, 2015, Accessed Jul. 14, 2016. https://www.crowdfundinsider.com/2015/02/62333-nicolas-lesur-of-unilend-talks-peer-to-peer-partnership-with-banks/.

条款,却都搜寻无果,但是没有直接规制的条款并不意味着德国缺乏对民间借贷利率的管制。因为德国对于民间借贷利率的规制是区别于事先立法的事后裁量,与上文美国法完全不同,即由法官事后在个案中根据具体案情确定借贷合同的利率上限,而不是由政府或法律在事前公布。①

《德国民法典》第 138 条第 1 款规定:“违反善良风俗的法律行为无效。”第 2 款规定:“特别是当法律行为系乘另一方穷困、没有经验、缺乏判断能力或者意志薄弱,使其为自己或者第三人的给付作出有财产上的利益的承诺与履行,而此种财产上的利益与给付显然不相称时,该法律行为无效。”②这一条款就是民法中经常提到的“公序良俗原则”和“显失公平”制度,法官针对具体个案通过裁量借贷双方订立的借贷合同所确定的利率是否违反上述原则和制度,认定该利率是否过高。在实践中,法官在个案中判断是否违背公序良俗,是否显失公平时可以将以下因素纳入考虑范围:市场的利率水平,借款人是否困窘急迫,借款人是否缺乏经验,其利益是否遭受巨大损失等,③一般来说是否暴利主要采用推定证明,为防止滥用推定显失公平而导致暴利条款,德国联邦最高法院(BGH)对其适用也作了限制,规定此条只适用于消费者合同(企业与消费者之间和消费者相互之间的合同),而不涉及商人、自由职业者或其他主体,后者仍然要证明暴利的存在。④ 德国学者 Lindacher 认为为了防止或减少违反善良风俗行为的发生赋予

① 廖振中、高晋康:《我国民间借贷利率管制法治进路的检讨与选择》,载《现代法学》2012 年第 2 期。

② MÜnchener Kommentar-Mayer/ArmbrÜster,2001, § 138Rn. 114 BGB.

③ Brian M. McCall,“Unprofitable Lending: Modern Credit Regulation and the Lost Theory of Usury”, *Cardozo Law Review* 2008(2),2008, pp. 549,590 - 593,601 - 602.

④ P. D. M. Winner, *Wert und Preis im Zivilrecht*, Vienna, Springer,2008, p. 215.

《民法典》第 138 条一般预防或“威慑”功能是必要的，因此，德国最高法院裁判案件会将构成暴利的高利贷合同认定为自始无效，而不仅是利息条款无效。①

德国对于民间借贷利率的规制是法律精神与具体实践相结合的产物，它最大的特点就是主观与客观结合，首先通过法官的自由裁量进行个案判断，其次在司法实践中有具体客观的利率上限标准供法官参考。它的另一特点在于对生产性企业借贷中的高利率认定标准较少，从而有别于消费性借贷，显得更为宽容。

2. 网络借贷业利率表现

德国的法律禁止高利贷，禁止借贷利率超出市场平均水平的两倍，P2P 借贷利率的上限为 16% ~18% 。德国的网络借贷消费贷款平台有关消费分期贷款竞争很激烈，主要是由于德国持信用卡消费不是很普遍，因此消费分期贷款并不普及，同时网络借贷平台价格竞争空间有限，银行当前无担保分期贷款的利率为 5. 7% ，网络借贷平台的有竞争性的价格空间并不多，因此网络消费信贷借款人不足是当前网络借贷业的一个典型问题。②

（二）对德国做法的评析

1. 学者的评析

德国对于民间借贷息率规制非常具有代表性，但其法律规制也受到了很多学者的批判，ClausLehmann 认为德国对于利率规制方式采主观和客观结合的模式很难适用于网络借贷业，因此，德国平台目前还没有形成网络借贷业二级市场，平台只能靠和银行合作，银行放款后

① Lindacher，Grundsätzliches zu § 138 BGB，ACP 173，124，128f.

② Claus Lehmann，The State of P2P Lending in Germany，https://www. altfi. com/article/0572_the_state_of_P2P_lending_in_germany，最后访问日期：2019 年 12 月 5 日。

将债权转让给平台,平台再将债权转让给放贷人,这样形成的利率并不能够直接反映网络借贷业市场利率水平,带来的结果是网络借贷市场的不充分发展。①

学者 Bunte 认为有关高利率结果全部无效规定不合理,合同整体无效会使债权人无偿提供资金给借款人使用,借款人会获得无偿使用资金的权利,会从无效合同中受益,此种规定显然也不合理。②

2. 笔者的评析

德国对于规制的主客观模式存在一些无法克服的弊端:

第一,由于缺乏客观的参照标准,往往导致法官在对某当事人所约定的利率高低进行评价时,没有统一的标准,对于网络借贷业中涉及众多小额放贷人的利率更加无法确定,使网络借贷业中的放贷人无法判断是否构成高利贷,如果构成高利贷势必会涉及众多公众违法。

第二,由于缺乏客观的参照标准,导致在个案中法官需要审查主客观要件,这种审查会加重法官的工作负担,不利于提高办案效率。

第三,由于缺乏客观的参照标准,借款人往往负有举证责任,即需证明存在高利借贷的主、客观要件,而这种过分加重当事人举证责任的做法,显然不利于保护弱势群体,对于网络借贷中的小额放贷人来说,因为其对于自己的贷款更多依赖平台,举证责任会更难。

第四,德国对于高利率合同全部无效的规定也不适用网络借贷业,高利率的无效会带来网络借贷业中大面积的放贷人权利受损,同时,无效不利于借款人项目的实施,会带来不能偿还本金的风险。

---

① Claus Lehmann, The State of P2P Lending in Germany, https://www.altfi.com/article/0572_the_state_of_P2P_lending_in_germany,最后访问日期:2019 年 12 月 5 日。

② Bunte, NJW 1983, 2674, 2676; Canaris, WM 1981, 978, 985f.

第三节　我国法的立场及存在的问题

一、我国现行法的立场

(一)利率规制法

我国对于网络借贷利率规制的主要法律包括一般法和特别法。一般法律第一个是1999年《合同法》第211条第2款规定:“自然人之间的借款合同约定支付利息的,借款的利率不得违反国家有关限制借款利率的规定。”第二个是2015年9月1日最高人民法院颁布的《最高人民法院关于审理民间借贷案件适用法律若干问题的规定》第26条规定:“借贷双方约定的利率未超过年利率24%,出借人请求借款人按照约定的利率支付利息的,人民法院应予支持。借贷双方约定的利率超过年利率36%,超过部分的利息约定无效。借款人请求出借人返还已支付的超过年利率36%部分的利息的,人民法院应予支持。”

对于网络借贷利率目前没有特别制订法,只有最高人民法院的一个司法解释里面提到网络借贷利率,2017年8月4日《最高人民法院关于进一步加强金融审判工作的若干意见》印发,在第2条第7项中规定,网络借贷信息中介机构与出借人以居间费用形式规避民间借贷利率司法保护上限规定的,应当认定无效。

(二)我国民间借贷利率法律规制的现状

2015年《最高人民法院关于审理民间借贷案件适用法律若干问题的规定》第26条中有关民间借贷利率的规定又被称为“两线三区”:第一条线为年利率24%;第二条线为年利率36%,通过这两线,将民间借贷利率划分为三个区域,24%以下是司法保护区,36%以上是绝对无效区,24% ~36%是自然债务区。

我国现行“两线三区”的规定又被称为“软硬上限相结合”的利率规制模式,24%为软上限,可以相对突破,36%为硬上限,绝对不允许突破,与上文我国香港特别行政区的规定有些相似。软硬上限相结合的模式也属于固定上限模式,不同于浮动上限模式。

二、现行法存在的问题

(一)学者层面的问题

我国学者对于网络借贷利率的评价主要集中在六个方面:

第一,有关隐形利率的评价。冯果认为网络借贷业存在变相高利贷嫌疑,投资人除了收到借款人支付的利率外还收到平台所谓的“奖励利率”,两项相加会超过我国法律规定的民间借贷利率上限。[①] 江苏省高院民二庭课题组对于网络借贷进行了调研后发现网络借贷业存在高利率现象。网络借贷平台中的借款人需要支付的费用包括:充值费用,借款人在线充值的,将收取0.1%手续费;提现费用,借款人提现,每月前5笔手续费由平台承担,超过5笔部分由平台代收每笔1元的提现手续费;信贷审核费,按实际发生的成本支付;借款管理费,按有无担保、借款缓急等划分不同的收费标准,最高可达每日2‰。[②] 学者们对于网络借贷中的借款人的借贷成本之高,隐形利率普遍存在及高利率给予了批评。

第二,有关利率的影响因素。郑迎飞等学者认为平台投资人因素会影响利率,借款期限显著影响借款利率,银行背景、国资背景、上市

---

① 冯果、蒋莎莎:《论我国P2P网络贷款平台的异化及其监管》,载《法商研究》2013年第5期。

② 江苏省高级人民法院民二庭课题组:《互联网金融纠纷民商事审判实务问题研究》,载《法律适用》2016年第1期。

公司背景或 VC/PE 背景可以降低平台利率，网贷平台对客户资金实行第三方存管有利于降低利率，网贷平台提供的保障方式可显著降低借款利率。① Freedman 和 Jin 对于美国网络平台 Prosper 的借贷样本进行研究，发现具有较多社会链接的借款人更容易得到较低的利率。② 网络借贷利率有许多因素影响，有投资人自身因素，包括信用因素、人际关系因素等，也有网络平台因素，平台优劣会影响利率，平台投资人或管理人也会影响利率。

第三，对利率上限规制态度。贺绍奇认为我国民间借贷利率上限管制目标定位错误，我国民间借贷利率的法律规制目的停留在维护社会秩序、维护金融秩序而不是保护消费者。③ 廖理等认为由于存在利率上限限制，我国 P2P 市场利率是非市场化的。在这种非利率市场化的环境下，利率仅仅反映了部分借款人的违约风险，因此，立法的目的需要转变，不仅是只为了经济秩序更要为了消费者个人利益。除此之外，其还强调要区分消费信贷和商业信贷，他认为强制性的利率上限管制作为经济调控手段不合法，政府要对贷款利率进行强制性干预，就必须对利率管制的合法性作出新的诠释，对利率管制目标重新定位。④ 学者们对于我国民间借贷利率实行客观硬上限都持批判意见，认为不符合市场化利率要求。

---

① 郑迎飞等：《中国 P2P 网贷利率决定——基于跨平台横截面数据的实证研究》，载《当代财经》2017 年第 4 期。

② Seth M. Freedman, Ginger Zhe Jin, "The Signaling Value of Online Social Networks: Lessons from Peer-to-Peer Lending", *National Bureau of Economic Research* w19820, January 2014.

③ 贺绍奇：《利率自由化条件下民间借贷利率监管法律机制重构》，载《中国市场》2015 年第 18 期。

④ 参见廖理、李梦然、王正位：《聪明的投资者：非完全市场化利率与风险识别——来自 P2P 网络借贷的证据》，载《经济研究》2014 年第 7 期。

第四，放债人利率立法规制。高圣平、申晨认为，对于放债人借贷，其利率规制应由专门性法规单独加以规定，不适用一般民事主体和商事主体的借贷利率上限。[①]

第五，有关利率是否区分生产性和消费性借贷的争论。对利率是否要按用途区分生产性和消费性借贷，目前学者们存在争论。

支持按用途区分利率的学者们有两个理由，一是认为两者目的不同。强力认为生产性借贷用于营利，而消费性借贷用于生活，应该予以区别。[②] 二是各国都有区分实践做法。蒋爱群认为，在世界各国，生产性借贷和消费性借贷普遍利率水平不同，美国借贷市场的生产性借贷利息率维持在 6.19%，其消费性借贷的利息徘徊在 7.5% 与 10% 之间，美国通过确立"企业法人除外原则"区分生产性和消费性借贷，这一原则的出发点在于企业这样一个"经济人"，往往会通过成本与收益的衡量，通过利益权衡，做出是否接受较高利率的决策以最大限度地维护企业利益，这一原则的目的就是鼓励实业发展，促进实体经济稳定发展。[③] 德国在司法实践中对于消费性借贷认定为高利率的标准较低，而对于生产性借贷，有可能在约定利率达到一个极高水平时也不认定为高利贷，因为生产性借贷需要纳入考虑的因素更多。

反对民间借贷利率按用途区分的学者认为对民间借贷进行分类只能停留在理论上，在实践中做不到完全区分，因此不如不做区分，按

---

① 高圣平、申晨：《论民间借贷利率上限的确定》，载《上海财经大学学报》2014 年第 2 期。

② 强力：《我国民间融资利率规制的法律问题》，载《中国政法大学学报》，2012 年第 5 期。

③ 蒋爱群：《法制经济学：经济转型和法制改革》，中央编译出版社 2012 年版，第 442 页。

照统一的标准规制。刘卫锋指出对于某些群体生产和消费是一体的，根本无法区分，比如农民在农村生活中既是生产主体又是消费主体，生产性借贷所产生的现金流可以用于生活消费，同时，当农户进行消费借贷时，对生产性用途的界定一定程度上又将挤压农户的借贷需求①。王林清同样也认为尽管世界各国对于民间借贷利率多有按用途进行规制的做法，但我国目前并不适合，一是高利贷在民间借贷中并不多见，二是司法实践对于用途不好区分，三是统一规定更符合我国民商合一体例。② 因此，许多学者认为法律对民间借贷类型进行区分后在实践操作中会非常困难，而且本身对借贷类型进行区分就需要考虑不同情况不易操作。

学者们对于利率是否要区分用途来设置生产性利率和消费性利率意见还不一致。

第六，高利贷是否应入刑的争论。我国现阶段没有将高利贷入罪，但是关于高利贷是否入罪的问题在法学界一直有着激烈的讨论，持肯定观点的学者提出了以下几点理由：孙昊、陈小炜、李德仁认为高利贷符合犯罪构成要件，根据我国《刑法》第 13 条的规定，放高利贷行为与犯罪行为的三个基本特征即具有社会危害性、具有刑事违法性和具有应受惩罚性不谋而合。③ 徐德高等认为《刑法》应区分一般民间借贷和职业放高利贷行为，对于一般民间借贷，由于其没有扰乱国家金融秩序，不具有社会危害性，应属民事法律调整领域；而职业放

---

① 参见刘卫锋：《农村信贷需求与农村金融改革创新》，载《湘潭大学学报》（哲学社会科学版）2009 年第 1 期。

② 王林清：《民间借贷利率的法律规制：比较与借鉴》，载《比较法研究》2015 年第 4 期。

③ 孙昊、陈小炜、李德仁：《对放高利贷行为基本理论及入罪合法性的研究》，载《中国集体经济》2010 年第 33 期。

高利贷,具有严重的社会危害性,扰乱国家金融秩序,应予以犯罪化,因此,应增设职业放高利贷罪,以加大对非法贷款活动的打击力度。[①] 龚振军认为,高利贷罪惩罚的重点是恶意放高利贷,并牟取暴利的行为,因此,只要行为人以牟取暴利为目的,并有乘人之危,利用对方轻率或无经验贷以款物的,就应构成高利贷罪;如果行为人明知借款人进行非法活动,而予以高利贷的,则可作为其他犯罪的共犯论处。[②]

持否定观点的人则提出了以下几点理由:邱兴隆认为民间高利贷行为不违反"国家规定",不具有《刑法》意义上的非法性;另外,从应然的角度来看,民间高利贷犯罪化有违契约自由与意志自治的基本精神,民间高利贷作为一种契约行为,只有在损害他人或社会利益的前提下,才应该是不自由的,也只有在此前提下,才有《刑法》介入的余地与必要,因此,民间高利贷应当非罪化。[③] 付丽芳认为民间高利贷没有侵犯我国《刑法》所保护的法益,不具有应受《刑法》处罚的社会危害性。首先,民间高利贷没有对借款方的法益造成侵害;其次,民间高利贷也没有侵犯我国《刑法》所保护的国家的金融秩序。[④] 除此之外,许多学者认为民间高利贷并没有人们描画的那么可怕,比如经济学界已经开始为民间高利贷正名。如陈志武在《反思高利贷与民间金融》中得出了高利贷刺激区域经济发展的结论。[⑤]

---

① 徐德高、高志雄:《增设"职业放高利贷罪"确有必要》,载《人民检察》2005 年第 18 期。

② 龚振军:《民间高利贷入罪的合理性及路径探讨》,载《政治与法律》2012 年第 5 期。

③ 邱兴隆:《民间高利贷的泛刑法分析》,载《现代法学》2012 年第 1 期。

④ 付丽芳:《民间高利贷不应当入罪》,载《法制与社会》2009 年第 12 期。

⑤ 陈志武:《反思高利贷与民间金融(上)》,载《北方经济时报》2005 年 8 月 10 日,第 7 版。

对于高利贷是否入刑，学者们意见还不一致，还存在争论。

（二）笔者层面的问题

我国现行的相关规定存在着进步之处。具体说来就是：

第一，现行规定扩大了意思自治的范围。现行的规定将民间借贷利率上限确定为36%，即凡是36%以下的利率都是合法的，法律可以不予管制；而过去的4倍上限通常保持在24%左右，因此过去规定的上限大致在24%。与过去的上限相比较，现行规定一下提升了民间借贷利率的上限，这也意味着双方当事人可以约定的范围增加，意思自治的空间也大幅提高。

第二，软上限的规定具有人性化。24%的利率上限可以视为国家对于当事人的建议，确定利率时最好在24%以下，但是24%只是一个软上限，为了适应不同条件不同状况，实现实质上的公平是可以突破的。同时也应认识到24%的软上限本质上仍然是上限不得任意突破，因此将超过软上限的债权的部分权能剥夺。通过设置一个软上限既能考虑到特殊情况做出变通，又能有效监管高利贷，稳定金融秩序，因而更加的人性化。

第三，实行利率固定上限可操作。过去的民间借贷利率上限以银行同期贷款利率为基础浮动，因此当事人为避免高利借贷必须先查找银行同期贷款利率，公众得不到明确的指引，非常不便于双方确定借贷合同利率；现行规定是固定上限模式，规定超过36%的民间借贷部分无效，向借贷双方指明利率必须不超过36%，因而更加的方便，清晰明了。同样在司法操作中，固定的上限利率相比于过去以银行同期贷款利率为基准的浮动利率更方便于法官在审判中的具体运用，现行规定取消了将利率上限同银行利率相挂钩，通过直接将利率上限同借贷本金挂钩，使民间借贷利率标准更加明确，易于操作。

第四,对于违法后果进行了细化。过去的《意见》中规定超过利率上限则法院对该部分利息不予支持,对“不予支持”的理解学界产生了分歧,有的理解为自然债务即具有保持力不具有请求执行力;有的将4倍上限理解为强制性规定,即超过上限部分利息无效①。新规定直接表明超过36%部分的利息无效,相比于过去4倍上限的规定在法律后果上得到细化,更加的具体清晰,不会再产生分歧。

尽管我国有关网络借贷利率立法存在着进步之处,但相关立法还是存在问题,这些问题分述如下:

第一,网络借贷还存在期限错配来不当降低利率的情况。由于期限长短会影响利率,期限越长风险越大,利率会越高,而期限越短风险越小,利率会越低,当借款人进行长期限借款时,网络平台为了能获取更高的利润,会将期限进行拆分,将一个长期的项目拆分成发行期限短的几期项目,这样会造成利率降低,但也会造成到期后借款人无力还款的状态,造成高违约率。

第二,网络借贷存在高利率。江苏省高院民二庭对于网络借贷进行了调研,发现网络借贷平台中的借款人借贷成本普遍较高,P2P平台为占领市场,获取利润,往往以高利率借款标的吸引出借人投资,背离互联网金融压降融资成本的初衷,有的甚至远超正常借款人承受能力。以江苏网络借贷平台为例,2015年6月,P2P综合利率达20.29%。② 美国财政部2016年5月发布的网络借贷市场调研报告显

① 孔繁灵、赖见兴:《债务人能否要求债权人返还超过银行四倍利率部分的利息?》,载中国法院网:http://jxscfy.chinacourt.org/article/detail/2014/8/id/2750725.shtml,最后访问日期:2014年8月12日。

② 江苏省高级人民法院民二庭课题组:《互联网金融纠纷民商事审判实务问题研究》,载《法律适用》2016年第1期。

示,借款人最不满的第1项就是70%的企业认为借贷利率过高。[①] 但事实上美国最大平台Lending Club 60个月以上的贷款年利率大概是7.99%,72个月以上的贷款年利率大概是8.99%。[②] Prosper平台贷款利率在年利率5.99%~36.00%,根据每个借款人的信用不同而不同。[③] 2017年8月4日最高人民法院印发《关于进一步加强金融审判工作的若干意见》,在第2条第7项中规定,网络借贷信息中介机构与出借人以居间费用形式规避民间借贷利率司法保护上限规定的,应当认定无效。依法严厉打击涉互联网金融或者以互联网金融名义进行的违法犯罪行为,规范和保障互联网金融健康发展。此种规定说明网络借贷业利率存在变相提高的现象,最高人民法院虽然有相关司法解释出台,但此条只是规定网络借贷中介机构与借款人间的行为,网络借贷是借款人与放贷人之间的行为,网络借贷中介平台收取高额居间费用会间接提高借款人的融资成本,改变利率由借贷双方来决定的传统做法,而且由于网络借贷上的借款人多是被正规金融排除在外的主体,为了融资成功,其对于网络借贷平台的要求只能答应,可见网络借贷业利率与传统的民间借贷业利率影响因素有不一样之处。

第三,利息范围的界定还存在问题。正如美国联邦所强调,所有的费用应都属于利息范畴,否则会带来利率上限的规避。我国网络借贷当前也存在此类问题,实践中很多网络借贷业务会将利率与居间费

---

① U. S. Department of The Treasury, "Opportunities and Challenges in Online Marketplace Lending", May 10, 2016, Accessed Aug. 21, 2016. https://www.treasury.gov/connect/blog/Documents/ Opportunities_and_ Challenges_ in_Online_Marketplace_Lending_white_paper.pdf.

② Lending Club, "We offer financing solutions tailored to your specialty", Accessed Aug. 5, 2017. https://www.Lending Club.com/patientsolutions/.

③ Prosper, "Borrower Limits and Fees", Accessed Aug. 5, 2017. https://www.prosper.com/plp/legal/compliance/.

分开收取，看似利率很低，但事实上居间费过高，对此应如何规范，司法实践中有不一致观点，目前司法实践有三种观点，分别是：

第一种是不认定居间费为利息。居间服务费不认定为利息，可以事先扣除，即放贷人的借款可以直接扣除居间服务费后再交给借款人，借款数额按未扣除居间服务费前的本金算，实务中以“点融网诉李某案”为代表。[①] 本案中，原告上海点荣金融信息服务有限责任公司系提供借贷居间服务的有限责任公司，其拥有 www. dianrong. com 网站，2013 年 9 月 29 日，被告李某（会员号 93519）通过原告网站与会员号为 94702 的 264 人达成借款意向，借贷双方根据网站提供的格式文本约定：会员号为 94702 的 264 人共计向被告李某出借资金 50 万元，并约定了借款期为一年，还款方式为等额本息，同时约定了违约责任等事项，协议还约定，若借款人出现逾期还款 90 天或借款人在逾期后出现逃避、拒绝沟通或拒绝承认欠款事实等恶意行为的，全体出借人一致同意将本协议项下债权无偿转让给原告，由原告统一向借款人追索。协议生效后，全体出借人通过原告及第三方支付平台向李某放款 50 万元，但李某自 2013 年 12 月 30 日开始逾期还款，原告通过电话、短信方式进行催收均未果。2014 年 7 月 11 日原告通过电子邮件告知被告李某已受让出借人的全部债权。鉴于被告李某拖欠欠款本金、利息及罚息，原告遂起诉来院。被告李某辩称：1. 对借款事实及变更后的诉请金额予以认可；2. 原告平台预先从借款人处扣除了平台居间费，故对借款本金数额如何认定，请法庭酌定。法院认为，出借人与借款人的借贷法律关系和网络平台与借款人的居间服务合同关系是不同的法律关系，点荣公司基于居间合同从借款人处扣除居间服务费，属于平台与借款人之间的法律关系，并不能影响出借人的权益，故本

① （2014）黄浦民五（商）初字第 6199 号。

案中的居间服务费的性质不属于借款利息，借款本金以出借人实际借出金额 50 万元为计算标准，更符合合同的实质。因此，我国目前是不将网络借贷平台居间费用作为利息来对待的。

第二种观点认定居间费为利息。实务中也有认定居间费为利息，应该将居间费与给予放贷人的利息合并起来算利息的观点，以实务中江苏省高级人民法院的一个案件为代表，江苏省高级人民法院于 2015 年 8 月 10 日发布《江苏法院民间借贷案件审理情况》，公布了民间借贷十大典型案件，其中第 8 大案例为“P2P 平台为民间借贷提供居间服务，变相高额收费法院不予支持”①。本案中，2012 年 7 月，A 公司以“P2P 民间往来抵押公证借款”形式为出借人蒋某、借款人丁某提供 60 万元的理财服务。丁某以其所有的房屋抵押并办理了抵押登记，抵押权人为蒋某。A 公司每月按照借款金额向蒋某收取服务费、管理费共计 0.25%，每月向丁某收取咨询费、管理费、服务费各 0.5%。同时，丁某向 A 公司出具借条一份，借款金额为 72 万元，期限为 6 个月。丁某支付部分利息后，剩余款项一直未支付。借款到期后，丁某未按约归还借款，A 公司、蒋某持丁某出具的委托书将抵押的房屋直接过户至蒋某名下。因 A 公司就咨询费、管理费、服务费催要无果，故诉至法院。法院将咨询费、管理费、服务费等认定为金钱债务的利息及利息的变相形态，从而适用民间借贷的利率最高不得超过银行同类利率 4 倍的规则予以了调整，超出部分不予支持。

第三种观点未明确规定利率范围，只规定居间费过高会确认无效。2010 年 12 月 2 日，刘某与宜信公司签订了一份《信用咨询及管理

---

① 江苏省高级人民法院：《江苏法院民间借贷案件审理情况》（2015 年 8 月 10 日），载江苏法院网：http://www.jsfy.gov.cn/xwzx2014/xwfb/2015/08/10115039745.html，最后访问日期：2017 年 9 月 15 日。

服务协议》,约定的主要内容为:宜信公司为刘某提供信用咨询、信用评审、出借人推荐等系列信用管理服务,促成交易;刘某需要按照该协议的规定向宜信公司支付服务费,“服务费”是指因宜信公司为刘某提供信用咨询、评估、推荐给出借人、还款提醒、账户管理、还款特殊情况沟通等系列信用相关服务而由刘某支付给宜信公司的报酬;刘某同意在获得《借款协议》约定的借款资金的当日向宜信公司支付服务费99,850.07元,服务费由出借人在交付借款本金的当日一次性从借款本金中扣除,并由出借人代为交付给宜信公司,该服务费的交付以宜信公司开具的发票为准。2010年12月2日,唐某与刘某签订一份《借款协议》,约定主要内容为:唐某出借给刘某借款本金数额为人民币(以下币种均为人民币)299,850.07元,月偿还本息数额为14,160.93元,还款分期月数为24个月,自2010年12月30日起到2012年11月30日为止,还款日为每月30日18时前;在该协议签署后,刘某同意及授权唐某将该协议第1条借款本金数额,在扣除刘某应交纳给宜信公司的服务费后支付到该协议第1条规定的刘某专用账号中;双方还约定了罚息和逾期违约金。2010年12月6日,唐某通过招商银行转账汇款给刘某20万元。庭审中,双方确认:借款期内利息按每年6.672%计算。自2011年3月起刘某未再还款,唐某多次向刘某催讨,但是刘某不予理睬。故唐某起诉至原审法院。原审法院及二审法院经审理后都认为,合法的借贷关系受法律保护。唐某与刘某之间的民间借贷关系,有当事人的陈述、《借款协议》、银行转账凭证,以及刘某还款的事实等证据证实,法院依法予以认定。现唐某、刘某均表示解除2010年12月2日签订的《借款协议》,属当事人之间的合意,且并无不当,法院依法予以准许。本案的争议焦点是唐某、刘某之间借款金额的认定,首先,根据《借款协议》《信用咨询及管理服务协议》的约定,唐某支付给刘某的到账金额为20万元,唐某支付给宜信公司服务费 99, 850. 07 元,庭审中唐某自称通过现金方式支付了上述服务费,宜信公司虽也认可收到上述服务费,并于 2010 年 12 月 6 日开具了服务费收据,2011 年 9 月 1 日补开了服务费发票,但唐某和宜信公司并没有提供上述服务费交付的其他相应证据,足以引起刘某对上述服务费是否“真正交付”的合理怀疑。其次,居间服务理应是居间人向委托人提供订立合同的媒介服务,但本案涉及的“服务费”约定却包含对借款人资信评估、督促还款等,更像是为出借人提供服务,也让人产生宜信公司在此借贷关系中“真正服务”对象的合理怀疑。再者,本案约定的借款金额是 299, 850. 07 元,而宜信公司收取的服务费是 99, 850. 07 元,比例竟高达 33%,同样让人产生服务内容与服务费不等价的合理怀疑。综上,刘某辩称唐某及宜信公司以收取服务费为名义获取高额利息,以合法形式掩盖非法目的,故本案的借贷金额应以唐某实际交付金额为准,即 20 万元。① 本案中尽管法院没有对居间费是否是利息作出明确界定,但从判决结果不认可高额居间费,而以实际借款金额为本金数据的判决来看,法院事实上将居间费作为利息来看,利息不得在本金中预先扣除,还有利息要遵守最高人民法院规定的法定利率规定,不能超过规定。

综上所述,网络借贷的利率到底如何计算,是包括居间费还是不包括居间费,目前处于不确定状态,司法实践裁判观点也不统一,对于网络借贷业的发展非常不利;同时,对居间费的性质界定还带来了法理上的难题,如果将居间费不作为利息看待,则居间费可能会过高而绕过民间借贷利率法定上限,如果将居间费用作为利息看待,则利息不能预先扣除,导致居间费用只能在规定的还款期限内偿还,这样势必会影响网络借贷中介机构的收费,影响其经营。

---

① 上海市第二中级人民法院民事判决书,(2013)沪二中民一(民)终字第 587 号。

第四,生产性与消费性借贷利率的重新检验。我国现行规定即2015年《最高人民法院关于审理民间借贷案件适用法律若干问题的规定》出于方便规制的角度考虑并未对这两种借贷利率上限做出区别规定,统一以36%作为最高利率上限,但不区分借贷类型统一划线的规制方式不利于规制生产性与消费性借贷。一般的生活消费与企业生产二者之间对资金的需求量、需求度差别很大,因而订立的利率差距也很大。对于生产性借贷而言,利率往往偏高,因为企业亟须资金流转供生产运作;消费性借贷用于生活消费紧迫性不大,资金需求量也不高,利率往往偏低,正如强力所提到的对二者统一划线将影响生产性借贷的存续,对生产性借贷应该更加宽容,允许适当提高[①]。除此之外,消费性借贷的风险远大于生产性借贷,对生产性借贷的利率规制应当更加宽松,现实生活中商业银行类别化的贷款策略便可证明这一点。商业银行认为消费性借贷主要是用于购车、旅游等耗损性以及奢侈性消费,因而不归还借款的风险很大,对消费性借贷一般都设定了更高的利率;而生产性借贷强调资金的流动性,会向银行连续借款,还款的积极性更高,不予归还的风险较小,因而贷款利率较低[②]。由此不难发现,生产性借贷和消费性借贷的利率水平相差较大,规制的强度也应当有所区别,现行的法律对二者统一划线的做法与实践不符,与规制的要求不符。

第五,硬上限的合理性探讨。

其一,硬上限的规定对中小企业融资的影响。目前我国的中小企业虽然数量巨大,但普遍生存周期极短,而资金问题一直是影响中小

---

① 强力:《我国民间融资利率规制的法律问题》,载《中国政法大学学报》2012年第5期。

② 冯禄成:《商业银行贷款风险管理技术与实务》,中国金融出版社2006年版,第125页。

企业生存的毒瘤，资金不充足无法融资就不能维持生产运营。而对于中小企业而言，从正规金融机构实现融资极难，民间借贷对其融资极为重要，而且大部分中小企业都只是短期的资金周转问题，因此民间借贷中的短期贷款是其最为青睐的融资方式。现行规定将36%设为利率上限，然而36%以上的利率在短期贷款中是普遍存在的，且中小企业是普遍接受的（高利压力远远比不上生存危机），现行的硬上限直接认定超过36%的利率上限无效扼杀了许多的短期借贷，中小企业寻觅短期借贷的难度提高，融资的途径变少，生存压力扩大，就利率管制而言，由于正规化利率低于市场价格水平，而民间金融又面临更高的融资成本，因此成本与利率的压力成为民间金融走向正规化的最大障碍，亦是其规避低利率而脱离硬法规制的主要肇因。[①] 在这个问题上国内一些学者同样提出了对"超过36%无效"这一规定的质疑，他们指出按照过去超过4倍上限为"自然债务"的规定，短期资金周转者尚有资金可寻，而现行规定认定超过36%即为"非法债务"，短期借贷市场因此被削减，利率上限的规定使短期资金周转者尤其是中小企业丧失了短期贷款的融资渠道。正如束姗、高凛所说的，超过36%的利率无效的规定存在漠视正常的、临时资金周转的市场需求问题[②]。由此可见，现行的硬上限的规定对中小企业的生存发展产生了严重的不良影响，具有不合理性。中小企业作为社会经济中最活跃的因子，对促进国家经济发展起着至关重要的作用，法律规定若威胁了中小企业的存续则必然需要调整。

其二，硬上限的规定对放贷人的影响。借款人信用及经济状况决

---

① 王兰：《民间金融的规制悖谬及其化解——一种软硬法规制路径的选择》，载《现代法学》2017年第3期。

② 束姗、高凛：《论我国民间借贷利率的法律规制——以新司法解释第26条为视角》，载《法制博览》2016年第30期。

定借贷利率,对于信用不好的借款人,设定高利率以实现风险补偿①。如果放贷人在考虑到风险补偿后提高了利率,虽然超过36%但却是非常合理的,且对借款人无任何不利,因为在这种情形下放贷人的利益很容易被损害。尽管对于借款人而言,付出36%的高利率并未损害其利益,但为了一己私利,借款人很可能利用36%硬上限的规定要求贷款人返还超过部分或者拒绝按照约定偿付超过部分,而且法律对借款人的主张是完全支持的。最终借款人以司法解释为武器的"违约行为"被放纵,贷款人原本合理的利益被损害,这样的结果未免有悖于民法的公平原则。

其三,固定上限模式与民法自治平衡。民法的产生与运作就是以尊重主体的自由意志为基础的,尽可能让民事行为有效,民间借贷本质上属于民事合同,《合同法》更是以尊重维护当事人合意为目的,因此在对民间借贷利率进行规制时应当同样站在保护自由意志的出发点上。借贷双方对于利率的规定并不会影响第三方,又不违背法律规定,理应尊重当事人的自由意志。从民法所维护的价值来看,平等自愿是民法的核心价值,借贷双方当事人对借贷利率的约定应是完全自由的,既有约定高利率的自由又有约定低利率的自由②。学者反复强调了民法自治基本精神对于民间借贷的重要性,但是"一刀切"的硬上限似乎生来就有着与意思自治原则相对立的违和感。通过36%的限制大量束缚了当事人的自由意志,且不提及超过36%在某些情况下经过法官衡量可以认为合法有效,意思自治的范围被死死的限缩,而利率作为民间借贷的核心,对利率所做的法律规制尤其应该

① 鲁人杰:《我国民间借贷利率法律规制研究》,西南科技大学经济法学2016年硕士学位论文,第15页。

② 岳彩申:《民间借贷规制的重点及立法建议》,载《中国法学》2011年第5期。

表现出尊重意思自治原则,而不是偏离意思自治原则。对比我国规定与德国的主观主义模式,何种更加尊重意思自治原则高下立见,一个民事规定如果将规制行为作为全部核心,无论其将金融秩序维持的多稳定,都不得否认其背离了基本原则的现实,民事规定违背了民法的基本原则就一定是不合理的、会被批判并最终淘汰的。实践中客观主义模式与民法自治基本精神相悖带来的"一刀切"的模式违背了利率市场化(在现实生活中,意思自治原则在民间借贷利率问题上即表现为利率市场化)。民间借贷利率市场化是根本。市场调整(市场化)与政府、法律干预的关系一直以来在经济学界被讨论不休,在民间借贷利率规制的问题上同样存在这样的一对矛盾,即让利率市场化完全由市场调整还是由政府直接强制干预?对于市场调整和政府干预的关系现在公认的答案是以市场调整为主,辅以适当的政府干预,唯有如此才能最大化地维护经济发展,同时维护市场稳定。利率市场化是市场经济发展的必然要求,现在的中国正处于经济快速发展的阶段,市场化改革是十八届三中全会《关于全面深化改革若干重大问题的决定》提出的的改革方向,因此利率市场化才是法律规定应该维护与引导的,法律强制性干预已经完全不合时宜。固定上限模式不符合利率市场化的发展方向。哈佛大学法学院教授 Cass Sunstein 认为监管者应避免"一刀切"(one-size-fits-all)的强制性规定,尽量通过间接地预设规定(carefully crafted default rules)来引导市场主体的行为,表达了对"一刀切"的固定上限模式的反对。并针对此认为对民间借贷利率规制时法律应该做温和家父,通过适当的管理去规制借贷双方订立的利率,而不能通过国家强制,因此提出了与"一刀切"模式相反的"温和家父主义"(soft paternalism)和"谦抑性监管”(humble regulation)理论。[①] 这两个理论得到应用的前提是顺应利率市场化的需要,再进行谦抑性的规制,即辅以适当的规制,在“一刀切”的固定上限模式下该理论是无法运用的,利率市场化是不能实现的。固定上限模式背离利率市场化本身即具有不合法性。我国现行规定仍然采用“一刀切”的强制性干预模式,不仅不符合利率市场化的发展方向,而且为了方便规制背离实际需要的做法本身也具有不合法性。采取“一刀切”的规制模式可以减少司法活动的成本与金融监管的成本,但成本的降低是以减少社会的总体福利为代价的[②],这种牺牲社会总体福利的做法本身就违背价值位阶原则,具有不合法性。正如贺绍奇所说,在市场化的条件下,政府任何以经济调控为目的对贷款利率进行的强制性干预都具有不合法性[③]。

第四节 网络借贷利率立法论

一、学者的立法论

学者们有关利率规制提出了以下一些建议:

第一,利率是监管的重点之处。冯果、蒋莎莎认为网络借贷业存

---

① Sunstein Richard H. Thaler, “Libertarian Paternalism Is Not an Oxymoron” *The University of Chicago Law Review* 70(4),2003,pp.1159 - 1202.

② 蒋卓含、卢建平:《调控民间借贷利率,降低企业财务成本引导经济“脱虚向实”发展——兼论2015年最高法关于民间借贷利率的司法解释》,载《生产力研究》2017年第2期。

③ 贺绍奇:《利率自由化条件下民间借贷利率监管法律机制重构》,载《中国市场》2015年第4期。

在变相高利贷嫌疑，因此应该加强对于网络借贷利率的监管。[①]

第二，司法实践对于隐形利率的限制。江苏省高级人民法院于2015年8月10日发布《江苏法院民间借贷案件审理情况》，公布了民间借贷十大典型案件，其中第8大案例显示："P2P平台为民间借贷提供居间服务，变相高额收费法院不予支持"，[②]由此可见，司法已经开始对网络借贷中借款人承担的利息和费用进行规制。

第三，区分借贷用途来实行利率管制。贺绍奇认为利率管制要区分消费借贷和商业借贷，利率管制的目的是保护消费者，因此要取消商业借贷利率，只对消费信贷利率进行管制。[③] 强力认为可以根据用途来区别利率，公民之间主要因为日常生活中资金紧张或临时性资金周转困难而发生借贷，这种借贷行为具有较强的互助性。在生产性借贷中，其借用资金的用途在于盈利。所以，生产性借贷的利率可以高于生活性借贷[④]。周耿、范从来认为应该对消费性借贷利率进行规制，他们经过对人人贷网贷平台2.5万笔借款研究后证实了消费性借款的利率要高于投资利率，而且对货币政策的敏感程度相对较低，因此对于消费性借款利率应该进行规制。[⑤] 高圣平、申晨认为，对于放债人

---

① 冯果、蒋莎莎：《论我国P2P网络贷款平台的异化及其监管》，载《法商研究》2013年第5期。

② 江苏省高级人民法院：《江苏法院民间借贷案件审理情况》（2015年8月10日），载江苏法院网：http://www.jsfy.gov.cn/xwzx2014/xwfb/2015/08/10115039745.html，最后访问日期：2017年9月15日。

③ 贺绍奇：《利率自由化条件下民间借贷利率监管法律机制重构》，载《中国市场》2015年第4期。

④ 强力：《我国民间融资利率规制的法律问题》，载《中国政法大学学报》2012年第5期。

⑤ 周耿、范从来：《货币政策对P2P网贷市场利率的影响研究》，载《中央财经大学学报》2016年第6期。

借贷利率应该区分生产性和消费性借贷，以及高利贷不入刑。①

第四，利率规制模式。景欣在规制模式问题上指出我国的民间借贷利率管制应该区分生产性和消费性借贷，同时，对于利率上限应该进行分类，不同地区实行不同的上限标准。② 高圣平等认为，当前利率上限规制可区分不同借贷主体而不同，对于民事借贷主体应该采用客观主义的硬上限标准来规制，对于商事借贷主体应该规定软上限，但可采用主客观标准来规制，法官可具体判断利率是否太高。③

从学者们观点来看，利率是网络借贷业中的重要之处，应该进行规制和监管，同时，利率上限的固定受到了学者们的一致批评，另外，利率是否区分用途进行规制还存在分歧，高利贷是否入刑也还存在分歧。

二、笔者的立法论主张

我国有关网络借贷利率规制可以从以下几个方面进行考虑：

第一，网络借贷利率专门立法。应该立法规定网络借贷利率，主要包括网络借贷利率范围、上限及用途等内容。还应该规定网络借贷利率为借贷利率和交给平台的管理服务费。网络借贷也属于民间借贷，民间借贷的借款人为了筹集到资金而支付的成本就是民间借贷的利率，我国法规定民间借贷利率上限主要是为了防止高利贷的出现，传统的民间借贷利率由借贷双方直接决定，没有其他成本，在网络借贷平台上，平台收到的服务费事实上也是借款人的融资成本，这一成

---

① 参见高圣平、申晨：《论民间借贷利率上限的确定》，载《上海财经大学学报》2014年第2期。

② 景欣、陆文辉：《我国民间借贷利率管制问题探讨》，载《法制与社会》2014年第30期。

③ 高圣平、申晨：《论民间借贷利率上限的确定》，载《上海财经大学学报》2014年第2期。

本也应该作为借贷利率统一考量。我国法应该规定网络借贷利率上限包括支付给借款人的利率和支付给平台的服务费,两者相加适用利率上限规定。同时,网络借贷利率上限应该区别设置。对于借贷双方来说如果愿意以24% ~36%的区间利率作为双方利率,而网络借贷平台收取的服务费用又是正常的,则以两者费用相加不超过36%算,这主要是基于借贷双方合法前提下的意思自治原则;对于网络借贷平台服务费用超过行业正常收取标准,导致借款人实际支付的利率超过36%的情形,则应该降低网络平台服务费用,以使其总和不超过36%;对于规定网络借贷平台收取的服务费用不应超过24%的,主要是基于网络借贷平台是专业机构,借款人需要借助其平台进行融资,网络平台会利用其优势来要求借款人提交高额服务费,借款人无奈会妥协,因此立法应该限制平台向借款人收取的服务费用超过24%。当然,为规范网络借贷业利率,不仅应该由法律规定,还应该由网络借贷行业协会出台行业收费标准,规范网络借贷平台收费标准,降低网络借款人融资成本,也变相保护投资人。

综上所述,针对我国现状,首先需要制定专门的民间借贷法,其次在该法中注意区分借贷类型,最后可以推行客观主义模式中的浮动上限模式,明确允许当事人根据具体情况做出变通,同时由各政府设立民间借贷机构调查收集民间金融市场利率水平,由政府定期公布指引当事人确定利率,为法官认定利率是否合理提供依据。

第二,网络借贷业中期限错配利率的规制。鉴于当前网络平台会通过期限错配来不当降低利率,立法应该禁止此种行为。网络借贷平台对于项目进行期限错配事实上是在变相设立资金池,期限错配包括将时间长的标的拆分成连续的几个短标,以及将投资人的到期资金约定为到期自动重复投标。对于将时间长的项目拆分成几个连续的、短的项目,事实上借款人是不变的,这样借款人可能会没有资金来还到期项目，会出现高利贷过桥资金来还网络借贷上低利率资金，这样会额外增加借款人的负担，可能会导致借款人还不了钱，使几个短期的项目都产生风险，期限错配会带来流动性风险。另外，对于约定放贷人到期后自动重复投标，这显然也存在问题，首先，这可能是一种变相期限错配；其次，有强迫放贷人放贷嫌疑，放贷人在一个项目到期后是否能够安全实现其权利存在不确定因素，对于一个已经出现风险的项目，让放贷人继续放贷显然会加大风险，即使没有出现风险，但放贷人对于是否有其他更好的项目选择，是否愿意继续原来项目，随着时间推移，会有不同的看法，事先约定到期继续重复投标会使放贷人意思表示不真实。因此，立法应该禁止网络借贷平台进行的各种能够导致期限错配的行为，用真实的期限来体现真正的利率。

第三，网络借贷业利率范围规制。立法应该对于利率范围进行明确规定，以保障利率的透明性和统一性。网络借贷市场应该是透明化的市场，对于利率应该规定统一标准更恰当，首先，应该规定居间费用等由借款人支付的费用是利率构成部分。居间费用作为利息组成部分，其在何时可以支取也是立法所要明确的问题。居间合同的居间方促成交易或提供交易的机会，促成交易的居间方有收取居间费的权利。网络借贷中介作为居间方提供促成交易的服务，其有权在促成交易时收取居间费，就是说在借贷达成时网络借贷中介平台可以先行收取居间费。居间费虽然作为利息组成部分，但居间费并不是给放贷人的，《合同法》规定利息不得预先在本金中扣除是指放贷人不得将利息在本金中扣除，网络借贷能够成功达成协议有两个法律关系存在，一是借贷法律关系，二是居间法律关系。这两种法律关系不同决定支付时间不同，利息应该是先借后还，居间应该是达成交易时支付。将居间费作为利息组成部分是为了规范网络借贷业统一利率标准，但本质上其是两种法律关系。另外，如果不允许居间费用先行支付，会使网络借贷平台获得利润时间推后,会影响其利润获得权利及造成相应的资金产生孳息方面的损失。因此,立法应该在明确居间费用为利息组成部分的同时,允许居间费用在借贷协议达成时予以支取。其次,应该对于利率构成部分进行信息披露。立法在承认居间费用为利息组成部分后,利息会由两部分组成,一是给放贷人的利息,二是给中介的居间费。由于这两者给付对象不同,故两者的资金收益也会不同,在利率不变的前提下,支付给中介的费用高,则意味着放贷人获得的收益少,反之,居间费用低,则放贷人收益高。放贷人的收益需要进行详细的信息披露,同时,居间费用高低不仅影响放贷人收益,还会影响收益的实现。尽管居间费用支付给中介平台,不支付给放贷人,但它仍然与放贷人有关系,居间费用过高,会加重借款人负担,这样会增加违约风险,居间费用的收取同样会影响放贷人权利的实现,因此借贷项目有关利率的信息披露,不仅要披露总的利率,还要披露放贷人的利率和中介平台的居间费率,这样才能使放贷人充分了解借贷项目的成本,判断借贷利率是否合理,这也是评判借款人实力的一个方面,对于信用好的借款人或者一个好的项目来说,借款人提供的借款利率肯定是低的,如果一个项目总的利率是高的或者居间费用是高的,就可能说明项目本身不太好或者中介平台可能有问题。充分的利率信息披露能够使放贷人更好地判断项目的可靠度及可行度。

第四,生产性借贷与消费性借贷的利率管制。应该区分民间借贷类型从而分开规制,具体理由如下:其一,任何一项民事制度的设立必须符合民法基本原则,如果违反民法基本原则,则表明该制度是不合理的。在是否需要区分生产性借贷和消费性借贷的问题上,支持方的理由是区别对待更加公平,反对方的理由则是很难区分,操作不便。公平原则在民法中是极为重要的原则,一切制度的设立都要以公平原则为出发点,对于生产性借贷和消费性借贷这两种区别如此之大的借贷,理应分开规制,更何况在其他行业(如银行业)已经纷纷区别对待这两种借贷的情况下,立法更应该做到合理地区别对待。除此之外,我国今后立法应注意吸收其他行业的经验,借助其他行业的数据经过咨询调查后详细地制定区别规制的方案,绝不能因为区分困难等理由就不做区分,更不能草草地区分,必须让分开规制的规定建立在科学充分的证据、数据之上。一个利率上限不仅是立法者心中的主观想法,更应是经得起拷问与深究的,是能够让公众信服,让各行各业都感受到制度带来的好处的。其二,民事领域和商事领域的规制方法不同,不宜统一规制。主要存在于商事领域的生产性借贷和主要存在于民事领域的消费性借贷在主体、调整范围等方面差别较大。民事领域主体主要是个人,调整公民个人之间的人身财产关系;商事领域主体主要是企业,调整企业之间的财产关系,即企业间的商事活动。民事主体在民事领域活动的目的多是日常的生活,而商事主体在商事领域活动目的则是实现资本的增值,因此商事活动与民事活动存在巨大的区别,规制的方式、程度、必要性都不尽相同。从法理学的角度来看,确有必要对生产性借贷和消费性借贷分开规制。

第五,利率上限的规制模式。应该对于我国利率上限进行改革,目前可推行浮动上限模式,最终推行主客观相统一模式。上文提到硬上限的规定具有不合理性,对短期贷款的存续进而对中小企业融资产生了不良影响,且极易损害贷款人利益,因此固定上限模式中硬上限的规定,即"超过36%无效"的规定必须修改,除此之外还有与民法自治基本精神相悖的问题,外国对贷款利率实行上限管制限制在消费信贷领域,其目的是要保护消费者免受高利贷的伤害。① 对于这两个问

① Karen E. Francis, "Rollover, Rollover: A Behavioral Law and Economics Analysis of the Payday-Loan Industry", *Texas Law Review* 88(3), 2010, pp. 611 - 638.

题可以通过规制模式的改变来解决。我国目前可以推行浮动上限模式,今后司法水平提高后再转变为主客观相统一模式。具体理由如下:其一,主客观相统一模式评估。主客观相统一模式即首先由国家用通过科学的调查、数学模型的推算发布一般民间借贷利率上限,同时区分生产性借贷和消费性借贷,分别设定利率上限;其次,在司法审判过程中对于超过上限的民间借贷利率,法官可以根据显失公平、公序良俗原则针对个案做出判断,认定该利率超过上限是否合理,实现个案公平。为了更好地在实际操作中运用法律原则断案,有学者还提出了在借贷区分性质的基础上根据各地经济发展、通货膨胀率、民间实际资金的价格水平因素制定一个可以供法官自由裁量的幅度的建议。主客观相统一模式中的主观主义模式不仅破除了"超过36%无效"这一硬上限,保留着短期借款存续的机会,保证了中小企业的融资,避免了贷款人利益受损,还最大化地保护了当事人的自由意志,维护了意思自治原则。客观主义模式则方便于法官实际操作,避免司法资源的浪费。发达国家中单纯的实行客观主义模式的国家有许多已经转变了规制模式开始融入主观主义模式(如英国),美国也呈现出改变的趋势,他们意识到了意思自治原则的重要性,不能与之相背离。在上文中已经提到单纯的主观主义模式与客观主义模式都具有明显的优缺点,而将二者结合后可以实现有效互补,既不会造成司法实践中认定困难花费过高的问题,也不会漠视意思自治原则,背离利率市场化,过分地限制当事人的自由意志,因此主客观相统一的模式一定是我国利率规制模式的最终方向。其二,浮动上限模式评估。该模式可以避免硬上限的不足,但难以迎合意思自治原则。首先,推行客观主义模式中的浮动上限模式,即对于36%的利率上限允许双方当事人在约定利率时适当调整,而非一律规定超过利率上限无效,因此可以有效解决固定上限模式中存在的问题。在实际操作中,可按照法国做法由法律设定一个一般利率,但同时明确规定此利率上限是可以根据具体情况做出变通的,是可以由当事人围绕此上限根据借贷类型等做出适当调整的,即使超过利率上限但若双方完全自愿履行,那么法律同样认可利率的合法性。其次,借鉴比利时定期公布利率的做法,在我国由于不同地区利率水平相差较大,可以在各省设立民间借贷登记服务中心等专门的民间借贷机构,由其调查该地区该时段的民间借贷利率水平,上调或维持法律所设定的上限并交由政府定期公布(注意要区分生产性和消费性借贷)。这样做除了可有效保护一部分短期借款,维护中小企业融资外,还可以让当事人及时地了解目前该省民间金融市场的利率水平,一方面可以让双方预测到订立合同时确定的利率是否较高,从而在合同中确定一个合理的利率;另一方面对于突破一般利率上限的民间借贷,法官可以根据该省发布的实时民间借贷利率水平判断当事人合同中确定的利率是否偏高,不仅操作简便,而且做出的判断是依据科学的数据,判决结果更加准确也更能获得大众的认可。针对这一问题,我国有学者提出了从“两线三区”回归“一线两区”的观点①,这里的“一线两区”即只规定一条36%的利率上限,同时设定利率上限为软上限(因为当36%为软上限后,24%的软上限也失去了设定的意义),超过部分具有保持力。“一线两区”与浮动上限模式有异曲同工之妙,浮动上限模式同样只设定一个利率上限,此时无论是“一线两区”还是浮动上限都可以保证超过36%的短期借贷具有合法地位,有效地维持了短期借贷的生存。但同时需要强调二者之间仍然有差别,浮动上限模式与“一线两区”的差别在于在当事人达成合意在36%的利率上限之上确定利率时,如果借方拒绝偿付超过部分利

① 束姗、高凛:《论我国民间借贷利率的法律规制——以新司法解释第26条为视角》,载《法制博览》2016年第30期。

息，贷方可以诉诸法院，由法院核查民间借贷机构针对双方订立的该种合同，在合同订立时段公布的利率，如果双方订立的合同利率低于民间借贷机构公布的利率，则虽然超过36%的利率上限仍然可以支持贷方的诉讼请求，判令借方支付利息。相比于“一线两区”中超过部分没有执行力、请求力的规定，浮动上限模式更为合理，不仅可以同样有效地维护短期借贷的存续，还可以更有效地保证贷款人利益。然而，客观主义模式尤其是固定上限模式有着不可改变的缺点就是偏离意思自治原则，不符合利率市场化的发展方向，甚至客观主义模式中的浮动上限模式都需要政府定期公布法定利率上限，难以融入意思自治。因此在意思自治的问题上，浮动上限模式作为一种单纯的客观主义模式具有不可避免的劣势。其三，我国当前模式的选择。目前我国的模式是客观主义模式中的固定上限模式，不难理解客观主义模式容易制定，容易操作，而主观主义模式要想融入进去不仅司法资源耗费较大而且对国家司法水平提出的要求很高，当司法水平未达到一定高度时就急于融入主观主义模式只会弄巧成拙。目前我国的法官水平参差不齐且习惯于依据具体的法律规定断案，对于运用笼统模糊的法律原则断案，大部分法官还不具备这样的水平，因此要想让每一个个案都实现实质公平，我国的司法水平还需要大幅度的提高，才能将差别化的利率管制制度予以安排，以提供更灵活的利率浮动范围。[①]

浮动上限模式尽管不能融入法官的意思自治，但考虑到我国目前的司法水平及固定上限的不合理性，它是目前最适合我国的规制模式。但它偏离意思自治原则、利率市场化的现实目前是难以改变的，需要经过时间的沉淀等各方面条件具备后，再将主客观相统一模式推

---

① 参见王兰：《民间金融的规制悖谬及其化解——一种软硬法规制路径的选择》，载《现代法学》2017年第3期。

行之后才能改变这一现状，期望这一最优模式能够早日实现。

第六，网络借贷高利贷不入刑重述。高利贷不应入罪。其一，刑法具有谦抑性，在可以通过其他法律规制时就不应该用刑法规制，能够用民事行政手段处理的问题就要优先适用民法和行政法，刑法只是在穷尽其他法律手段之后的最后保障，刑法强调严重的社会危害性，围绕高利贷是否具有严重社会危害性这一点不同学者有不同的观点，“刑为盛世所不能废，而亦盛世所不尚，”这句话可以表明刑法的谦抑性，但中国刑法对于金融犯罪的配刑明显过于苛刻。① 在学界还不能普遍认可高利贷对金融秩序有严重侵犯时，着实不应该将高利贷入罪，如果此时对高利贷行为定罪量刑确实会有违刑法的谦抑性。其二，高利贷所引发的行为不能等同于高利贷本身就是犯罪行为，不能因为高利贷可能引起危害人身安全的犯罪行为就认为高利贷有严重社会危害性，因为任何的民事行为都可能引起一系列刑事犯罪。高利贷引起的暴力追债，黑社会追债等问题可以通过故意伤害、非法拘禁等罪名处理。其三，目前对于高利贷的认定正在发生巨大的变化，什么是高利贷？超过多少的利率能算作高利贷？这些问题经过仔细的思考会发现根本就没有准确的答案，就好比为什么将成年划定在18岁一样，完全是凭借人的主观经验判断。目前对于通过年龄区别刑事责任的做法在法学界正经历着激烈的讨论，通过设定一个利率区分罪与非罪，这与刑事责任年龄问题有着异曲同工之妙，如果现在就通过设定一个最高利率上限将高利贷入罪了，这个利率设定的合理性一定也会成为争议的对象。除此之外，正如上文所说经济学界正在为高利贷正名，法学界也应当重新认识高利贷，重新认识高利贷的法律规制，

① 张建伟：《法律、民间金融与麦克米伦“融资缺口”治理——中国经验及其法律与金融含义》，载《北京大学学报》（哲学社会科学版）2013年第1期。

重新审视高利贷的危害性。在当今社会,高利贷已经不再是地主阶级剥削底层人民的野蛮工具,高利贷也不再完全是过去逼不得已而不得为之的手段,现在的高利贷往往是借贷双方自愿订立的,民间借贷利率是平等主体之间平等自愿协商确定的,不像民间借贷发展初期那样有强迫色彩。在经济学界为高利贷正名的过程中,经济学家茅于轼提出高利贷是社会创造的财富,是利人利己、利国利民的大好事,对经济繁荣有非常大的作用,茅于轼更强调民间借贷这个形式很好,避免高利贷最好的方法是鼓励大家放高利贷,而不是禁止,越禁止,利息率就越高。因此对高利贷的重新认识是必要的,尤其是在高利贷是否应当入罪的问题上,只有重新认识了高利贷后,才能评价出高利贷是否符合刑法中应当入罪的标准。除此之外,如今的借贷双方可以说是越来越理性,越来越符合传统经济学所谓的"经济人"标准,为了取得一段时间的资金占用权需要付出多大的利息代价是需要当事人自己具体分析、判断的,而不能简单地由法律统一划定,无可否认,法律划定一个利率上限是在保护当事人,但也不能否认,这样的一种绝对保护不是对部分人自由意志的侵犯。目前我国采用固定上限模式对民间借贷利率进行法律规制,在这种模式下国家就好比牧民,公众好比牧民拥有的羊群,牧民为了保护羊群不会有生命危险用栅栏将羊群牢牢地关在里面,我们可以深刻地感受到牧民对羊群的关爱,但我们也必须看到牧民设置的疆域是固定的,没有任何扩大的余地,这何尝不是对羊群自由的剥夺呢?如果有一天一只羊看见了羊圈外有一片鲜美的嫩草而且没有任何危险却因为栅栏被困住了,这只羊会否埋怨这个栅栏设置的不合理呢?如今民间借贷已经逐步成熟,民间借贷的环境也越来越安全,再加上随着网络借贷的发展,开始尝试突破这一栅栏的羊儿越来越多,使得民间借贷的法律规制方式的思路需要重新定位,自由意志在与金融秩序博弈的过程中逐渐被重视,过去过多强调金融秩序的思路已经不再适应社会的发展。

综上,高利贷入罪问题现在支持方的观点还没有充分的依据,高利贷本身对于金融秩序的危害性究竟如何众说纷纭,急于将高利贷入罪的想法不符合立法的精神,因此现阶段我国实在不宜将高利贷入罪。

第五章　网络借贷监管法律规制

第一节　概说

一、网络借贷监管由来

金融体系中存在更加突出的信息不完备和不对称现象，导致即使主观上愿意稳健经营的金融机构也有可能随时因信息问题而陷入困境。然而，金融机构又往往难以承受搜集和处理信息的高昂成本，因此，政府及金融监管当局就有责任采取必要的措施减少金融体系中的信息不完备和信息不对称。①

2007年美国次贷危机爆发前，消费者主权理论并未受到金融监管部门的重视，金融监管以微观审慎监管为主，更多强调对金融机构的单体或系统性风险防范，侧重于金融机构在稳健经营和风险防范方面的能力，把金融消费者保护放在次要位置，②美国2008年的金融危机爆发后，人们纷纷批评金融监管，指出由于金融监管跟不上而导致的问题，尤其提出其对金融消费者保护不足的问题，包括美国、英国在内的金融强国，也不得不从金融危机当中吸取深刻的教训，调

① 王霞：《论金融监管的理论基础》，载《社科纵横》2000年第5期。

② 岳彩申、张晓东：《金融监管制度发展的新趋势：消费者保护与审慎监管的分离》，载《上海财经大学学报》2011年第3期。

整自己的监管方式。[①] 在此情况下,美国开始重视金融监管,尤其是新兴领域的金融风险防范,因此美国证券交易委员会(SEC)于2008年率先要求平台Prosper进行整改,要求其按照证券发行要求到SEC进行登记注册并接受其监督。美国是世界上第一个提出对于网络借贷业进行监管的国家,至此,拉开了世界各国对网络借贷业的监管序幕。

我国民间借贷网络服务平台自其产生到2015年7月18日,一直处于监管真空状态,没有监管机构对其监管,尽管对于P2P平台的法律地位,理论上一直认为其涉嫌非法经营,有非法集资嫌疑,但从这个行业快速发展状态来看,体现了市场对资本的需要,与其对其取缔,还不如使其合法化,增加对其的监管。著名法学家伯尔曼在其经典名著《法律与革命》中所言:法律必须被信仰,否则形同虚设。[②] 民间借贷网络服务平台监管一样是确定规则,使人们在一种规则文化下自由放贷,这样才会更安全、有效。《十部委指导意见》,将P2P行业纳入监管范围,但对平台归谁监管及监管职责都没有具体明确规定,正因为没有监管,才出现了很多问题平台。

二、监管必要性

(一)社会公益利益存在

网络借贷中羊群效应存在的很大原因是信息不对称,[③]如果信息对称,合格投资者会进行自我评判,排除外界的干预。美国对民间借贷

---

① 参见黎四奇:《对后危机时代金融监管体制创新的检讨与反思:分立与统一的视角》,载《现代法学》2013年第5期。

② 胡旭晟:《法学:理想与批判》,湖南人民出版社1999年版,第229页。

③ Haewon Yum, B. Lee, and M. Chae, "From the Wisdom of Crowds to My Own Judgment in Microfinance Through Online Peer-to-peer Lending Platforms", *Electronic Commerce Research & Applications* 11(5), 2012, pp. 469 – 483.

网络服务平台的监管主要体现在要求平台备案登记及向公众披露相关信息,这体现了其对放贷人等社会公众利益的保护。美国各州对放贷人进行资格限制和投资金额限资,旨在使放贷人做个理性的合格投资人,以免在发生风险时对其家庭和生活产生重大影响,同时从利率上限制,使放贷人做个理性放贷人,不会因为借款人开出无限高的利率,便因利驱导,盲目放贷。因此,美国对于民间借贷网络服务平台的监管的核心任务是为了保护社会公众利益,保护金融消费者权益。

(二)投资人利益保护

Krumme 和 Herrero 对 P2P 市场投资者偏好的分布进行了分析,他们发现投资者通常对高风险类别进行过多投资,在绩效方面呈现出次优。① 因此投资者逐利目标太重,会影响投资利益,需要对网络投资人进行保护。中央财经大学有关网络借贷监管立法建议稿提出网络借贷监管的宗旨为充分保护投资者的合法财产权益。② 站在投资人的角度,投资人对借款人的了解依赖平台提供的信息,平台要充分保证借款人信息的真实性,对投资人知情权的保护是交易产生的前提。美国两大网络借贷平台之一的 Lending Club 曾被曝在很长一段时间内对许多借款人的资料和信息未予验证,事后验证时,发现它们常常是不准确的。③ 这种状况会使投资人对平台失去信任,从而影响交易的数量。网络借贷服务平台上的借款人多为被银行拒绝的信用不太好或

---

① Katherine Ann Krumme and S. Herrero, *Lending Behavior and Community Structure in an Online Peer-to-Peer Economic Network* (paper represented at 12th IEEE International Conference on Computational Science and Engineering, Vancouver, BC, Canada, August 29 - 31, 2009), pp. 613 - 618.

② 中央财经大学《个体网络借贷(P2P)监管办法(学者建议稿)》专家组:《个体网络借贷(P2P)监管立法例及解读》,载《财经法学》2016 年第 1 期。

③ See Ron Lieber, "The Gamble of Lending Peer to Peer", *The New York Times*, Feb 5, 2011, at B1.

者收入来源无保障的借款人,这类借款人无法在传统银行申请贷款,在网络借贷平台上会毫无顾忌地去借款,甚至许诺高回报率,越是风险高的借款人越有可能进行大额借款,容易带来高违约率。美国Prosper从2006年2月开业到2008年10月16日被关闭,这期间有23.83%的借款人违约。① 这引起了美国证券交易委员会(SEC)的重视,要求其接受监管以保护投资人权益。信用良好的借款人是交易成功的基础,基于对投资人的收益保护需要对借款人信用情况进行监管。美国Lending Club规定,想要在平台获得贷款,借款人的Fair Isaac Corporation(FICO)评分必须高于660,并且借款人的债务与收入比不能超过35%。此外美国的征信体系较为完善,平台也会征求征信机构的意见,全面评估借款人的信用情况,充分保护投资者利益。

(三)新兴行业的规范发展

中央财经大学个体网络借贷(P2P)监管办法(学者建议稿)的专家组认为,网络借贷监管立法是保障监管部门的监管有法可依,促进监管活动规范化,提高金融资源配置效率。② 虽然平台的数量急剧增加,行业发展速度极快,但是平台问题不断,跑路、非法集资等问题层出不穷,导致众多投资者对这个新兴行业失去了信心,为化解当前的经营风险,平台亟须加强监管。同时为保证P2P行业的健康运行,依靠更多的司法解释和规范性文件已是大势所趋,唯有如此才能够逐渐遏制住不断涌现的问题平台,推动P2P行业在法治的轨道上健康运

---

① 秦康美:《民间借贷网络服务平台监管:美国经验与中国路径》,载《江海学刊》2016年第5期。

② 中央财经大学个体网络借贷(P2P)监管办法(学者建议稿)专家组:《个体网络借贷(P2P)监管立法例及解读》,载《财经法学》2016年第1期。

行。Rate Setter 网络借贷平台的创始人兼首席执行官雷迪安·刘易斯(Rhydian Lewis)先生认为,监管一是有利于行业规范发展,能够使行业保护可持续发展;二是有利于获得客户的信任,增加客户对 P2P 行业的信任指数;三是监管驱逐了劣质 P2P 平台,有利于提升 P2P 行业形象。①

(四)网络借贷的金融属性

网络借贷能够将众多民间投资的资金汇集在一起,然后再借贷给他人,充分实现了货币融通功能,以及吸收社会资金功能,民间借贷网络服务平台尽管属于中介主体,但其能有效促进众多交易的产生,但借贷双方并不熟悉,如果平台自身出现问题,众多放贷方很难获取有效信息去向对方主张权利,而网络有示范效应,一旦有少数平台出现问题,会影响整个平台发展,给民间金融业健康发展带来隐患。金融本质就是货币资金的融资,具有大众性,因此网络借贷具有典型的金融属性,金融资源是国家稀缺资源,金融资源的分配需要法律予以设置,金融安全与否会影响经济的安全、民众的安全和社会的安定,金融监管已经成为各个主权国家的惯例。② 网络借贷的金融属性决定了其应该受到国家的监管。金融监管应该包括准入的监管、业务活动监管和退出监管,目前,我国对于网络借贷准入没有相关规定,退出监管制度也没有形成,监管机构还存在争论,监管职责还不明确,因此,对于网络借贷增加监管规制在当前非常必要。

(五)法律上的公平与自由

美国对证券发行实行注册制,这与中国的证券发行实行核准制有

---

① Rhydian Lewis(CEO and Co-founder of Rate Setter),"What Next for Peer-to-Peer Lending? —An Interview with Rhydian Lewis",*Boao Review* 45,Jul. 2016.

② 参见祁敬宇主编:《金融监管学》,西安交通大学出版社 2007 年版,第 52 ~56 页。

很大不同,在核准制下会由政府对市场风险进行第一遍过滤,政府会对发行的证券设置一些条件,诸如连续3年盈利、财务无虚假记载、3年内没有违法行为等,这样的条件设置并不能为投资者排除风险,有些企业可能在一定时期经营不好,或有违法行为,但这并不能代表其就没有投资价值,也不能代表其就不能改邪归正,对于高新技术企业来说尤为如此,其在早期营利性不是很好,但其也可能有高投资回报,同时这样的企业在早期经营可能并不规范,但这并不能说明它们在以后的经营中就都不规范。发行证券实行注册制,让投资者自己评判投资的证券,这样一方面,能让投资者对自己的投资行为有充分的主动性,另一方面,能够促进更多的新型事物产生和发展,使创新性企业有更多发展空间。当然注册制下的发行制度,需要让投资者获得充足的投资信息,这需要有完善的信息披露制度。美国SEC对P2P行业监管更多的就是对信息披露的监管。

(六)网络虚拟性

民间借贷网络服务平台提供的是一个虚拟空间,在这个空间中借贷双方并不真实见面,只是通过相关的信息披露来找到借贷双方,对于借款人来说这是一个非常有效率及体面的交易,因为其少了走进实体店面时被别人打量及评估的风险,不需要失去因自身条件差而不敢走进实体店的勇气,也不需要研究面对专业询问时心虚的反应,虚拟网络会让一个在实体店中不符合条件的借款人轻易走进来,而正常情况下其是不敢进入实体店提交借款申请的,这就是因为网络虚拟所带来的信息不对称导致的。对于民间借贷网络服务平台进行监管,把信用差的借款人排除出去就很有必要,美国信用体系很发达,每个借款人有个信用分数即FICO分数,通过设置信用评分及相应监管就能解除网络虚拟性缺陷。

三、金融监管演变

市场经济强调自由竞争,早期以亚当·斯密为代表的古典经济学家们强调市场应该奉行绝对自由运行机制,国家不应该对经济进行任何干预,国家对于经济而言应该充当着夜里的警察角色,但古典经济学家们的自由放任理论带来了经济发展严重过剩,财富和收入分配严重不对等,周期的经济危机不断爆发的问题。随着20世纪30年代资本主义国家的经济危机爆发,以凯恩斯为代表的现代经济学家们提出国家应该对经济进行调控,不能自由放任经济发展,而应该作为一把梳子去梳理经济中不通畅部分,他们强调国家应该是一只“看得见的手”,美国自1933年开始制定的《格拉斯-斯蒂格尔》法,以及之后陆续制定的相关法律确立了分业经营和分业监管机制。自此世界各国都开始对经济采取从自由放任到管控和相应监管的模式。金融也开始实行分业监管,分业监管主要针对不同机构进行监管,又称为机构监管,随着金融产品的不断创新,金融衍生品不断产生,分业机构监管会有很多空白区域,引起监管套利现象。[①] 因此,监管开始从机构监管转换为功能监管,功能监管(functional regulation)是在保留原有分立监管体制的基础上,对于相同的金融活动,监管机关可以穿透监管。[②] 金融监管初期以单一监管为原则,但随着金融混业经营,很多金融产品边界很难确定,单一的机构监管或功能监管已不适应市场需要,金融监管开始由单一监管变成综合监管,以英国为代表综合监管是将单一监管改成由金融服务局(FSN)统一综合监管,但综合监管又有问题,

---

① The Group of Thirty (G30), "The Structure of Financial Supervision: Approaches and Challenges in a Global Marketplace", *G30 Report* 2008, 2008, p. 34.

② 吴云、张涛:《危机后的金融监管改革:二元结构的“双峰监管”模式》,载《华东政法大学学报》2016年第3期。

由于其监管内容大多，内部仍然是按照行业进行划分，事实上仍然实行内部单一监管模式，①综合监管合并优势并不能真实显现出来。② 1995 年，迈克尔·泰勒（Michael Taylor）博士在《双峰监管：新世纪的监管结构》中提出了“双峰监管”（twin peaks regulation）的概念。针对当时综合监管的改革，泰勒博士指出了金融监管有两个目标：审慎监管和金融消费者保护。③ 双峰监管将监管分成审慎监管和行为监管（消费者保护和市场秩序维护），分别由两个监管机构进行监管，双峰监管能够防止监管交叉和空白，又能祛除综合监管弊病，防止监管目标冲突，④因此当今世界各国纷纷建立双峰监管模式，其中审慎监管又分为宏观审慎监管和微观审慎监管，宏观审慎监管由中央银行担任，微观审慎监管和行为监管分别由审慎监管机构和行为监管机构分别监管。

第二节　域外法的经验借鉴

一、美国的做法

（一）监管由来及现状

1. 金融危机发生

2008 年美国金融危机的爆发根源于次贷危机，即金融衍生品交易

---

① The Group of Thirty（G30），“The Structure of Financial Supervision：Approaches and Challenges in a Global Marketplace”，*G30 Report* 2008，2008，p. 36.

② See Treasury Dept（U S.），“The Department of the Treasury Blueprint for a Modernized Financial Regulatory Structure”，*Government Printing Office* 2008，March 2008，p. 141.

③ See Michael Taylor，*Twin Peaks：A Regulatory Structure for the New Century*，London，Center for the Study of Financial Innovation，1995.

④ See Michael Taylor and Alex Fleming，“Integrated Financial Supervision Lessons of Scandinavian Experience”，*IBRD Working Paper*，September 1999.

危机，美国国会在1999年通过《金融服务现代化法案》，结束了美国金融分业经营局面，美国金融进入了混业经营局面，金融业进入新的发展时代，但美国监管机构却跟不上新的业务发展需求，相应的监管措施与手段缺失，出现监管制度的漏洞，金融体系的风险逐步积累。[①] 金融危机爆发后，美国于2010年通过《多德—弗兰克华尔街改革和消费者保护法》，对于金融行业提出更严厉的监管要求，在此情形下，美国SEC开始关注新兴的P2P行业，进而对之提出监管要求。

2. 金融消费者权益保护

美国2008年的金融危机对投资者来说是个毁灭性事件，随着大量金融机构的倒闭，投资者手中的股票成为废纸，手中持有的债券及其他金融资产极度地缩水，因此对金融消费者保护就尤其重要。2010年美国金融改革法案除了要求对金融行业实行严厉监管外，还提出对金融消费者的保护，提出实行双峰监管目标，[②]并且还专门成立了金融消费者权益保护局（CFPB）来保护金融消费者权益，P2P行业的兴起使得金融监管机构开始关注新行业中的投资者保护，P2P平台卖出的权益凭证与美国证券法中的证券相似，因此美国SEC率先提出对这个行业的监管要求。

（二）监管立法

目前美国对P2P行业的监管是按行为监管方式进行的，对于放贷人（投资人）采用证券法律方面进行监管，这些法律包括1933年《证券法》，1934年《证券交易法》；20世纪60年代陆续出台的《诚实借贷行为法》《联邦平等信用机会法》《联邦公平信用报告法》《联邦公平债务催收

---

① 吴冶平等：《金融危机后的国外金融监管变化和影响》，载《中国证券》2011年第1期。

② 双峰监管目标就是指对金融机构实行审慎监管外还要对金融消费者权益进行保护监管。

行为法》《金融服务现代化法》《军人民事救济法》《联邦电子资金转移法》《联邦国际和国内商业电子签名法》《联邦电子交易法》《银行保密法》《联邦贸易委员会法》。①

美国在2010年7月21日制定通过的《多德—弗兰克华尔街改革和消费者保护法》(Dodd—Frank Wall Street Reform and Consumer Protection Act),这部法案重点规定对金融消费者的保护,也适用网络借贷平台。奥巴马总统在2012年4月5日签署的JOBS法案(Jump start Our Business Start ups Act),其中第三章规定众筹(2015年10月30日生效)专门规定包括网络借贷在内的众筹业务,根据《众筹法》规定,对于《1934年证券交易法》第15(i)条款进行了修改,增加了对网络借贷平台(集资门户)的监管。规定各州对于网络借贷平台监管应该适用《众筹法》和《1934年证券交易法》规定,各州不得另行规定标准来要求网络借贷平台,除非各州制定的法律、规则、法规或者其他行政管理措施与证券交易委员会对注册集资门户要求没有不同,则各州(注册集资门户的主营业地所在州或下属行政区域)对于网络借贷平台拥有审查和执法权,②在不违背《众筹法案》规定的情形下,各州可制定细则来规范网络借贷平台及相关证券交易。

2016年4月6日,美国三家领先的网贷平台Lending Club,Funding Circle,Prosper宣布联合组建市场化借贷协会(Marketplace Lending Association,MLA),为了规范网络借贷业的健康发展,MLA制定了《市场化网络借贷运营标准》(The Marketplace Lending Operating Standards)。

① U. S. Gov't Accountability Office,"Person-to-Person Lending, New Regulatory Challenges Could Emerge as the Industry Grows",Government Accountability Office Reports, 2011,pp. 3 -7,13,22,33,44.

② 15U. S. C. 78o(i).

美国各州都有制定《蓝天法案》,要求证券发行人除非有豁免,否则需要在销售的各个州进行注册登记,获得牌照。

(三)立法内容

1. 监管机构

(1)当前监管机构

美国对于金融监管主要采用的是按多头监管和按行为监管,负责监管的机构可能是联邦也可能是州监管机构,包括在金融危机建立后新建立的金融消费者权益保护机构(consumer financial protection bureau, CFPB)、联邦贸易委员会(Federal Trade Commission, FTC)、美国司法部(Department of Justice, DOJ)、美国证券交易委员会(Securities and Exchange Commission, SEC)、各联邦银行监管机构。① CFPB 主要是从金融消费者权益保护方面来监管,即保护 P2P 平台中的投资人权益不受侵犯;FTC 主要从交易的公平性角度来监管,监管 P2P 平台交易中的不公平交易;DOJ 主要对销售行为进行审查,监管 P2P 平台交易中的不合格销售行为;SEC 主要审查发行的证券,进行信息披露;各联邦银行监管机构主要从金融风险和消费者保护角度来监管。当前对 P2P 平台监管更多涉及的主要是 SEC 和各州的监管机构。

(2)监管机构的改革趋势

美国两大 P2P 平台之一的 Prosper. com 于 2010 年游说美国众议院和参议院,申请让新成立的金融消费者权益保护局成为监管机构,豁免民间借贷网络服务平台适用 1933 年的《证券法》,免除其每笔贷款的注册登记。来自加利福尼亚的民主党人代表杰基于 2010 年 6 月

---

① See U. S. Gov't Accountability Office, "Person-to-Person Lending, New Regulatory Challenges Could Emerge as the Industry Grows", 2011, Accessed Sep. 11 2015. http://www. gao. gov/new. items/d11613. pdf.

在众议院发起了一个有关 P2P 的金融监管改革法案,要求由金融消费者权益保护局取代目前的美国证券交易委员会监管,这一法案已经在众议院中通过,①目前参议院还没有通过这一法案。

2011 年 7 月 7 日美国审计署出台了 *GAO Report*,这份报告在第三部分讨论了人人贷的监管。报告最终并没有提出一个明确的监管体系,只是提出了一个对人人贷业监管的远景可能,报告提出了监管有两种可能,一是继续当前双重多头监管体系,二是建立一个单一统一的监管体系,由一个监管机构进行监管,这个机构可以是新成立的 CFPB。报告最后还提出,针对不断演变和发展着的人人贷模式,监管可能会遇到新的问题和挑战,使得很难给出一个明确的最优监管体系,应该增加对 P2P 行业的监管研究。②

从美国 GAO 报告中对有关 P2P 行业监管的态度来看,美国政府对于这个行业的监管采谨慎态度,因为这个行业是个新兴行业,存在很多不确定性,在已有监管机构存在的情况下可以对监管模式进行再讨论。

2. 行业协会自律监管

2016 年 4 月 6 日,美国网络借贷行业协会成立,它是由 Funding Circle, Lending Club, Prosper Marketplace 三家美国市场上主要的网络借贷平台宣布成立的市场借贷协会(Marketplace Lending Association, MLA),MLA 是通过促进负责任的商业行为和良好的公共政策使得借

---

① See Silla Brush, "Online Lender Lobbies Congress for Industry Consumer Regulator", Accessed Sep. 11, 2015. http://thehill. com/business-a-lobbying/102323 - online-lender-lobbies-congress-for-industry-consumer-regulator.

② See U. S. Gov't Accountability Office, "Person-to-Person Lending, New Regulatory Challenges Could Emerge as the Industry Grows", 2011, Accessed Sep. 11 2015. http://www. gao. gov/new. items/d11613. pdf.

款人和投资者受益的非营利会员组织。MLA 制定了网络借贷市场操作标准，主要包括六个方面，包括投资者透明度和公平性、负责任的借贷、安全和稳健、内部治理和控制、风险管理、运营标准管理行业规则。[①] 在投资者透明度和公平性方面要求平台披露贷款的历史数据、市场整体表现数据、投资组合数据、对非合格投资人的额外披露标准等；在负责任的借贷方面要求平台对为借款人提供的贷款项目负责任，需要对项目提供足够的透明信息，不得进行误导宣传和歧视客户；在安全和稳健运行方面包括平台运营保持流动性，业务发展需要具有连续性，需要安排好有效的退出机制；在内部治理和控制方面要求平台必须遵守法律和行业规则进行管理，对于客户资金进行保护管理，对于平台要求提供审计的标准、客户投诉解决机制和对于监管的响应等；在风险管理方面主要包括客户认证、反洗钱和反欺诈管理、信息安全管理、隐私保密管理等；在运营标准管理方面包括标准的确立规则、未来标准调整等。

3. 不公平与欺诈行为监管

《美国平等信用机会法》要求市场主体不能对满足条件的客户实行区别对待，也不得使用欺诈手段实行交易。美国联邦贸易委员会(FTC)是执行多种反托拉斯和保护消费者法律的联邦机构，目的是确保国家市场行为具有竞争性和繁荣、高效地发展，不受不合理的约束。FTC 也通过消除不合理和欺骗性的条例或规章来确保和促进市场运营的顺畅。具体到网络借贷业上不公平行为体现在借款人没有信用评价，那些没有信用记录或信用记录较少的消费者，或经营 3 年以下的小微企业由于缺乏相应的借款记录，信用很难作出评价，而网络借

---

① Marketplace Lending Association, "The Marketplace Lending Operating Standards", Accessed Aug. 20, 2017. http://www.marketplacelendingassociation.org/industry-practices.

贷平台需要有一个基本的信用评分,没有评分会影响借款人的借款和借款的利率,事实上导致这样的借款人在网络借贷业的不公平待遇。美国财政部于2016年5月10日发布了针对网络借贷市场的调研报告《网络借贷市场的机遇与挑战》,[①]其中,就提到网络借贷平台业务只覆盖到当前信用评分比较优质的客户,但并没有完全覆盖到所有客户,有些客户可能缺乏借贷记录而没有信用评分,不能在网络借贷平台上进行贷款;同时,调研发现很多小微企业认为贷款高利率,尤其对于10万元以下的小微企业贷款与个人消费贷款没有什么实质区别,但小微企业贷款却不享受个人消费贷款的消费者保护条款。小微企业认为它们的贷款也受到了不公平的对待。

4. 资金存管要求

美国对于客户资金保护也有规定,美国证券交易委员会规定了众筹资金的保存和转移,规定作为集资门户的中介必须将客户资金托管于银行或者信用合作社(此信用合作社由国家信贷管理局提供保险),当投资者购买投资时,由中介向投资者发布指令,由投资者将资金转给中介在银行开设的托管账户;当资金到期后返还、交易被撤销,以及发行未完成退还资金时,由中介向托管银行发布指令,由银行直接将资金转移给投资人。[②]

以Prosper为例,首先,Prosper平台的客户资金不直接存放在Prosper平台的账户内,而是存放在美国富国银行的特别托管FBO(For

---

① U. S. Department of the Treasury, "Opportunities and Challenges in Online Marketplace Lending", May 10, 2016, Accessed Aug. 21, 2016. https://www.treasury.gov/connect/blog/Documents/ Opportunities_and_Challenges_in_Online_Marketplace_Lending_white_paper.pdf.

② Jumpstart Our Business Startups (JOBS) Act, "Crowdfunding (Title III)", Accessed Aug. 30, 2017. https://www.sec.gov/divisions/marketreg/tmcompliance/fpregistrationguide.htm.

the Benefit of)账户内，该账户是由 Prosper 专门为客户在富国银行开立的，在客户资金进行转账清算时，Prosper 平台账户和公司高管无法直接接触到客户资金，避免了客户资金被挪用的风险。并且，账户资金同样受联邦存款保险的保护，计算存款保险保障限额时 FBO 账户中的资金与同名下的普通个人账户资金合并计算。①

5. 信息披露要求

信息披露是网络借贷平台负有的一项重要义务，鉴于第三章已介绍过，因此在此不再重复。同时，对于违反信息披露的责任，美国也有相应规定，《众筹法案》规定了重大信息虚假和遗漏的法律责任，法案规定证券发行或销售交易中发行人以任何书面或口头形式对重大事实作出了不实陈述或者遗漏了要求披露的重大事实，如果购买时不知道这些信息的不实或被遗漏，购买证券的个人有权要求退回该证券，如果购买人已经不持有证券，可以请求损害赔偿。②

6. 网络借贷业信用体系

1841 年，刘易斯·大班在美国注册了首家征信事务所，并逐渐发展为企业征信领域中最具影响力的公司——邓白氏集团。1933 年全球经济危机的发生使得信用违约率不断升高，美国政府为控制信用风险，采取了一系列鼓励政策，使得市场对于个人信用需要不断攀升，导致美国的征信机构快速发展。1970 年美国制定的第一部有关征信的法律《公平信用报告法》，于 1971 年 4 月开始实施。至此，美国的征信业已经有 100 多年历史，形成了完整的信用法律体系和高度发达的征信市场，也有影响全世界的征信机构。目前已经形成了全球有名的征信机构如标普、

① 张宏：《美国 P2P 网贷平台的法律规范及对中国的启示——以美国 Prosper 网站为例》，载《财经界》（学术版）2013 年第 20 期。

② 15U. S. C. 77d(5).

穆迪、惠誉、邓白氏、费埃哲、益百利、爱克非、全联等。

Klafft(2008)利用美国最大的 P2P 网络借贷平台 Prosper 的数据,实证检验了借款人信用评级对借贷行为的影响。结果发现,信用评级对借贷行为的影响程度最大,信用评级越高,越容易获得贷款,贷款利率越低,并且逾期还款率越低,那些信用评级低的借款人在银行借不到钱,在网络借贷平台也很难借到钱,Prosper 平台数据显示,57.4% 的信用低的借款人中只有 5.5% 的人成功获得借款。信用评级机制能够在一定程度上缓解由信息不对称导致的逆向选择和道德风险问题。[①] 因此,在网络借贷业中,信用的评级对于借贷是否成功及违约率高低有很大影响。美国网络借贷平台一般会使用征信局的信用数据,通过专业信用评级公司对数据进行评分,目前,美国两大平台之一的 Prosper 使用征信巨头费埃哲公司的 FICO 评分系统进行信用评级;另一大平台 Lending Club 使用益百利(Experian)信用评级公司的评分系统进行评级,要求信用评分达到一定分数才能作为借款人。当前美国网络借贷信用数据已经纳入到全美的信用体系。[②]

7. 联邦与州监管规定

《众筹法案》规定各州对于网络借贷平台监管应该适用《众筹法案》和《1934 年证券交易法》规定,各州不得另行规定标准来要求网络借贷平台,除非各州制定的法律、规则、法规或者其他行政管理措施与证券交易委员会对注册集资门户的要求没有不同,则各州(注册集资门户的主营业地所在州或下属行政区域)对于网络借贷平台拥有审查

---

① See Michael Klafft, *Peer to Peer lending: Auctioning Mircocredits over the Internet* (paper represented at Proceedings of the International Conference on Information Systems, Technology and Management, A. Agarwal, R. Khurana, eds., IMT, Dubai, 2008).

② 曹晓路:《金融消费者利益保护与互联网金融监管的规制路径——基于比较法视域的考察探究》,载《时代法学》2017 年第 1 期。

和执法权，在不违背《众筹法案》规定情形下，各州可制定细则来规范网络借贷平台及相关证券交易。[①]

（四）对美国做法的评析

1. 学者的评析

学者对于美国监管的看法主要集中在以下几点：

第一，认可监管机构的监管。美国财政部 2016 年 5 月发布的网络借贷市场调研报告显示，在所有反馈的讨论话题中，最重要的一点是监管方面的确定性。许多回复意见都强调了需要有一个清晰的监管框架，让市场的所有参与者都能遵循统一的规范，加强市场的信心，当前对于市场监管也是持肯定态度。[②] 陈蓉在对美国关于民间金融的法律进行了较为深刻的研究的基础上指出，这些法律以及其他相关法律都对美国网络借贷、放贷主体的监管的效能持肯定态度。[③]

第二，普遍认为监管成本较高。自 SEC 对 P2P 行业行使监管权后，美国理论界对于民间借贷网络平台是否需要监管掀起了激烈的讨论，有很多不同的看法，Andrew Verstein 认为对其进行监管是错误的，这样会增加这个新兴行业的成本，会使其利润下降，转而会使这个新兴行业迅速消失不再存在，[④]Andrew Verstein 认为 SEC 严重误读了 P2P 这一金融创新行业的本质，未能领会 P2P 平台的真正要义，对其

---

① 15U. S. C. 77r(a).

② U. S. Department of the Treasury, "Opportunities and Challenges in Online Marketplace Lending", May 10, 2016, Accessed Aug. 21, 2016. https://www.treasury.gov/connect/blog/Documents/Opportunities_and_Challenges_in_Online_Marketplace_Lending_white_paper.pdf.

③ 参见陈蓉：《"三农"可持续发展的融资拓展：民间金融的法制化与监管框架的构建》，法律出版社 2010 年版，第 329～338 页。

④ Andrew Verstein, "The Misregulation of Person-to-Person Lending", *University of California Davis Law Review* 45(2), December 2011, p. 102.

过度监管已危及其生存与发展,加剧了 P2P 行业的风险外溢,并导致其交易成本的提升。①

Chaffee 和 Rapp 认为这个行业存在很多新的问题,诸如道德风险、洗钱、借款人信用低、高违约率等,应该对这个行业进行监管,只是监管机构是谁还需要讨论。② 美国财政部 2016 年 5 月发布的网络借贷市场调研报告显示,2015 年从网贷平台获得贷款的小微企业对他们的成功的贷款并不是很满意,根据 2015 年小微企业信贷调研,借款人满意度仅为 15%,最令人不满的一项就是 70% 的企业认为借贷利率过高。③

第三,对于统一监管和多头监管存在争论。Slattery 认为分裂的监管给金融企业带来巨大的合规成本,同时现有的监管框架和法律难以适应 P2P 网络借贷企业的金融创新,因此应该由消费者金融保护局(CFPB)进行统一监管。④ Chaffee 和 Rapp 在比较了美国当前的 P2P 网络借贷监管体制以及建立统一监管的相关研究后,最终认为多部门基于自身职能的监管方式更适应美国 P2P 网络借贷行业的发展需求。⑤

---

① Andrew Verstein, "The Misregulation of Person-to-Person Lending", *University of California Davis Law Review* 45(2), December 2011, p. 102.

② Eric C. Chaffee and Geoffrey C. Rapp, "Regulating Online Peer-to-Peer Lending in the Aftermath of Dodd-Frank: In Search of an Evolving Regulatory Regime for an Evolving Industry", *Washington and Lee Law Review* 69(2), 2012, Rev. 485, p. 45.

③ U. S. Department of The Treasury, "Opportunities and Challenges in Online Marketplace Lending", May 10, 2016, Accessed Aug. 21, 2016. https://www.treasury.gov/connect/blog/Documents/Opportunities_and_Challenges_in_Online_Marketplace_Lending_white_paper.pdf.

④ Paul Slattery, "Square Pegs in a Round Hole: SEC Regulation of Online Peer-to-Peer Lending and the CFPB Alternative", *Yale Journal on Regulation* 30, 2013, pp. 233 - 275.

⑤ Eric C. Chaffee and Geoffrey C. Rapp, "Regulating Online Peer-to-Peer Lending in the Aftermath of Dodd-Frank: In Search of an Evolving Regulatory Regime for an Evolving Industry", *Washington and Lee Law Review* 69(2), 2012, Rev. 485, p. 45.

第四，认为存在信息披露不透明的现象。美国财政部2016年发布的《网络借贷市场的机遇与挑战》调研报告显示，2015年获得网络贷款的小微企业中有只有15%的企业对于获得的贷款满意，32%的受访小微企业不满意的原因是认为网络借贷业务缺乏透明度。美国财政部同样认为，在借贷市场上，贷款产品多样，类型不同，产品条款也不同，消费者很难清楚协议内容，同时，协议内容很长，消费者也很难有时间能看完专业的协议，因此，很多调查对象强烈要求信息披露方式标准化。因此，美国财政部建议网络借贷市场上实行智能披露信息，智能披露指发布可被第三方软件轻松处理的标准化格式的信息，消费者可以利用第三方软件进行比对，轻松了解产品的不同，找到适合自己的产品。美国财政部建议美国消费者金融保护局(CFPB)和公平贸易委员会(FTC)将智能披露作为信息披露的标准之一来推行。①

2. 笔者的评析

美国对于网络借贷业的监管存在几点值得学习和讨论的地方，第一，美国对于监管应该是成功的。首先表现在监管带来了美国网络借贷业的发展并且有效控制了风险。自2008年SEC对P2P行业监管后，针对监管诟病很多，但事实证明美国P2P行业得到了快速发展，Lending Club 2015年贷款金额约是2009年(关闭后重新开业第一年)的124倍，Prosper 2015年的贷款金额约是2010年(关闭后重新开业第一年)的136倍，并且Lending Club已经于2014年12月11日在纽约证券交易所上市，首日上市价收报23.43美元，较发行价15美元大涨56.20%，这说明SEC监管并没有阻碍这个行业的发展，也没有阻碍

① U. S. Department of the Treasury, "Opportunities and Challenges in Online Marketplace Lending", May 10, 2016, Accessed Aug. 21, 2016. https://www.treasury.gov/connect/blog/Documents/Opportunities_and_Challenges_in_Online_Marketplace_Lending_white_paper.pdf.

P2P 平台快速扩张。美国两大平台在 SEC 监管前坏账率都较高，基本都在 10% 以上，但自重新开业后，除 Prosper 在 2012 ~ 2013 年坏账率有所反弹外，其他年度坏账率都呈下降态势，近三年两大平台坏账率基本保持在 7% 以下，这充分说明监管有效地控制了这个行业的风险。第二，美国对于网络借贷业监管措施较全。从美国对 P2P 行业的监管来看，美国对于平台有牌照许可要求，对放贷行为有具体的监管内容，如合格投资人要求、借贷金额要求、投资比例限制、利率要求、信息披露要求，有专门的监管机构，还有专门的法律和配套的制度。第三，美国网络借贷业信息透明标准可能还存在问题。从美国财政部有关信息透明标准的调研来看，公众不满意的地方还比较多，究其原因是由于借贷市场本身属于金融市场之一，其专业性使得普通的借贷双方很难真正了解业务的内容，从我国法律上来说，这些协议都是格式条款，而对于格式条款的说明义务的标准随着行业、方式的不同，解释的标准也应该有所不同，对于合同条款的提示说明义务也应该是信息披露标准之一。

二、英国的做法

(一)监管现状

2008 年国际金融危机后，为提升公众对金融市场和金融服务的信心，英国政府对英国金融监管体系进行了彻底的改革，以便能为公众提供一个更加稳定、有效的金融系统。2012 年 12 月 19 日英国通过了《2012 年金融服务法案》，并于 2013 年 4 月 1 日正式生效，该法案对英国金融监管体系进行了彻底改革，将原有金融服务局(FSA)的职能分拆由审慎监管局(PRA)和金融行为监管局(FCA)两个机构分别承担。其中，PRA 作为英格兰银行的附属机构，负责微观审慎监管，FCA 作为独立机构，承担金融消费者保护职能，[①]以及对机构行为进行监管。目前，英国的网络借贷平台及网络借贷行为都由 FCA 进行监管。

（二）监管立法

英国是网络借贷平台发源地国，自 2005 年产生了世界上第一个网络借贷平台 ZOPA 平台，自此，拉开了全球网络借贷业序幕，但网线借贷业作为新兴行业，一开始并没有任何管制，英国在 2005 ~ 2011 年，网络借贷行业都处于自行发展过程中，没有金融监管也没有行业自律。

随着网络借贷业的快速发展，网络借贷业这一新兴行业在全球都得到了重视，当然这个行业也出现了一些问题，2011 年英国有一个 2010 年成立的 Quakle 平台破产，Quakle 平台破产事件后市场热烈讨论金融监管当局要强化对 P2P 平台及业务的监管，英国金融服务管理局（Financial Service Authority，FSA）（2011）也认为不受监管和保护的网络贷款和股权众筹等互联网信用业务存在重大风险。2011 年，包括 Zopa 平台在内的 8 家平台成立 P2P 网络借贷行业自律协会（The Peer-to-Peer Finance Association，P2PFA）。为促进 P2P 网贷行业规范化发展，P2P FA 于 2012 年 6 月制定了规范网络借贷业运营的《P2P 行业运营规则》（以下简称《运营规则》）（Peer-to-Peer Finance Association Operating Principles），《运营规则》于 2015 年 6 月被大幅修订，变成了《运营准则（2015）》，条文从原来的 9 条已经扩展到现在的 29 条。[②]

---

① 王昀、孙天琦：《英国金融行为监管局最新动向及启示》，载《金融时报》2014 年 1 月 27 日，第 12 版。

② P2P FA，"Peer-to-Peer Finance Association OperatingPrinciples"，Accessed Sep. 2，2017. http://p2pfa. info/wp-content/uploads/2016/06/Operating-Principals-vupdate2016. pdf. 有关运营规则的介绍都出自此处。

2008 年美国金融危机后,全球掀起了对金融监管的质疑和讨论,英国对于金融监管进行了改革。2012 年 12 月 19 日,英国通过了《2012 年金融服务法案》,将 FCA 确定为网络借贷业行业监管机构。

2014 年英国 FCA 发布《关于网络众筹和通过其他方式发行不易变现证券的监管规则》(The FCA's regulatory approach to crowdfunding over the internet and the promotion of non-readily realisable securities by other media,PS14/4)(以下简称《众筹监管规则》),并于 4 月 1 日正式实施,2015 年 3 月 2 日进行了修改。2016 年 4 月,FCA 根据 P2P 平台的发展状况,实时对监管规则进行了一些调整,对监管细则进行了修订。第三章专门规定了网络借贷众筹。① 这是全球第一个有关网络借贷业的立法,对 P2P 网贷行业运营细则进行了规定。

(三)立法内容

1. 有专门的监管机构

英国是网络借贷发源地,2005 年开始,由于新兴行业的兴起,并没有人把网络借贷作为特殊行业来看待,而是认为它就是一般的消费借贷业,在英国消费借贷需要实行准入制度,需要获得公平交易管理局颁发的《消费者信贷许可证》,随着美国金融危机后,英国把公平交易管理局和金融服务监管局(FSA)撤销,2013 年 4 月 1 日,金融服务监管局(FSA)的职能被两个机构所取代,一是英国金融行为监管局(FCA),二是审慎监管局(Prudential Regulation Authority,PRA),ZOPA 平台在介绍其当前主体资格及监管现状时提到:ZOPA 由 FCA 进行授

---

① Financial Conduct Authority,"Policy Statement PS14/4 The FCA's regulatory approach to crowdfunding over the internet, and the promotion of non-readily realisable securities by other media Feedback to CP13/13 and final rules March 2014",Accessed Feb. 3, 2015. https://www.fca.org.uk/publication/policy/ps14-04.pdf.

权获得登记，并接受 FCA 监管，①因此，当前英国网络借贷业主要由 FCA 监管。②

2. 监管机构职责

金融行为监管局负责监督英国金融服务公司和金融市场的行为，以及作为未经 PRA 授权公司的审慎监管机构。任何一个在（或从）英国提供银行或者其他金融服务的英国注册组织都将被这两个机构监管。③ FCA 的主要职责包括：

（1）对网络借贷平台的授权

网络借贷平台的设立需要获得 FCA 的授权，获得 FCA 的注册登记号，才能营业。获得 FCA 的授权平台需要满足最低注册资本金需要，需要有专业的管理人员和从业人员等准入要求，FCA 审批平台设立条件合格后给予平台授权证书，并将平台登记在册。

（2）对网络借贷平台的监管

FCA 对网络借贷平台的监管主要体现在以下几个方面：

第一，监管网络借贷平台的信息披露方式及内容。网络借贷平台必须使用合理方式，用通俗易懂的语言向交易双方及其他社会公众披露平台的运营情况、资金借贷情况、平台的不良情况等，并定期向金融行为监管局上报自身的财务状况、运营状况以及投资者投诉率。FCA 需要监管平台信息披露方式是否适当，信息内容是否真实、准确及是否有重大遗漏。FCA 要求平台必须按照 FCA 发布的《众筹监管规则》

---

① Zopa, "Our Legal and Regulatory Status and Supervision", Accessed Sep. 9, 2017. http://www.zopa.com/principles#legal-status.

② FCA, "Is P2P lending regulated?", Accessed Sep. 3, 2017. http://www.fca.org.uk.

③ FCA, "What is the FCA?", Accessed Sep. 3, 2017. http://www.fca.org.uk. 本文有关 FCA 的介绍都是来源于此。

进行信息披露,以及要通过特定方式进行披露,使借贷双方能及时获得信息及充分了解信息。

第二,对网络借贷平台提交的报告进行审核。网络借贷平台需要按季向 FCA 提交季度经营报告和年度经营报告,FCA 需要查看报告中经验数据是否真实、是否存在潜在风险等。

第三,金融消费者保护。FCA 职责中一个重要的内容就是金融消费者保护,对于网络借贷业中侵犯消费者权益的行为给予制止及惩罚,确保金融消费者能够得到公平对待,不会成为欺诈事件的受害者或最终被捆绑进不公平的合同中,同时,在平台退出时对于消费者保护进行持续关注,确保消费者权益不受到侵害。另外,FCA 会对网络借贷业中存在的系统性风险问题进行风险提示,以使交易双方提高警惕,避免权益受损。FCA 还建立了网络借贷业的合格投资者制度,对于投资者规定了投资限额,为保护投资人还对借款人的贷款额度也进行了规定。

第四,金融消费者教育。FCA 重要职责除了消费者保护外还需要对于消费者进行教育。这也是消费者保护中的另一重要内容。FCA 会审查平台是否关注消费者教育,同时,自己还需要进行消费者教育和宣传。通过各种方式,提高消费者对于网络借贷业的理解,认知此行业的风险。

第五,对行业进行评估和改进规则。FCA 在对网络平台公司进行监管的同时,对于网络借贷平台活动、商业模式及借贷交易行为进行行业数据统计、分析、定期评估,向公众咨询对行业存在的问题的看法,进而改进行业规则。维护公众对市场公正的信心,并确保不会出现市场滥用、系统性风险或金融犯罪。

第六,制裁及处罚违法行为。FCA 对于网络借贷行业的违法行为有权进行制止,责令平台公司或交易方停止违法活动,并对违法行为进行罚款、纪律处分等,严重的,可吊销平台公司的授权证书。

3. 监管目标

FCA 为其监管设定了三大操作目标。一是金融消费者保护。监管行为是否适当、合理,应该以行为是否损害消费者权益作为评判标准之一。二是建立有效竞争的市场。FCA 认为,通过监管应该确立市场有效经营规则,保持市场的有序竞争,为行业的健康发展保驾护航。三是提升行业的信心指数。FCA 认为行业发展离不开投资者的信心、支持,如果投资者对行业信心指数下降,则新兴行业必然会面临萎缩,FCA 希望通过监管为这一行业注满活力,而有活力的市场需要投资者认同交易规则,FCA 特别重视社会公众对于网络借贷业的看法,在出台及修改监管规则时都会向社会公众发布问题及征询建议,并在多数人同意的情况下将建议加以吸收,形成监管规则。

4. 区分平台类型,确立监管对象

《众筹监管规则》将纳入监管的网络借贷平台规定为运营或计划运营 P2P(person to person,即个人对个人)借贷平台与 P2B(person to Business,即个人对企业)借贷平台的企业①。网络借贷平台有三种类型,分别是 P2P(以 Zopa 和 Rate Setter 为代表)、P2B(以 Funding Circle 和 MarketInvoice 为代表)、B2B(Business to Business,即企业对企业)。也就是说英国 FCA 只监管 P2P 和 P2B 模式的平台及交易,对于 B2B 模式的交易并不进行监管。另外,FCA 并不监管票据融资平台(MarketInvoice 主要从事票据融资)②。这主要是从监管成本角度来考

---

① Oxera and P2P FA, "The Economics of Peer-to-peer Lending", September 2016, Accessed Feb. 7, 2017. http://www.lendacademy.com/wp-content/uploads/2016/10/Oxera_P2P-report_FINAL.pdf.

② FCA, "Is P2P lending regulated?", Accessed Sep. 3, 2017. http://www.fca.org.uk.

虑,作为商业主体的企业,本身熟知商业规则,有相应的风险防控人员及技术和经验,网络借贷业最大的优点是为融资难的小微企业解决融资难和融资贵现象。金融监管需要成本,增加监管无疑会增加资金的融资成本,而对于 B2B 模式来说其不涉及个人消费者,交易双方能足够清楚交易内容及把控交易风险,因此,FCA 并没有把 B2B 交易模式纳入其监管。

5. 注重行业自律管理

(1)行业协会职责

除了 FCA 的监管之外,初期 P2P 行业在英国的发展缺乏专门立法规制,为加强对行业发展的规范运营,2011 年 8 月 15 日,英国 P2P 金融协会(P2P FA)成立,它的首批成员为 Zopa,Rate Setter 和 Funding Circle 三家平台,P2P FA 是一个非官方、非营利性质的行业协会和自律组织。经过几年时间的发展,目前 P2P FA 的成员共有 8 家,分别是 FundingCircle, Landbay, lendingworks, lendinvest, MarketInvoice, Rate Setter,Zopa 和 thincats,这 8 家成员占有英国网络借贷市场上 75% 以上的份额。① 2017 年 8 月 17 日,Rate Setter 由于违反交易透明规则而申请退出协会,8 月 18 日 P2P FA 同意其退出协会,目前,P2P FA 协会成员变成 7 家。②

P2P FA 有四大职责,分别是保护消费者权利,重视消费者教育;制订和修改网络借贷业经营标准和规则;代表网络借贷业成员,关注行业和成员的发展;重大事件的通知和处理。

协会成员必须遵守义务:成员必须遵守章程,同时遵守行业规则;

---

① P2P FA, "Home", Accessed Sep 3, 2017. http://p2pfa.info/.

② P2P FA, "P2PFA response to Rate Setter statement", Accessed Sep. 3, 2017. http://p2pfa.info/p2pfa-response-to-Rate Setter-statement.

维护和提升协会集体荣誉，拓宽协会知名度；不从事损害协会名誉的行为；支付由协会董事会确立的会费和其他费用；推荐其他会员入会。

（2）行业协会自律目标

P2P 金融协会（P2P FA）是行业自律机构，主要目标是促进行为高标准发展和消费者保护，2012 年 12 月，协会确立了 3 个主要目标：

第一，寻求行业安全的公共政策、适当的监管和安全的财政状况，以此使网络借贷业中各成员能够开展公平竞争，在承担行业责任的基础上稳定发展。

第二，确立高标准的网络借贷业经营规则，确保成员开展高水准的商业行为，表现出成员的卓越领导能力，增强社会公众对成员的信心认可度。

第三，提升公众对网络借贷业的认知度，使公众知道网络借贷业的好处以及存在哪些风险，增强公众的风险防范意识。

（3）P2P FA《运行规则》基本原则要求

英国 P2P 金融协会负责业内行为规范和基本准则，2015 年运行规则共有 29 条，《运行规则》第 1 条指出其运行规则与监管机构 FCA 要求的目标是一致的，同时运行规则对于监管规则未规定的地方进行了补充规则，以弥补监管规则空白之处。①《运行规则》对于会员成员有六个基本要求，分别是：①成员需要有从事网络借贷营运的技术能力和专业服务能力；②成员经营必须要诚实守信，做好与客户的沟通；③成员要公正对待客户，在经营过程中不能区别对待客户，不能设置规则歧视客户；④成员的运营要透明化；⑤成员运营要高标准化，成员

---

① P2P FA，"Peer-to-Peer Finance Association OperatingPrinciples"，Accessed Sep. 2，2017. http://p2pfa. info/wp-content/uploads/2016/06/Operating-Principals-vupdate2016. pdf. 本书介绍的《运行规则》内容都来自于此。

开展营业要坚持高标准要求,以提升行业的知名度;⑥成员要向客户提供良好的金融产品,成员要向零售客户承诺会向其提供物有所值的产品。

根据六大基本要求,P2P FA 又具体细化了要求,就五大方面进行了细化,分别是明确性和透明度;平台风险管理;公司治理与控制;平台运营数据报告;保留与申明条款。

6. 行业准则自律内容

(1)信息披露的内容与方式、标准

FCA 和 P2P FA 都要求平台要重视信息披露,做到披露的信息必须符合真实性、准确性和透明性。P2P FA《运行规则》还具体化了信息的披露要求,诸如,平台广告营销信息披露要清晰、稳定、公平和无误导性;对于如何向社会公众进行信息披露,规定需要披露平台的总和情况和五年来的坏账率;对于潜在的客户信息披露,需要具体披露项目情况、预期收益率、风险所在方面,尤其要向公众披露那些不在金融服务补偿机制(FSCS)覆盖范围内,投资人不能收回资金不能获得英国政府的保险补偿的投资,还要披露个人投资比例、机构投资比例及平台自身投资比例;《运行规则》要求平台披露信息应该以清晰和稳定的方式公开,确保放贷人与借款人能充分了解信息内容,在此基础上做出正确的判断和决定。英国 FCA 对于网络平台信息披露并没有做很详细的要求,主要是将信息披露制度交给行业协会,由行业协会制定行业规则,对于信息披露统一标准化,同时这一标准也以高标准化为原则制定和实施,英国知名平台 Rate Setter 由于一项交易没有向公众进行清晰信息披露,后来该平台认为其违背了入会的高标准要求,未遵守透明度准则,主动于 2017 年 8 月 17 日提出退出 P2P FA 协会。

(2)平台风险管理安排标准

风险管理是借贷行业关键所在,英国监管当局及协会要求平台必须要建立一套完整的信贷风险管理体系，遵守反洗钱和反欺诈防范要求，同时要求平台加入欺诈预防协会；平台要建立稳定的信息管理系统，确保数据及交易的稳定，并记录和保存好相关的信息；平台还要建立坏账收回制度；同时平台要有退出制度安排。

（3）平台持有客户资金托管监管

FCA 制定的客户交易资金管理规则要求平台必须将客户资金与平台资金进行分账管理，交易平台只能在向交易双方发布交易指令后由交易双方给其授权进行资金使用及收回，客户资金不能被用于借给他人或平台公司自己使用，根据客户资金保护规则要求，对于持有客户资金规模超过 100 万英镑的企业必须专人负责客户资金管理，并且每月向监管机构进行汇报。① 该账户中的资金不属于平台公司，破产时不纳入破产财产进行分配。P2P FA《运行规则》第 13 条还要求平台对持有的客户资金账户不仅要实行隔离，而且要求平台设立的银行隔离账户必须每个都接受外部审计机构的审计，出具审计报告。

（4）公司治理与控制方面监管

《运行规则》要求平台必须要固定一名董事与行业协会保持交流，同时要求平台在进行自营时，必须处理好与其他投资者的利益冲突，要有相应的冲突制度安排；平台必须要保持最低资本金，并且每年要接受会计事务所审计；平台要有投诉管理制度，明确客户投诉程序，及时解决客户的投诉处理，以及告知客户对于平台处理不满意的后续程序。

（5）市场公平监管

行业协会《运行规则》第 19 条要求平台在开展的关键业务领域必须要有专门的高级经理进行专人管理，以确保客户受到公平对待；营

---

① 《欧洲 P2P 借贷行业巡礼：英国》，载零壹财经：http://www.01caijing.com/article/1779.htm，最后访问日期：2017 年 12 月 10 日。

销资料必须针对所有公众,不能区别对待客户;第 21 条规定平台不能过度区分放贷人,尤其是不能不利于个人投资人,如果一个项目不利于个人投资人,而只适合机构投资人,则平台需要明确说明平台不适合个人投资人的原因,如风险更高。

(6)消费者保护

FCA 和 P2P FA 都把消费者保护作为监管和自律的重要目标,P2P FA《运行规则》第 10 条要求无论平台开展的业务是否在监管范围内,都要将消费者权益保护并安排好,对于不在监管范围内的票据融资业务,平台必须要制定同样规则来保护消费者。

7. 信用体系

信用是一个社会立足之根本,更是借贷行业发展的重要依靠,网络借贷行业由于承担着互联网和借贷的双重风险,对信用的要求比传统借贷要更高。英国的网络借贷业为世界各国所称颂和效仿,其之所以能够如此高效迅速的发展很大程度上得益于英国齐备的社会征信体系。英国有完备的信用法律体系,其中完备的信用立法,分别是 1974 年《消费信用法》(规定征信机构市场准入条件,消费者、放贷人及征信机构三方活动)、1988 年《数据保护法》(强调对个人信用权利的保护)、2000 年《信息自由法》(规定信息公开内容)、2010 年《消费者信用监管规定》(保护消费者信用被合法使用,权益不受损害);在有相关立法同时,英国目前还有许多市场化的征信机构,征信机构实行完全市场化的运作,拥有的数据系统非常庞大,所以也更加的可靠和专业,互联网金融公司只需花费较低的成本就可以购买到客户的信用信息,为公司业务的安全运营提供便利。英国比较大的信用评分机构(Credit agency)一般认为有三个:Equinox,Experian 和 Callcredit。他们会针对收集到的信息为每个人进行信用评分(Credit score)。目前英国的网络借贷平台主要与 Equifax(全球三大征信商之一)合作,通过验证借款人的身份、借款用途和还款能力后，对其信用等级进行评定，信用评级会决定一个借款人的借贷利率。

(四)对英国做法的评析

1. 学者的评析

剑桥大学商学院认为英国有关网络借贷监管立法是成功的。剑桥大学商学院于2015年年初对欧洲各国有关网络借贷立法及监管进行了调查，其中对英国调查中，大多数被调查者认为英国立法及监管对于网络借贷业是开放的。① 2016年英国P2P FA委托第三方咨询公司OXERA针对P2P发展进行研究，OXERA公司于2016年9月与P2P FA共同发布有关P2P业的研究报告，认为自2014年英国FCA对于网络借贷实施监管，监管主要目标是在投资者保护和创新业务保护之间寻找一个平衡点。同时认为现行的监管制度已经包括监管的各项内容，不会带来市场失灵。② FCA认为，对网络借贷的监管最终目的是为了保证这个新兴市场的运作良好，为达到这一最终目标，必须从三个方面进行确保，一是投资者适度保护，二是保持新兴市场体系完整，三是保证市场有效竞争。③

Jevgenijs Kazanins认为2015年6月修订推出的《运营准则(2015)》

---

① Jevgenijs Kazanins, "European Peer to Peer Lending: Has it Gone Mainstream or is the Opportunity Still There?", Lawyers Focused on Crowdfunding on EGS of Crowdfund Insider, April 17, 2015. Accessed Feb. 27, 2016. https://www.crowdfundinsider.com/2015/04/66287 - european-peer-to-peer-lending-has-it-gone-mainstream-or-is-the-opportunity-still-there/.

② Oxera and P2P FA, "The economics of peer-to-peer lending", September 2016, Accessed Feb. 7, 2017. http://www.lendacademy.com/wp-content/uploads/2016/10/Oxera_P2P-report_FINAL.pdf.

③ See Financial Conduct Authority, "The FCA's approach to advancing its objectives", para. 1.2, 2015, Accessed May 12, 2016. https://www.fca.org.uk/your-fca/documents/approach-to-advancing-its-objectives.

代表着当下世界上 P2P 网贷行业自律性运营准则的最高水平。[①]

曹兴华认为英国对于网络借贷行业的轻度监管(Light Touch)值得推行,轻度监管获得了许多业内人士的好评。英国的成功经验证明了监管可以鼓励和支持市场增长,同时兼顾信息披露和消费者保护。[②]

中国人民大学法学院副院长杨东认为在自律监管方面,英国做得比较好,全球数一数二,德法日等国也做得不错。

点融网 CEO 郭宇航认为英国网络借贷业行业自律很有特色,他向财新记者分析,尽管同为英美法系,但英国的监管同美国不太一样,它比较崇尚借贷双方之间的契约自由,同时用行业协会方式进行监管。[③]

黄震等认为英国是世界上第一个推出有关网络借贷行业协会自律规则的国家,行业自律在保障行业创新的同时,也对行业的发展起到了引导和规范作用。[④]

无论国内还是国外学者都对英国的监管做法进行了赞扬,可见英国的监管做法是成功的。

2. 笔者的评析

英国的网络借贷监管有以下几点值得学习。第一,英国监管是世界各国的标杆。英国对于网络借贷业的科学监管带来的是英国互联网金融市场规模几乎天天都在增长,2015 年许多 P2P 网贷公司纷纷宣

---

① W. Scott Frame, "Marketplace Lending's Role in the Consumer Credit Market", September 2015, Accessed Sep. 17, 2017. https://www.frbatlanta.org/cenfis/publications/notesfromthevault/1509.

② 曹兴华:《英国 P2P 网贷〈运营准则(2015)〉及其借鉴》,载《金融法苑》2017 年第 1 期。

③ 拍拍贷:《欧美如何监管互联网金融》,载拍拍贷官网:http://www.ppdai.com/zixun/caijing_wz166496_p1,最后访问日期:2015 年 8 月 27 日。

④ 黄震、邓建鹏、熊明、任一奇、乔宇涵:《英美 P2P 监管体系比较与我国 P2P 监管思路研究》,载《金融监管研究》2014 年第 10 期。

布业绩持续增长并且获得创纪录的多轮融资。截至 2015 年年底 P2P 网贷规模已经达到 27 亿英镑，占英国替代性金融市场份额的 86%，[①] 这些成就的取得与英国的宽松监管与行业自律分不开。第二，英国的监管模式值得学习。英国采行政监管和行业自律相结合模式，具体行业标准由行业协会来制定，行政监管相对宽松，行业实行高标准，行业准则也涵盖了整个网络借贷业的各个方面，体系较全，创立了全球监管与行业自律并重的监管模式，对各国造成了深远的影响。第三，英国注重监管成本。将网络借贷区分不同类型，对于企业间的借贷免于监管，值得我国借鉴。第四，英国监管注重投资者保护，强调投资者保护是监管重要内容之一，尤其是对于投资者客户资金实行托管的做法，被各国纷纷效仿。第五，英国注重立法的适时调整。在监管立法中将许多量化的标准用立法形式明确几年进行一次调整，这充分说明监管机构注重行业发展与监管的同步。因此英国的监管立法是全世界公认的科学监管立法。我国应该借鉴其行业自律监管、准入制度和信息披露等制度方面的立法及调整。

三、法国的做法

（一）监管现状

法国在 2003 年对于金融监管进行了改革，专门出台了《法国金融安全法》，撤销了原有的众多监管机构，确立了分业监管模式，由不同的机构对互联网金融分别进行监管。但 2008 年金融危机后，法国政府宣布将原来的银行和保险业的四家分类监管机构与金融市场监管局完全合并，确立由金融市场监管局（AMF）和金融审慎监管局

① P2P FA，"Peer-to-Peer Finance Association OperatingPrinciples"，Accessed Sep. 2，2017. http://p2pfa. info/wp-content/uploads/2016/06/Operating-Principals-vupdate2016. pdf. 有关运营规则的介绍都出自此处。

(ACPR)进行监管的两大格局监管模式,由单一分业监管变成审慎监管和行为监管二元监管模式。

(二)监管立法

法国政府2003年8月1日通过了《法国金融安全法》,重新改革金融领域的监管格局。这是法国网络借贷业的一般法规范。

2014年5月30日法国颁布了《参与性融资条例》,并于10月1日正式生效。专门用来规定包括网络借贷众筹在内的网络众筹行业规则和监管标准。

(三)立法内容

1. 监管机构

《参与性融资条例》第L.612-2条第Ⅱ款最后一行更改为如下两条:所有参与性融资中介。当审慎监管局和市场监管局对该第Ⅱ款第1项至第4项所规定的对象进行监管时,适用该篇第三章第二节的内容。① 由此可见法国对于网络借贷业的监管由金融市场监管局(AMF)和金融审慎监管局(ACPR)共同监管。

对于网络借贷业的行为监管由金融市场监管局(AMF)监管,金融市场监管局(Autorité des marchés financiers,AMF)成立于2003年,是由原来的法国证券交易委员会、金融市场理事会和金融管理纪律委员会等三家金融证券业监管机构合并而成立的一个机构,金融市场监管局在行政上直接隶属于法兰西中央银行,本身具有独立的法人资格,有独立的财务权,其资金主要来源于由其监管的各个金融企业缴纳的分摊金,金融市场监管局的主席直接由法国财政与经济工业部长直接任命。

对于网络借贷机构本身监管由ACPR负责,ACPR负责网络借贷

① 《法国(参与性融资法令)》,顾晨译,载《金融服务法评论》2015年第1期。

平台的准入，如果网络借贷平台机构需要从事放贷及支付业务，则平台还需要获得 ACPR 的放贷和支付牌照。

2. 监管职责

（1）通过制定条例进行监管。目前这项职责由金融市场监管局承担，2014 年 AMF 制定了《参与性融资条例》，规范网络借贷业监管。

（2）金融消费者权益保护。金融消费者权益保护是监管重要目标之一，通过对信息的知情权监管，对市场透明度监管及市场公平监管来确保维护消费者权益。目前主要由 AMF 进行此部分监管。

（3）对于机构及专业人员的监管。对于机构监管，主要从监管机构的准入，是否获取其他牌照，是否有从业人员，从业人员的资格是否符合要求等方面监管。目前此部分主要由 ACPR 负责监管。但对从业人员资格要求是由 AMF 来规定的。

（4）市场交易透明度监管。《参与性融资条例》第 17 条第 6 款规定，参与性融资中介必须用清楚易懂的方式向公众提供信息；告知公众项目和发起人的筛选方式；平台的经营情况，尤其是不良经营指标是否披露；项目的风险是否足额提示，尤其是借款人破产和负债过多是否提示；平台收费是否明确；交易文件是否规范；平台对于终止情形下的交易管理是否有安排；对于与业务有关的广告宣传中如出现利率或其他数字，则表述方式必须是清晰、准确和明显的。通过这些规则使投资者能清楚了解平台经营状况、项目具体情况、风险所在之处等，使投资者的投资环境更加透明。

（5）制裁违法行为。监管机构通过发布条例来界定市场行为违法与否，对于违法行为进行界定。《参与性融资条例》第 17 条规定，如果发起人提供的信息存在任何错误，导致参与性中介错误行事的，由该发起人承担责任。第 22 条规定，对于发布错误信息发起人，可能要承担刑事责任，且其在一定期限内不得担任银行或其他金融服务机构和参与性融资中介的高管,并不得从事某些特定行业的工作;对于参与人和中介违反该条例规定,进行信息欺诈,可以按刑法诈骗罪规定,处5年有期徒刑和37.5欧元的罚金,禁止行使某些公民权利和5年内禁止从事公共职务或从事网络借贷行业服务。

3.行业协会自律

法国《参与性融资条例》第4条规定:所有参与性投资顾问都必须加入一个经金融市场监管局(AMF)认证的行业协会。协会有两大职责,一是制定入会资格要求,协会会根据金融市场监管局(AMF)条例标准,制定该协会的会员资格;二是制定行业标准,规范会员履行尽职标准。但法国对于借贷型众筹中介机构——参与性融资中介并没有要求其必须加入行业协会,因此监管主要依靠行政监管为主。

4.国家信用体系服务于网络借贷业

《参与性融资条例》第18条规定,法兰西银行可以将其持有的有关企业财务状况资料提供给为网络借贷提供服务的参与性融资中介。这体现出法国政府对于网络借贷行业的支持。

(四)对法国做法的评析

1.学者的评析

温信祥、叶晓璐认为法国互联网金融监管与法制互相补充,制定了世界上首个监管法规则,[①]郑联盛、王寿菊认为法国对于投资者的保护机制是整个监管框架的核心内容之一,整体呈现三个重要特征:一是依法保护。认为法国有关监管立法走在了全球前列,专门制定相关的法律来规范平台的运行和投资者的利益保障。二是注重量化指标。对于

---

① 温信祥、叶晓璐:《法国互联网金融及启示》,载《中国金融》2014年第4期。

P2P 领域的监管和投资者保护都具有较为明确的量化监管指标，法国的指标体系全面细致，从准入标准、投资上限标准、融资上限标准、产品信息和适用监管标准等方面都制定了较为全面的指标，以利于监管机构进行具有针对性的监管。三是注重公平交易。法国强调要注重公平交易，防止平台和借款人以虚假和扭曲信息使得投资人利益受损。对于不进行公平交易的机构和个人，法律将进行较为严格的处罚。①

2. 笔者的评析

法国有关网络借贷监管有值得我国借鉴之处。第一，注重对于网络借贷业的规范。法国制定了全球首个监管法，同时法国强调对市场的公平监管，旨在保障一个公平透明的市场交易环境。第二，对于网络借贷业的监管注重量化指标，使执法更有依据，也使网络借贷业守法更标准。第三，法国政府对于网络借贷业采取重视监管和行业自律并举的模式，可见行政监管和行业自律已经是网络借贷业监管流行模式。第四，注重投资者权利保护，并对侵害消费者权利的行为制定制裁规则。

总体来说，法国网络借贷业发展环境比德国要宽松，但相比于发达的英国，还有些差别。

四、德国的做法

（一）监管立法

德国目前没有专门规范网络借贷业相关的法律，与网络借贷业相关的法是《德国银行法》。

---

① 郑联盛、王寿菊：《法国是如何保护网络借贷投资者权益的》，载《上海证券报》2016 年 7 月 26 日，第 12 版。

(二)监管现状

1. 监管不包括 B2B 区分模式借贷

德国网络借贷业是由平台持续从事营业,并且协助放贷业务常常会超过 25 笔或有 5 笔超过 12,500 欧元,因此网络借贷平台经营属于受监管的对象,但由于德国法规定对于企业间的资金借贷及机构作为放贷人并不限专营,因此网络借贷平台上的企业间借贷即 B2B 借贷不需要接受监管。

2. 规定商事放贷需要由银行专营

《德国银行法》规定,德国将自公众处吸收的需要还本的金钱视为存款,由银行专营,但存款不包括自机构投资者处吸引的资金及企业间的资金借贷。[①] 对于民事放贷不需要由银行专营,对于商事放贷需要由银行专营。《德国银行法》第 32 条第 1 款第 1 项规定了经营金融业务构成商事放贷包括两种情形:一是采用营业的方式进行专业放贷;二是放贷业务规模达到规定标准的民事放贷即可视为商事放贷。[②] 德国金融监管者在 20 世纪 80 年代初给出的构成商事放贷的业务规模标准是:吸收超过 5 笔 12,500 欧元(当时是 25,000 德国马克)的存款;或者超过 25 笔存款,无论每笔的金额是多少。[③]

(三)对德国做法的评析

1. 学者的评析

Szagunn 认为德国按银行法上规定的规模来认定商事放贷和民事

---

① Julian Veith, Crowdlending-Anforderungen an die rechtskonformen Umsetzung der darlehensweisen Schwarmfinanzierung, BKR 2016, S. 185.

② BaFin, "Merkblatt-Hinweise zum Tatbestand des Einlagengeschäfts (Stand: März 2014)". *Bundesanstalt für Finanzdienstleistungsaufsicht*, Aug. 4, 2014; Schäfer, in: Boos/Fischer/Schulte-Mattler, Kreditwesensgesetz, 4. Auflage 2012, § 37, Rn. 32ff.

③ BaFin, "Merkblatt-Hinweise zum Tatbestand des Einlagengeschäfts (Stand: März 2014)". *Bundesanstalt für Finanzdienstleistungsaufsicht*, Aug. 4, 2014.

放贷标准，这一标准由于是 20 世纪 80 年代确立的，用这一标准来监管网络借贷平台已经稍显过时。①

2. 笔者的评析

德国网络借贷业监管做法还存在一些问题。第一，德国对于网络借贷业没有专门立法，限制过多导致其网络借贷业发展不是很迅速。作为一个新兴行业，由法律规范其发展是非常重要的，从英国、美国及法国网络借贷业的发展来看，其之所以发展较好是由于有相应的立法来支持行业的发展。第二，德国未建立网络借贷业二级交易市场，不利于民间借贷的融资，也会使投资者缺少投资渠道，影响投资的收益和流动性。

德国对于网络借贷监管区分不同模式进行监管，对于 B2B 模式免于监管值得我国借鉴，这样可以节省监管成本，同时实践证明 B2B 模式免于监管并没有带来风险。

第三节　我国法的立场及存在的问题

一、我国现行法的立场

（一）相关立法

我国对 P2P 网贷行业的法律监管始于 2011 年 8 月银监会发布的《人人贷有关风险提示》，首次对平台的问题与风险进行警示。随着我国 P2P 网络借贷平台进入爆发式增长阶段，2015 年作为互联网金融的监管元年，《十部委指导意见》等实质性、专门性的规范性文件陆续出台，网络借贷业进入了规范化运作阶段。2016 年 8 月，《网络中介机构

---

① Szagunn/Haug/Ergenzinger, KWG, 6. Aufl., 1997, § 1, Rn. 8.

暂行办法》正式出台;同年10月,中国人民银行联合多个部委发布了《互联网金融风险专项整治工作实施方案》。2016年11月30日,银监会会同相关部门分别于2016年年底和2017年年初,发布了《网络借贷信息中介机构备案管理登记指引》;2017年2月22日,银监会发布《网络借贷资金存管业务指引》;2017年8月25日,银监会正式发布《网络借贷信息中介机构业务活动信息披露指引》。

自此,网络借贷业监管确立了一个办法和三个指引的网络借贷监管架构。

(二)立法内容

1. 发展总体要求及监管原则

《十部委指导意见》中对我国包括网络借贷在内的互联网金融发展提出了总体要求,即“鼓励创新、防范风险、趋利避害、健康发展”。并同时提出五大监管原则,即“依法监管、适度监管、分类监管、协同监管、创新监管”。

2. 监管机构

根据2016年《网络中介机构暂行办法》第4条的规定,网络借贷监管机构包括国务院银行业监督管理机构及其派出机构、各省级人民政府、工业和信息化部、公安部、国家互联网信息办公室五个单位。

3. 监管模式

当前,我国对于网络借贷业监管实行机构监管和行为监管双重叠加的监管模式,根据《网络中介机构暂行办法》第4条的规定,国务院银行业监督管理机构及其派出机构负责制定网络借贷信息中介机构业务活动监督管理制度,并实施行为监管。各省级人民政府负责本辖区网络借贷信息中介机构的机构监管。工业和信息化部负责对网络借贷信息中介机构业务活动涉及的电信业务进行监管。公安部牵头负责对网络借贷信息中介机构的互联网服务进行安全监管,依法查处违反网络安全监管的违法违规活动,打击网络借贷涉及的金融犯罪及相关犯罪。国家互联网信息办公室负责对金融信息服务、互联网信息内容等业务进行监管。

4. 监管机构职责

(1)政府金融办主要职责。以江苏省为例,金融办主要负责科技金融、文化金融、互联网金融发展及金融对外开放合作工作,联系省级非银行金融机构;办理科技小额贷款公司审批及监管等方面的事项。[①] 上海金融办主要负责会同相关部门研究制定本市第三方支付等互联网金融行业健康发展的政策意见,并组织实施;加强对互联网金融行业日常监测、风险评估,配合相关监管部门引导互联网金融企业规范发展。[②] 从江苏和上海来看,政府金融办目前主要对互联网金融进行宏观监控,并没有具体的监管,也没有其他具体工作职责体现。

(2)银监会职责。银监会江苏分局规定其主要职责为:直接负责对辖内非银行金融机构(以下简称被监管机构)的监管工作;拟订监管规章制度方面的实施细则和规定;负责对被监管机构的现场检查与非现场监管;负责对被监管机构的机构、业务、高管人员市场准入的管理;监测被监管机构的资产负债比例、资产质量、业务活动、财务收支等经营管理、内部控制和风险情况;审核被监管机构高级管理人员的

---

① 江苏省政府金融工作办公室:《机构设置—处室职能》,载江苏省地方金融监督管理局官网:http://jsjrb.jiangsu.gov.cn/col/col4673/index.html,最后访问日期:2017 年 9 月 19 日。

② 上海市金融服务办公室:《关于我们—机构职能—金融创新处》,载上海金融网:http://sjr.sh.gov.cn/Category/Index? categoryid=43,最后访问日期:2017 年 9 月 19 日。

任职资格;对违法违规行为进行查处。① 监管职责主要体现在市场准入,被监管机构的经营管理、内部控制和风险情况,违法查处等3大主要职能。

5. 行业协会

2016年3月25日,中国互联网金融协会(National Internet Finance Association of China,NIFA)成立,它是由国务院批准,由中国人民银行会同银监会、证监会、保监会等国家有关部委组织建立的国家级互联网金融行业自律组织。协会单位会员包括银行,证券,保险,基金,期货,信托,资产管理,消费金融,征信服务以及互联网支付、投资、理财、借贷等机构,还包括一些承担金融基础设施和金融研究教育职能的机构,基本覆盖了互联网金融的主流业态和新兴业态。② 2017年3月27日协会下面成立了网络借贷专业委员会,目前还没有具体行业规则出台,网络借贷专业委员会准备在未来的工作中围绕自律、维权、协调、服务等职责发挥作用,成为监管部门和市场机构间的桥梁纽带。当前我国还没有专门的全国范围内的网络借贷行业协会,各地也没有都成立网络借贷行业协会。

6. 争议解决机制

根据《网络中介机构暂行办法》第29条的规定,出借人与网络借贷信息中介机构之间、出借人与借款人之间、借款人与网络借贷信息中介机构之间等纠纷,可以通过自行和解、请求行业自律组织调解、向仲裁部门申请仲裁、向人民法院提起诉讼四种途径进行解决。

---

① 中国银行业监督管理委员会江苏分局:《机关各部门—非银行金融机构监管处》,载中国银行业监督管理委员会官网:http://www.cbrc.gov.cn/jiangsu/600803/left.html,最后访问日期:2017年9月20日。

② 中国互联网金融协会:《协会简介》,载中国互联网金融协会官网:http://www.nifa.org.cn/nifa/2955644/2955646/index.html,最后访问日期:2017年9月19日。

二、现行法存在的问题

(一)学者层面的问题

学者们对于网络借贷业的监管意见主要集中在如下方面：

第一,有关监管机构职责的意见。曹晓路认为监管制度不统一,《网络中介机构暂行办法》虽然规定了地方金融监管部门主要负责辖区内的机构监管和备案登记,但并未明确备案登记的具体内容,这可能造成网络借贷平台设立制度在地区间的不统一,导致不同区域之间的“向下竞争”。[①] 丁国峰也认为当前监管机构存在问题,监管的首要问题是要解决谁监管,其监管权责是什么。就我国目前对 P2P 网贷平台监管的有关法律、法规而言,存在多头监管、权责不明的缺陷。[②] 可见对于当前的监管机构及职责,学者们还存在不同意见。

第二,有关监管效果意见。王雅乐认为 2017 年监管是最严厉的监管,2016 年 8 月《网络中介机构暂行办法》出台已有近一年时间,面对“史上最严网贷监管”,这一年,行业风云变幻,大额标平台陆续停业转型,小额消费信贷则顺势崛起。经过一年的整治期,已有 40% 的网贷平台被淘汰,仍有超 6 成 P2P 平台未接入银行存管。[③] 网贷风云认为监管带来平台发展停滞,《网络中介机构暂行办法》发布已有一年时间。在合规框架确立后,这一年 P2P 网贷平台行业发生了翻天覆地的变化,平台扩张停滞,综合收益率持续下降,大量进行大额标的运作的

---

① 曹晓路:《金融消费者利益保护与 P2P 网络借贷监管博弈分析——兼评现行网络借贷监管办法》,载《金融监管研究》2016 年第 11 期。

② 丁国峰:《P2P 网贷平台异化经营的法律规制》,载《上海财经大学学报》2017 年第 4 期。

③ 王雅乐:《“最严监管”出台一年　超 4 成网贷平台消亡》,载金证券:http://www.jinzq.net/,最后访问日期:2017 年 8 月 15 日。

平台业务加速转型。[①] 学者们认为当前的监管未起到保护投资者资金的作用,同时认为监管成本过高。

第三,行业自律规则意见。曹兴华认为当前行业自律还未完全建立,中国目前大量的问题平台存在,与中国P2P网贷行业缺少完善的行业自律性运营准则息息相关,应该对目前世界上最为先进的英国P2P金融协会《运营准则(2015)》进行研究,适当借鉴其体系结构和具体内容,构建和完善中国P2P网贷运营准则体系,[②]丁国峰也认为应该构建以政府监管和行业协会自律相结合的混合监管模式。学者们对于监管模式应该包括行业自律持一致意见。[③]

第四,行业信用体系意见。黄梦怡、谢新文等人认为相较于欧美发达国家,我国P2P网络借贷业在信用评价体系建设方面尚不完善。首先,目前我国网络借贷业缺少人民银行征信系统的支持,导致P2P基础数据不健全;其次,当前网络借贷业的评级机构经验不足,参与的会员单位少,导致评级结果不够完整准确,[④]这样会使借款人信用风险不能被准确评估,不能有效降低网络借贷行业的违约风险。江苏省高级人民法院民二庭也认为目前P2P平台尚不能接入人民银行征信系统,无法利用现有征信资源降低交易风险。[⑤] 学者们对于建立网络借贷业信用体系意见一致,并且认为应该由国家承担起建

---

① 网贷风云:《P2P加速"关停并转"合规发展仍是核心》,载网贷之家:https://www.wdzj.com/hjzs/ptsj/20180121/505019-1.html,最后访问日期:2017年8月15日。

② 曹兴华:《英国P2P网贷〈运营准则(2015)〉及其借鉴》,载《金融法苑》2017年第1期。

③ 丁国峰:《P2P网贷平台异化经营的法律规制》,载《上海财经大学学报》2017年第4期。

④ 黄梦怡等:《P2P网络借贷监管的国际经验及借鉴》,载《福建金融》2017年第7期。

⑤ 江苏省高级人民法院民二庭课题组:《互联网金融纠纷民商事审判实务问题研究》,载《法律适用》2016年第1期。

设义务。

第五,资金托管意见。曹晓路认为当前无资金托管会带来风险,当前监管部门对于客户资金没有保护措施,监管不到位,导致网络借贷平台毫无顾忌使用客户资金,发生风险时也能提取客户资金而携款潜逃。[①] 王小丽也认为网络借贷业资金不安全,我国 P2P 网络借贷没有对应的监管措施,资金安全无法控制。[②] 学者们对于网络借贷业应该实行资金托管持一致意见。

(二)笔者层面的问题

认为网络借贷业监管做法还存在一些问题,主要体现在以下几个方面:

第一,监管机构制度瑕疵。其一,监管机构存在问题。网络借贷的监管主体由最早的银监会发展到 2016 年的五类主体,其中银监会是行为监管主体,地方政府是机构监管主体,工业和信息化部是电信业务监管主体,公安部是互联网安全监管主体,国家互联网信息办公室是信息业务监管主体,2018 年 4 月后改为中国银行保险监督管理委员会(以下简称银保监会),因此 2019 年起对网络借贷领域进行金融监管的主要是银保监会和地方政府。银保监会主要是从事对银行、保险业的监管,网络借贷中介主体及当事人与银行、保险业务中主体有很大不同,银行、保险业主体是正规的金融机构,银行、保险业务中的主体需要满足高标准的设立条件,并需要经过严格的审批才能进入,正规的金融机构行为相对要规范很多,对于金

① 曹晓路:《金融消费者利益保护与互联网金融监管的规制路径——基于比较法视域的考察探究》,载《时代法学》2017 年第 1 期。

② 参见王小丽、丁博:《P2P 网络借贷的分析及其策略建议》,载《国际金融》2013 年第 3 期。

融业务本身有严格的安全防范体系及业务发展体系相配套,对于客户的风险防范及权利保护都有规范的体系相匹配。而网络借贷业中的中介机构本身未经过准入审批,设立条件基本没有门槛,相应的安全及投资者保护本身就不是很有经验,监管部门的监管需要对其业务体系全面监管,而银保监会并没有这样的机构及客户监管经验。另外,银保监会分局目前机构只设置到市一级,到县一级没有相应的机构及人员,监管人员较少,对于网络借贷监管可能会由于人员较少而监管不力。最后,监管部门对于网络金融监管缺乏经验,正规金融机构的业务更多在线下完成,尽管有部门的线上业务,但线上的业务基本都是线下业务的延伸,因此监管部门只要对于线下业务进行监管就能实现线下线上的统一监管,而网络借贷全部是线上借贷,监管部门本身没有相应的民间借贷经验,也没有很多的线上监管经验,对于这样的业务进行监管都是一个新的领域和新的业务,监管是否能够有效很难让人放心。其二,2019 年我国监管模式也存在问题。2019 年我国网络借贷中介监管采取机构监管和行为监管相结合的监管模式,银保监会负责行为监管,而地方政府负责机构监管,这样的监管会使效果不能充分发挥。首先,网络借贷中不仅涉及借贷,还涉及理财及债权转让,债权转让已经不是一个简单的债权转让,而是会涉及众多债权人的债权转让,与传统的借贷债权转让已经不相同,由银保监会来监管不太适合,理财也类似于证券发售,由银保监会按其擅长的借贷来监管并不能有效监管。网络借贷业的项目也涉及各类金融主体参与,业务综合化趋势很高。银保监会于 2017 年 11 月 21 日向广发银行发出行政处罚决定书,依法查处了广发银行惠州分行违规担保案件,案件主要是由网络借贷业引起的,2016 年 12 月 20 日,广东惠州侨兴集团下属的 2 家公司在“招财宝”平台发行的 10 亿元私募债到期无法兑付,该私募债由浙商财险公司提供保证保险，但该公司称广发银行惠州分行为其出具了兜底保函。之后10多家金融机构拿着兜底保函等协议，先后向广发银行询问并主张债权①，该案件既涉及网络借贷，也涉及银行担保和保险公司保险保障，还涉及其他的担保，涉及的主体既包括网络借贷平台，也包括银行、保险公司及一般主体，业务涉及民间借贷、银行和保险及证券同业业务，因此业务复杂性很高，由现行的银保监会对行为进行监管，显然不能约束全部金融及一般主体，单一综合监管应该才更有效。其次，让地方政府来对网络借贷中介机构实行机构监管，地方政府并不对网络借贷中介机构的行为进行监管，无法详细了解网络借贷业中存在的具体问题及潜在的风险，对行业的业务不了解就会不能准确得出哪些在机构监管中应该需要注意，就无法准确判断对高级管理人员应从哪些方面来审批和监管才能使其遵守合规经营规则。因此，将机构监管和行为监管进行分开监管会降低监管的效果。其三，我国当前监管机构职权还不明。2019年开始各地网络借贷业由地方金融监督管理局监管，但这种改变并没有相应立法来明确，现行监管机构职责、权限、措施也都未有相应立法来规定。

第二，监管对象存在问题。网络借贷属于民间借贷范畴，民间借贷有个人间借贷、个人与企业间借贷和企业间借贷三种，传统的民间借贷主要有个人间借贷和个人与企业或其他组织间借贷，此条规定最早见于1991年《最高人民法院关于人民法院审理借贷案件的若干意见》，其中第1条规定："公民之间的借贷纠纷，公民与法人之

---

① 中国银行业监督管理委员会：《银监会依法查处广发银行违规担保案件》，载中国银行业监督管理委员会官网：http://www.cbrc.gov.cn/chinese/home/docView/B86286323D2B44F1B1134330927403BE.html，最后访问日期：2017年12月8日。

间的借贷纠纷以及公民与其他组织之间的借贷纠纷,应作为借贷案件受理。”企业间的借贷以前一直处于禁止状态,直到 2015 年最高人民法院重新出台民间借贷司法解释才对企业间借贷予以承认。之所以未承认企业间的借贷主要是由于企业间借贷额度大,会扰乱金融秩序,2015 年后将企业间借贷也合法化是为了解决企业融资难问题。网络借贷为小微企业融资提供了资金来源,提高了融资效率,但网络监管却使网络融资增加了过多成本,使得企业间的借贷融资成本仍然很高,不能解决小微企业融资贵问题。从英国和德国经验来看,企业间的网络借贷免于监管,只对个人参与的借贷予以监管,能有效解决小微企业融资贵问题,有鉴于当前小微企业融资难现象,我国可以借鉴国外相关经验,将网络借贷进行分类管理,免于企业间网络借贷的监管。

第三,监管内容没有标准,导致监管没有依据。当前我国网络借贷市场监管主要强调透明性监管,即主要对于信息披露进行相应监管,市场正常运行还需要保证市场的自由竞争和公平竞争。各国对于网络借贷市场监管都有公平监管制度,以使金融消费者在网络借贷市场获得公平经营或投资的权利,而我国目前有关网络借贷业相关的立法还没有有关公平性监管内容。市场公平性是投资者能够投资的基础,也是借款人获得融资权的基础,投资者和借款人都应该有获得市场投资和消费的权利,尤其是机构消费者和普通消费者之间应该做到公平对待,普惠金融要求确保各种弱势群体能有资格在网络借贷市场获得服务。因此,网络借贷业监管需要建立公平市场监管制度。

第四,我国对于客户资金监管还不到位。P2P 网络借贷资金如何存管,在互联网金融监管研究领域一直是学者们不停在研究的问题。目前学界认为,银行是实现 P2P 网络借贷资金存管的最佳机构,我国

《网络中介机构暂行办法》及《网络借贷资金存管业务指引》也同样强调了 P2P 网贷资金应由银行业金融机构进行存管。因此资金存管指的是平台不直接管理客户资金,由银行专门监督和管理,与平台运营资金分开存储。一个办法和一个指引虽然规定了第三方资金存管制度,但是实际效果并不理想。据网贷之家统计,截至 2017 年 8 月底,网络借贷平台共有 4809 个平台,停业及问题平台有 2939 个,正常的平台有 1870 个,其中只有 400 家平台与银行签订资金存管协议,占网络借贷行业正常运营平台数量比例仅 21%。① 而银监会于 2017 年 2 月 22 日发布《网络借贷资金存管业务指引》,距离指引发布已经过去半年时间,但平台实行存管的仍然是少数几家。目前我国 P2P 平台真正实现资金存管的只有少数,制度趋于形式化,容易诱发平台的操作风险等。

第五,行业自律规则还没有建立。自 P2P 行业在我国发展以来,各地方相应成立了规模不一的行业自律组织,但行业自律未体系化,地方协会的监管成效不显著。2016 年 3 月,中国互联网金融协会正式成立,这是国家层面的权威性的 P2P 行业协会,其通过为会员制定相应的规章制度来规范整个行业健康发展,但是中国互联网金融协会的成立也并未能够有效地发挥作用。目前我国互联网金融协会只是建立起来,但还没有具体的行业标准,协会官网上虽然有行业标准,②但这一栏中显示的行业标准为国家标准目录、金融行业标准目录和金融国家标准目录,这三个目录都是针对正规金融业的标准目录,还没有针对互联网金融业方面的标准目录,协会制定的《中国互联网金融协

---

① 网贷之家:《网贷档案》,载网贷之家:http://www.wdzj.com/dangan/,最后访问日期:2017 年 8 月 25 日。

② 中国互联网协会:《行业标准》,载中国互联网协会:http://www.nifa.org.cn/nifa/2955689/2955727/index.html,最后访问日期:2017 年 11 月 27 日。

会会员管理办法》虽明确规定了其自律管理的职责，并于2017年3月27日设网络借贷专业委员会开展自律，但具体职责分配、工作办法尚未规定，也未给予授权。一个良好的行业自律运作可以推动该行业的健康发展，因为市场有失灵现象，政府监管也有不到位的时候，为弥补市场失灵和政府监管失灵，行业自律就很重要，它能弥补市场和政府监管的不足，是监管体系的重要组成部分。行业自律可以在为政府监管者降低监管成本的同时，保持市场发展的生命力和创新动力，弥补单纯政府监管滞后性等缺陷。因此，在网络借贷业加强监管的同时应该建立行业自律体系，通过行业自律来提高市场活力会更有助于行业发展。

第四节 网络借贷监管立法论

一、学者的立法论

学者们对于我国网络借贷业的监管不足提出了以下一些建议：

第一，监管适度与渐近式监管。金信网创始人安丹方认为监管应该适度，在当前市场环境下，监管政策“松”可能比“强”效果更好。在竞争中，市场自然会优胜劣汰，形成行业自律，而一旦进行“强”监管，很有可能会出现大面积的倒闭跑路，引发行业风险。[①] 不过，理财范CEO申磊则表示应该实行严厉监管，之前P2P行业的发展过于野蛮，一度出现了劣币驱逐良币的现象，对整个行业发展不利。严厉的监管

① 《网贷监管究竟该适度“紧”还是“松”?》，载搜狐网财经频道：http://www.sohu.com/a/31947434_128064，最后访问日期：2015年9月15日。

一开始肯定会引起行业的动荡，但对于整个行业的长远发展，尤其是投资人资金安全的保障，具有极其重要的意义。① 魏鹏认为适度强化是指对互联网金融的规则性监管，首在立法，并且要严格落实监管的执行，做到有法可依，执法必严，给适度的互联网金融监管设定底线。适度宽松则是指对互联网金融进行原则性监管，在不违反原则的情况下，预留有一定的风险容忍机会，如果过早、过严监管将会极大地抑制行业创新，不利于互联网金融效率的提高。② 王曙光等认为需遵循从自律到监管再到适度放松的步骤，在监管原则上，鼓励发展与防范风险兼顾。③ 彭冰提出监管者可以在P2P平台不触及犯罪底线和控制风险的前提下，通过适度监管，允许其在一定范围内自由发展。④ 冯果、蒋莎莎认为应该对网络借贷业包容监管，对网络借贷业的监管既要防范网络借贷业的风险聚集与扩散，又要使网络借贷平台保持足够活力，应该对网络借贷业实行区别于一般银行类金融机构的差异化监管指标和进行包容监管。⑤ 黄震等提出了"渐近式"的监管思路，指出监管部门可先为P2P经营模式划出红线加以约束，并不断修正以适应行业的发展。⑥

学者们有关监管原则的争议主要体现在应该严厉监管还是宽松监管，但是，多数学者赞成应该适度宽松监管。对于渐近式监管还是

---

① 刘丽：《P2P门槛或升至5000万元》，载《长沙晚报》2015年8月26日，第AA2版。

② 魏鹏：《中国互联网金融的风险与监管研究》，载《金融论坛》2014年第7期。

③ 参见王曙光、孔新雅、徐余江：《互联网金融的网络信任：形成机制、评估与改进——以P2P网络借贷为例》，载《金融监管研究》2014年第5期。

④ 参见彭冰：《P2P网贷与非法集资》，载《金融监管研究》2014年第6期。

⑤ 冯果、蒋莎莎：《论我国P2P网络贷款平台的异化及其监管》，载《法商研究》2013年第5期。

⑥ 参见黄震等：《英美P2P监管体系比较与我国P2P监管思路研究》，载《金融监管研究》2014年第10期。

“一刀切”红线监管，一般认为应该是渐近式不断修正监管。

第二，监管机构重新调整建议。冯果、蒋莎莎认为当前对于网络借贷业的监管应该实行统一原则，地方政府金融办应该承担起具体的监管职责。① 丁国峰认为应该将银监会和地方金融监管部门共同作为其监管部门。② 学者们对于网络借贷业监管机构还持有不同意见，有学者认为应该实行单一监管，有学者认为应该实行双头监管。

第三，有关行业自律的意见。Ioannis Akkizidis，Manuel Stagars 认为，网络借贷行业协会自律准则立法可以借鉴《运营准则（2015）》的二元规则效力方法。所谓二元规则效力方法，即高级准则不可保留性适用与具体准则可保留性适用二元共存，这种做法在兼顾 P2P 网贷运营模式创新灵活性的同时，又保证运营准则体系对相关 P2P 网贷运营风险的预测和控制。③ 王峰认为，监管部门在后续出台的监管细则中，应先就网络借贷专业委员会的具体的指导或者监督职权进行规定。此外，还可以建立奖惩机制，对优秀平台予以奖励，对问题平台予以告诫和约束，逐渐加强整个行业的自律性，维护行业良好形象。④

学者们都赞成对行业的自律监管，但对于行业自律与监管如何

---

① 冯果、蒋莎莎：《论我国 P2P 网络贷款平台的异化及其监管》，载《法商研究》2013 年第 5 期。

② 丁国峰：《P2P 网贷平台异化经营的法律规制》，载《上海财经大学学报》2017 年第 4 期。

③ Ioannis Akkizidis and Manuel Stagars, *Marketplace Lending, Financial Analysis, and the Future of Credit: Integration, Profitability and Risk Management*, New Jersey, John Wiley & Sons, 2015, p. 77.

④ 王峰：《我国 P2P 网络借贷平台风险监管及防范》，载《中国流通经济》2016 年第 11 期。

划分职责,行业自律的内容还没有明确的认识,对于自律的内容涉及较少。

第四,资金强制托管建议。黄砚丽认为应该加强资金托管监管,P2P 网络借贷的借贷双方是通过网络平台实现资金往来的,在这一过程中会产生大量的在途资金,所以应将监管重点放在 P2P 网络借贷平台的资金管理方面。[①] 曹晓路认为为保护客户资金安全,应该建立资金托管制度,强制网络借贷平台将客户资金托管到第三方金融机构去,并且第三方金融机构与平台之间不能有关联关系。[②] 冯果、蒋莎莎也认为,网络借贷平台收取的客户资金应该由银行来托管,而不应该由平台自行管理。[③] 学者们对于资金强制托管制度都表示赞同,并且对于强制托管的方式也进行了细致的讨论。

第五,市场公正监管建议。张永亮、张蕴萍认为应该公正监管,P2P 乱象从一个侧面诠释了我国法律责任执行机制的孱弱与不公,对于违法行为须加大法律责任的惩处力度。因此,构建 P2P 平台的监管制度,必须强化法律责任制度设计与公正执行。[④] 对于监管内容,学者们认为公正市场监管是主要内容之一。

第六,网络借贷业消费者保护制度建议。曹晓路认为应该将合格投资人制度纳入未来的监管细则中去,以保护投资者合法权益。另外,还要建立风险警示与预警机制,以保证消费者能及时了解投资资

---

① 黄砚丽:《P2P 网络借贷平台的法律问题研究》,载《法律适用》2015 年第 11 期。

② 曹晓路:《金融消费者利益保护与互联网金融监管的规制路径——基于比较法视域的考察探究》,载《时代法学》2017 年第 1 期。

③ 冯果、蒋莎莎:《论我国 P2P 网络贷款平台的异化及其监管》,载《法商研究》2013 年第 5 期。

④ 张永亮、张蕴萍:《P2P 网贷平台法律监管困局及破解:基于美国经验》,载《广东财经大学学报》2015 年第 5 期。

金使用情况,以及违约后的跟踪情况等。[①]

第七,互联网信用体系构建建议。杜明鸣、刘司墨认为我国应该综合各平台信息系统,实行央行信息共享。[②] 黄梦怡、谢新文等人认为为更好地监测、防范和化解信用违约风险,有必要进一步完善 P2P 网络借贷信用评价体系建设,将 P2P 网络借贷平台与人民银行征信数据库对接,参照银行及小额贷款公司的评级办法。[③] 华东政法大学的雷华顺教授主张构建全国统一的信用体系,在原有的征信系统的基础之上,逐步将证监、保监、银监掌握的信息纳入系统,建立以政府主导,市场动作的信息共享机制。[④] 卓素燕认为应该发展个人的信用体系,因为网络借贷的坏账是难以避免的。[⑤] 曹晓路认为,应该构建全国统一的 P2P 网贷信用征信平台,由监管机构牵头,网络行业协会提供数据,为借款人的信用评估和网络借贷平台的信用评估提供帮助。[⑥]

对于互联网借贷信用体系构建,学者们都建议应该统一网络平台信息,由央行进行信息共享制度建设。

二、笔者的立法论主张

我国有关网络借贷监管规制应该要涉及以下几个方面:

---

① 曹晓路:《金融消费者利益保护与互联网金融监管的规制路径——基于比较法视域的考察探究》,载《时代法学》2017 年第 1 期。

② 杜明鸣、刘司墨:《我国互联网金融信用风险控制及监管研究——以 P2P 网络借贷模式为例》,载《华北理工大学学报》2017 年第 4 期。

③ 黄梦怡等:《P2P 网络借贷监管的国际经验及借鉴》,载《福建金融》2017 年第 7 期。

④ 雷华顺:《众筹融资之信息失灵与制度克服》,载《金融与经济》2015 年第 5 期。

⑤ 参见卓素燕:《P2P 网络信贷公司的市场发展困境及经营策略选择——以拍拍贷公司为例》,载《管理现代化》2013 年第 3 期。

⑥ 曹晓路:《金融消费者利益保护与 P2P 网络借贷监管博弈分析——兼评现行网络借贷监管办法》,载《金融监管研究》2016 年第 11 期。

第一,关于对监管理念的立法完善。首先,监管理论应该是适度宽松原则。后金融时代,传统的规则性监管受到了很多挑战,取而代之的原则性监管受到了监管当局和学者的更多关注。[①] 监管若做到使借款人和放贷人相信这个行业,就会使更多人使用这个平台,增加交易量,能使 P2P 中介机构增加盈利能力,使这个新兴行业实现可持续发展。美国很多学者认为当前 SEC 对这个新兴行业严格监管,可能会使这个行业没有利润,美国 SEC 要求登记每个借款人的每一笔借款,并对此进行审查,这样会花费很多成本,并且程序烦琐,会丧失效率。[②] 金融是为经济服务的,无论正规金融还是民间金融只要有效地利用好,必然会刺激经济发展,当然如果不能有效利用也必然会阻碍经济发展,甚至可能会带来金融危机和经济危机。当前我国经济仍然处于发展期,国民生产总值及人均 GDP 仍然处于较低水平,要实现 2020 年奔小康的奋斗目标还需要经济的持续发展,金融监管应该要保持经济稳定持续发展,尤其互联网金融业还处于发展初期,监管过严会影响新兴行业的发展,因此对民间借贷的监管必须要使其能适应经济,并鼓励新兴行业发展来大力发展实体经济,英国由于实行宽松的监管政策,互联网金融业发展很好,我国在网络借贷监管方面应该适度宽松,以安全促进经济发展为目标。其次,监管措施应该采渐近式监管。民间借贷由于具有无序性特征,[③]使得其发展会呈跳跃式状态,可能会过度热也可能会过度冷,对于民间借贷进行监管是必需的,但是监管措施不能过度集中,应该在深度调研后推出一系列措施,再对这些措施进行相应观察,再修改或推出新的措施,正如美国人人贷业目前由美

① 刘媛:《金融领域的原则性监管方式》,载《法学家》2010 年第 3 期。

② 参见赵渊、罗培新:《论互联网金融监管》,载《法学评论》2014 年第 6 期。

③ 国务院研究室编:《国务院研究室优秀研究成果选》,中国言实出版社 2006 年版,第 104 页。

国 SEC 监管，虽然这些监管带来了很多责问和问题，但是有了监管才使这个行业有序发展。美国各种观点只是对 SEC 监管提出疑问，但并没有质疑监管，美国国会在面临这些质疑时积极去调研了人人贷行业监管问题，GAO 报告尽管在 2011 年 7 月 7 日就已经出台，可是到今天为止已经过去 8 年多了，美国国会还没有对人人贷业最新监管作出决定，这显示出了对民间借贷业监管选择的慎重和措施的渐近式。只有一个渐近式的监管改革才能使一个措施更稳定和具有法律化可能。当前应该明确监管及监管机构和合格的放贷人。

第二，双重监管目标确立。有关监管目标，应该建议双重监管目标。监管机构主要目标就是使被监管行为安全，包括机构的稳定、行为的安全及体系的稳定，以稳定经济和社会秩序。网络借贷这个行业只有安全了，放贷人才会对这行业有信心。放贷人安全信心源于借款人还款行为，监管安全目标需要对借款人资格作出规定，要让借款人有信用价值意识及珍惜他们的信用，这样才能保证放贷人的放款安全。美国 SEC 要求借款人要有一个最低菲比评分才能做借款人，要求网站严格核查借款人信息，同时对于未严格审查的网站进行处罚。①我国网络借贷监管一样需要对借款人资格作出与此相应的规定，将来等社会信用体系建成后，还可以对借款人信用作一个具体的评分要求，这些评分要求需要在充分调研论证的基础上做出，比如不良贷款比率控制在 5% 以下时，这些违约率借款人信用评分是多少，在此基础上再在立法层面作出一个具体评分要求。监管部门不仅要对借款人资格作出要求，而且应该要求 P2P 平台对放贷人披露相关的信息，并保证信息是真实的、充足的。在银行借贷中，银行作为专业部门会对

---

① See Ron Lieber, "The Gamble of Lending Peer to Peer", *The New York Times*, Feb. 5, 2011, at B1.

借款人相应的信息进行审查,可是民间借贷放贷人不是专业的放贷人,并不能具体对借款人信息作出准确把握,因此监管应该要引导借款人向放贷人披露相关的信息,同时应该对平台也赋予借款人资格审查要求,并对平台不审查或审查有过失行为给予严惩。同时,金融监管不仅是安全监管,还要考虑金融消费者权利保护。英国学者迈克尔·泰勒(Michael Taylor)在1995年提出"双峰监管"理论,即金融监管除了包括审慎监管外还应该包括金融消费者权利保护,审慎监管主要目标是使金融机构稳健经营和维护金融体系的稳定,金融消费者权利得到保护才能维护金融消费者对于金融市场的信心,使金融市场更趋于稳定,达到金融机构稳定经营和金融体系稳定的目标;反之,金融机构稳定经营本身就有利于金融消费者权利实现,同时,金融体系的稳健发展本身需要得到金融消费者的支持,其稳健发展也有利于金融消费者权利的保护。因此金融监管应该从审慎监管和金融消费者权利保护两个方面来实施。泰勒的双峰监管理论一经提出,很快在各国得到了推崇。目前,我国金融法对于金融监管目标一般是规定为单一目标,如我国《银行业监督管理法》第3条规定银行业监督管理的目标是促进银行业的合法、稳健运行,维护公众对银行业的信心,这一目标显然与世界各国倡导的双重目标不相适应,尽管我国金融实践中已经开始重视金融消费者保护,但却还未上升到立法层面。网络借贷业作为新兴行业,其稳健发展非常必要,同时新兴行业的稳健发展需要金融消费者的支持,而金融消费者对新兴行业的支持前提是其本身权利得到实现或未受到侵害。因此网络借贷业金融监管的目标不仅要考虑审慎监管,还需要考虑金融消费者保护这一目标,只有建立网络借贷业的"双峰监管"目标才能使网络借贷业得到更好的发展。未来的网络借贷业立法应该增加双重监管目标,以此来为新兴行业发展保驾护航。

第三，监管主体制度的重构。有关监管主体制度构建应该从如下几个方面进行。其一，应该建立地方政府部门进行监管。对金融监管目前有一行二会及地方政府三个机构选择，即中国人民银行、银保监会、证监会和地方政府金融监管局，2015 年 7 月十部委共同发布的指导意见尽管已将 P2P 行业划归银监会监管，但银保监会主要监管银行和保险，以现场监管为主，对网络监管没有经验，同时民间借贷地域范围相对比较狭小，[①]具有明显地域性特征，每个地方民间借贷特色会不一样，监管机构需要了解当地的特色，熟悉当地的民情，这样才能针对这些特色进行监管，目前金融监管机构银保监会、证监会都是全国统一标准监管，对于民间借贷监管会不太了解，且民间借贷一般地处偏远之地时监管机构很难有能力做到监管。美国 SEC 之所以不被看好，包括 GAO 报告中更倾向于由金融消费者权益保护局（CFPB）来监管，主要是由于 SEC 没有对借贷双方保护的监管经验，也没有网络保护方面的经验，目前各地政府多已成立金融监管局，且对小额贷款公司进行了十多年的监管（自 2006 年 4 月 11 日四川广元成立全国第一家全力小额贷款公司，至今已经 13 年），有足够的经验监管地方民间借贷，因此 P2P 行业宜由地方政府金融监管局进行监管。各地也正在对地方金融办进行改革，很多地方已经将金融办变为地方金融监管局，如 2017 年 9 月，江苏发文将省政府金融工作办公室由省政府直属事业单位调整为省政府直属机构，机构规格为正厅级，持省地方金融监督管理局牌子，[②]在这之前，北京、武汉、广州、上海浦东、温州、四川等地已经设立了金融局，目前以江苏为代表的省份已经建立或正在酝酿建立地方金融监督管理局，因此，将网络借贷交由地方金融监管局来监管

① 杜巨澜：《中国货币需求的微观基础研究》，复旦大学出版社 1998 年版，第 98 页。

② 中共江苏省委办公厅文件（苏办发〔2017〕45 号）。

已经具备相应条件，机构已经配置，也有相应的民间金融监管经验，相对于银保监局机构人员，地方金融监管局人员更充足，也更有地方背景，了解地方金融。其二，应该建议统一监管模式。网络借贷业事实上包括三个业务，一是网络借贷，二是互联网理财，三是债权转让，另外还有保险为网络借贷进行保障。因此网络借贷不仅涉及借贷业还涉及证券业和保险业。以前我国监管分机构监管和行为监管，将这两种监管分别交由地方政府和银保监会监管会人为割裂监管主体与行为之间的关联性，也会增加监管成本。网络借贷监管在不影响监管效果基础上应该首要考虑的要素就是降低监管成本。从网络借贷监管经验先进的英国来看，金融行为监管局(FCA)既负责对网络借贷平台的设立及机构监管，也负责对网络借贷业的行为监管，即建立了网络借贷业的统一监管制度。美国目前对于网络借贷业实行多头监管，但美国早在2011 年7 月7 日由美国审计署出台的 GAO Report 中就提出监管可以是统一监管，并提出可以由新成立的金融消费者保护局进行监管。网络借贷业从无监管到多头监管，各国政府及学者讨论的监管模式主要有两类，一是统一监管还是多头监管，二是监管是严格监管还是放松的原则监管。从各国学者观点来看，监管应该更强调原则监管和统一监管，这主要是基于网络借贷业是一个新兴的行业，需要对其行业发展进行支持，监管应该是促进行业发展；同时，网络借贷业主要是为融资难的借款人提供金融服务，应该为这些金融资源获得较难的弱势群体进行融资支持，解决融资难及贵问题，这些也需要降低监管成本。统一监管不仅可以实现监管成本的降低，而且还可以使监管机构更专注于网络借贷业，成为专业监管主体，更有利于把握网络借贷业的风险，为行业发展提供专业管理支持。其三，规定网络借贷监管主体的职责，明确监管机构的职责和措施。具体包括以下几个方面：首先，对网络借贷业监管。包括：(1)公平市场监管。网络借贷业应该是一个公开市场,每个投资者及借款人都有权在市场上获得相应的机会,监管机构应该确保投资者有在法律规定的条件下自由投资的权利,尤其对于机构投资者和个人投资者之间应该要公平对待,网络借贷中介机构不能对机构投资者给予特权,诸如定向机构放贷,网络借贷应该实行程序平等、机会平等,还网络借贷市场一个公开公正环境,投资者在网络借贷市场自由竞争。(2)市场透明监管。网络借贷市场投资者很多是投资金额较小的普通投资者,其对于规则复杂的借贷项目很难通晓其具体内容及相应的风险点,监管机构主要职责就是使网络借贷市场信息披露能够充分,尤其相应的风险点信息披露准确、无误及未有遗漏,使网络借贷业市场透明,投资者能够充分了解借贷项目内容及风险,并在此基础上作出自由决策。(3)行业评估及发展监管。监管机构除了对市场进行监管外,还要不断评估监管措施,以使监管有利于市场发展。监管机构的监管主要目的应该是发现市场存在的问题,弥补和完善市场存在的漏洞;通过惩戒市场违法行为,纠正市场不规范行为;监管机构通过对市场采取监管措施来促进网络借贷业的发展,但监管措施具有滞后性,不能及时有效发现市场存在的风险,也不能确定监管措施能否有效可行。因此,监管机构需要对于市场存在的潜在问题进行预先测评,像英国监管机构会不断向社会公众发布征求意见,充分了解民众的观点,然后再评估民众的建议是否可行,评估的标准以促进市场行业发展及投资者权益保护为目标。因此,监管机构应该收集及发布行业发展数据,并对发展数据进行研究,评估现行的监管措施是否有效,如果存在问题,应该在调研社会各界的建议后进行监管措施的调整和修改,这样才能使监管更贴近市场。其次,对网络借贷中介机构监管。具体又包括:(1)高管监管。正如前所述,网络借贷业应该实行市场准入,一个规范的网络借贷中介机构一定是由有专业经验,守法守纪的人员组成的。监管机构应该制定网络借贷业高管人员资质标准,对高管人员进入、退出网络借贷业进行规范。对于进入的高管应该从学历、专业经历、守法守纪情况、个人债务方面进行规范。对高管人员监管包括高管人员进入市场资格监管,还包括高管人员违法违规监管,另外还包括高管人员离开机构时进行的审计监管。(2)机构监管。对网络借贷中介机构进行监管是网络借贷监管中的重点所在,网络借贷业能否健康发展主要看网络借贷中介能否健康发展。监管机构首先需要对网络借贷中介机构设立进行监管,包括对于网络借贷中介机构进入市场的准入审批,从资本金到管理人员及相应的营运条件进行审批。其次需要对于网络借贷中介机构的变更进行监管,包括名称的变更、地点的变更、高管人员的变更、法定大股东的变更、法定代表人的变更、营业范围变更、章程变更及其他审批及工商登记事项的变更。最后需要对于网络借贷中介机构的终止进行监管,包括中介机构退出市场的行为审批,诸如破产前的整顿程序监管,破产的评估及审查意见;中介机构自愿解散和司法解散监管和清算程序的监管;中介机构被吊销营业执照后的监管;以及中介机构终止后对于未到期项目的继续管理的监管。(3)业务监管。首先,需要监管网络借贷中介机构开展的具体业务,监管网络中介机构业务的合法性、合规性;其次,需要监管网络中介间的市场竞争,防范机构间的不正当竞争,确保网络借贷市场的自由竞争和反垄断审查;最后,需要监管网络借贷中介机构的发展,尤其关注新的业务发展存在的风险,以便能及时发现问题,评估风险和防范风险。其四,金融消费者权益保护监管。具体包括:(1)金融消费者保护。金融消费者保护是监管双重目标之一,首先,监管机构通过监管应该让金融消费者享有其应该享有的权利,诸如平等消费权、知情权、自由投资选择权、投资收益获得权、融资权等金融消费者所应该享有的权利及相关利益;其次,在确保金融消费者享有实体权利的同时,也需要对受到侵犯的金融消费者权利进行程序上的保护监管,监管机构应该通过监管为金融消费者获得权利正当提供程序帮助,监管机构应该有专门程序向金融消费者提供权利救济和申诉途径;最后,监管机构需要就网络借贷业常见的风险及新的风险向消费者进行宣传,告知金融消费者投资存在的风险以及新的风险点是什么,具体的方式是什么,使金融消费者能及时获知投资风险,保护其合法权益。(2)金融消费者教育。相对于专业的网络借贷中介机构,金融消费者涉众,相关知识参差不齐,网络借贷具有一定的盲从性,对于金融消费者进行相关教育是监管机构的一个主要职责。首先,监管机构需要向金融消费者提供相关的法律规定,使其了解其享有的权利和应该履行的义务;其次,监管机构需要向金融消费者提供相应的网络借贷投资知识,使其了解自己所投资的业务;最后,监管机构需要向金融消费者提供风险教育,使金融消费者了解投资风险,以及懂得投资需要承担风险。其五,制裁与处罚措施。监管机构对于行业的有效监管需要为监管机构配备相应的职权和监管措施,使其对监管过程中遇到的违法、违规行为进行制裁,维护监管机构的权威性,保证监管行为的顺利推行。赋予监管机构的措施一般来说主要有以下几个方面,一是人员制裁。主要包括高管人员和大股东,对于高管人员和大股东的违法违规行为进行制裁,主要包括对高管人员的警告、罚款、市场禁入、禁止股份转让、限制可禁止分红、限制或禁止出境等措施。二是机构制裁。主要包括营业限制、营业暂停、行业限制或禁止进入、罚款等措施。三是投资人及借款人制裁。主要包括违规投资的罚款,限制可禁止进入市场,借款人失信制裁,包括限制消费、限制再融资、限制出境等措施。

第四,监管对象的区分监管。应该区别监管对象,以节约成本。

网络借贷主体有三类,个人间借贷、个人与企业间借贷、企业间借贷,这三类借贷都是合法的民间借贷,但这三类借贷又不一样,第一类属于个人间行为,属于典型的民事行为,而第二类、第三类行为由于企业的加入,企业为了营利需要而进行融资,属于典型的商事行为。民事行为强调主体间的独立与自由,商事行为强调交易间的安全与效率,因此立法对于民事行为与商事行为会有不同要求,这些不同要求主要是保护民事行为主体间的意思自治以及保护主体间的实质公平,立法对于商事行为主体间的要求主要是维护安全与效率,为维护商事主体间的交易安全与效率,立法一般都会对于商事主体的进入门槛进行限制,会设置一系列的进入要件,尤其是商法人和其他商事组织都会有相应的成立要件和内部管理立法内容。在这样的立法体系下,商事主体已经熟知商业交易规则,法律对其行为的意思表示主要从其外在表示来判断;相反,民事行为由于法律强调的是意思自治,而这样的自治判断标准更多应该从其内在的真实意思表示来判断才更合理,如我国《合同法》对于民间借贷分别规定了自然间借贷和非自然人间借贷两种规则,《合同法》第 210 条明确规定,自然人之间的借款合同,自贷款人提供贷款时生效。这就是强制自然人间借贷的内在意思表示,而对法人参与的借贷并没有特别规定,根据《合同法》一般原则,合同应该在意思表示一致时生效。由此可见,商事主体应该推定其熟知商事交易规则,法律对其不再作出有区别的保护,而民事主体由于其知识及经验的欠缺,从实质公平角度来看,立法除了强调民事主体的自由与独立外,还要对民事主体的行为给予适当的干预,以使其行为符合其本身目的及社会秩序。同时在有民事主体参与的商事行为中,应该对于民事主体进行适当的保护,以保护弱势主体的利益,当前我国对于民事借贷和商事借贷不加以区分统一适用的做法,会造成传统监管在价值追求、行为规范及法律责任上的非协调性。[①]

在三类网络借贷中，P2P 借贷、P2B 借贷，由于有个人民事主体的加入，监管部门应该对其进行监管以保护个人真实意思及将其作为弱势群体给予特别保护；而 B2B 借贷属于典型商事主体间的借贷，商事主体无论从主体进入的限制，还是商事交易规则的常态遵守，还是从其营利宗旨来看，都能确保商事主体交易的意思真实及权利平等，对于其行为免予监管不会损害商事主体的利益，相反，对于商事主体间的网络借贷免予监管会减少商事主体的融资成本，使资金需要方真实享受到互联网金融所带来的高效率和低成本，同时，对于资金供给方来说监管成本的降低会相对提高资金的收益，会使更多资金闲置的商事主体进入网络借贷业，为经济发展提供更多的资金资源。对于网络借贷监管应该强调“供给侧”监管改革，保护消费者弱势群体。[②] 因此，对于 B2B 借贷免予监管能有效解决融资难及融资贵现象，同时，也能体现主体的真实意思表示，遵守商业交易规则，使交易做到安全和高效。有鉴于域外的成功经验，以及我国当前的现状，区别对象进行监管，以降低融资成本和保证交易安全并举，我国可以对网络借贷进行分类，建立商事主体间的网络借贷监管豁免制度。

第五，资金存管制度建立。应该建立资金存管监管制度。将平台的客户资金交由第三方的金融机构进行资金存储与管理，平台不直接接触，且与平台自身运营资金隔离，能够有效防止客户资金被挪用的风险，最大限度的保障了资金的安全性和其使用的专有性。英国监管规则对于客户资金保护的要求很严格，2017 年我国银监会也发布了

---

① 参见岳彩申、车云霞：《民间借贷法律监管的新进路》，载《河北法学》2016 年第 5 期。

② 同上。

《网络借贷资金存管业务指引》,清晰界定了存管业务当事各方的职责义务,针对商业银行可能面临的声誉风险,专门设置了商业银行免责条款的有关内容,保障商业银行的合法权益,引入专业机构对平台进行风险筛查和评估;在技术层面上,银行需强化技术支撑进一步优化资金存管系统;在舆论环境上,媒体对资金存管业务要进行正确引导。资金存管既是监管要求,又是市场需求,同时也能给银行带来业务机会。作为资金存管的第三方机构银行尤其重要,银行必须满足相应的资质,银行自身要专门设立资金存管的规则程序,对从业人员进行培训等,当然由于银行的存管经验不足,相关政府部门应制定优惠政策对其进行鼓励与支持。

第六,行为监管制度构建和完善。P2P 网贷的行为监管制度包括两个方面:经营者即 P2P 网贷平台的行为监管以及借贷方行为的监管。

1. P2P 网贷平台行为监管

对于 P2P 网贷平台行为监管制度的构建与完善可以从三个层面来进行,分别是行业自律制度、行政监管制度以及公众监督制度的构建与完善。

在行业自律制度的构建和完善上,我国应当积极推动行业自律组织的建立与完善。目前我国的 P2P 网贷行业才刚刚有所发展,整个行业还处于初级阶段,存在许多不足甚至混乱,所以成立行业自律组织,进行自我监督、自我纠正对于我国 P2P 网贷的发展大有裨益。行业组织可以从以下几个方面进行自律:第一,制定 P2P 网贷平台的行业标准,对于平台的资金管理、信息安全、风险防范等内容进行明确规定;第二,对 P2P 网贷平台的信息透明度进行监督,督促 P2P 网贷平台及时、有效地披露信息;第三,建立 P2P 网贷平台的运营评价机制,为客户提供参考;第四,成立行业保障基金会,为出现资金问题的网贷平台提供一定的帮助。

在行政监督制度的构建和完善上,我国应当积极发挥监管主体的监管功能。地方金融监管局作为我国P2P网贷的监管主体应当在P2P网贷平台运营中起到主要的监管作用,因此构建和完善地方金融监管局对于P2P网贷的监管制度至关重要。地方金融监管局的主要监管内容包括以下几点:客户资金管理监管、技术安全监管、信息披露监管、信息保护监管以及防止金融犯罪的监管。其一,客户资金管理监管。P2P网贷平台在运作过程中一般涉及大量资金,为了保障客户资金的安全,应当确立严格的客户资金管理制度。P2P网贷平台应当保证客户的资金与自有资金相分离。P2P网贷平台应当实行资金托管制度,与银行或者第三方支付机构合作,将客户的资金交给银行或者第三方支付机构进行管理。客户资金必须通过银行或第三方支付机构进行转移。地方金融监管局应当监督P2P网贷平台是否通过第三方进行资金托管。其二,技术安全监管。P2P网贷服务平台面向的公众相当广泛而且其涉及的借贷交易额也很巨大,因此一旦平台系统受到攻击并被破坏后,会产生严重的损害结果。所以P2P网贷平台应达到一定的信息安全等级才能进行运营。监管部门应当要求P2P网贷平台向当地的公安机关进行备案,获得《信息安全保护备案证明》之后才能投入运营。此外,一旦P2P网贷平台遭受"黑客"入侵,经营者应该及时保存证据并报警,以将损失减少到最小。在网贷平台运营过程中,有关监管部门应当保持对其安全技术措施的监督,一旦发现其系统存在漏洞,应要求网贷平台及时填补。其三,信息披露监管。监管机关应当要求P2P网贷平台及时、准确地披露信息。我国应当尽快建立信息披露制度,规定P2P平台必须定期披露财务报告和有关信息,保证平台运作透明,防止"暗箱操作"。此外,还可以建立平台信息评价制度,由有关部门对所有P2P网贷平台是否及时、真实地公布信息进行评价,并定时向公众公布评价结果,投资者在考虑是否通过某个P2P网贷平台进行投资时可以将该评价结果作为参考。其四,信息保护监管。P2P网贷平台收集和掌握了许多个人信息,一旦信息被泄露或者被心怀不轨的人利用,可能会给交易双方带来损失,因此地方金融监管局应当对P2P网贷平台是否是合法地收集和使用客户信息,是否有完善的保密制度进行监督。其五,防止金融犯罪的监管。P2P网贷平台很有可能为金融犯罪提供新的平台,例如,通过P2P网贷平台进行洗钱。为防范这一风险,地方金融监管局应当要求P2P网贷平台建立和完善能够对可疑交易进行识别和报告的反洗钱监测系统,对通过P2P网贷平台进行的借贷交易进行实时监测和分析。P2P网贷平台一旦发现可疑的资金流动,要及时向监管部门进行汇报。

在公众监管制度的构建与完善上,我国应当积极鼓励公众监督。由于P2P网贷面向的公众广泛,而这些相关公众在通过P2P网贷平台进行交易时也更容易发现其中存在的问题。客户在发现问题后向有关监管部门进行反应,这有利于对P2P网贷平台的合法性与合规性进行监督,促进P2P网贷行业的发展。因此国家可以加大对P2P网贷的相关知识的宣传,使客户对于网贷有更深入的了解,提高他们的监督意识,并且开通专门的举报通道,帮助他们更好地维护自身权益。

2. 借贷双方行为的监管

对于借贷双方的行为监督制度的完善除了规定通过P2P网贷平台进行交易的用户必须采用实名制注册之外,还应当着重构建和完善借贷双方的资格审查制度。想要获得高效的审查效率,建立完善的征信体系是十分必要的。美国、英国等国家正是由于其发达和成熟的征信体系,其P2P网贷才能较快、有序、蓬勃地发展。所谓征信,顾名思义,是指征信机构大量的收集信用等方面的信息,并且对这些信息、数据进行一定的加工和处理,之后根据不同客户的不同需求来为其提供征信相关的服务。我国现在还没有形成全面的个人征信机制,即个人信息的收集,P2P 网贷平台要想了解客户的信用情况、还款能力等必须自行调查,而这样做的成本非常之高。而在美国、英国等国家 P2P 网贷平台只需联系专业评估机构就可以详细了解到客户的信用情况,方便、快捷、成本低。目前,我国征信体系缺乏统筹,不同区域、行业都各有各的信息数据库,信息之间没有实现互通,造成信息数据的割裂,形成"数据孤岛"。因此,我国应当尽快对征信体系进行统筹安排,以政府为主导、鼓励市场参与,形成覆盖面广泛的征信系统。

此外,为了方便对借贷方行为的监管,我们还可以借鉴英国、美国等国对个人信用评级的方法和标准,来制定适合我国国情的 P2P 网贷信用评级标准。有关部门可以加快建立针对信用不良的人的"黑名单",并将这些黑名单提供给 P2P 网贷平台进行参考,这样可以有效地降低信贷风险。

第七,行业自律体系建设。应该建立监管与自律并行的监管模式。政府监管作为一种外部约束,与内部约束的行业自律相比,后者的监管效率更高,能够更快更有效地解决行业发展潜在的风险问题以保证市场健康持续发展。英国作为政府监管和行业自律双层模式监管的典型国家,在 P2P 监管上取得了很大的成效,因此加强行业自律体系的建设是有必要的。中国占据着全球网络借贷业领先地位,当然应该健全监管体系,加入行业自律体系,促进行业发展。

1. 强制入会

网络借贷业应该实行强制入会制度,要求网络借贷中介机构都应该进入行业协会,可以自由选择进入一个行业协会。实行强制入会有助于行业发展,首先,能够提升会员准入条件。行业协会有会员进入协会的资格条件,对于不满足入会条件的会员就不能进行经营,要想经营就必须改善自身条件，这样能杜绝一些劣质的会员进入行业，提升网络借贷业的整体形象。其次，能够统一推行行业标准，提升行业形象。行业协会一个主要职责就是制订行业标准，要求协会成员统一遵守。再次，强制入会能够避免不当寻租。强制入会让协会无法挑选协会会员，只要满足条件的会员都有权申请进入协会，防范协会利用会员入会意愿来提出不当要求，避免协会入会时的不当寻租现象。最后，约束会员自律。协会会员应该实现严格行业自律，对于不遵守协会的会员可以要求其退出协会，由于实行强制入会，对于未入会的会员就说明其是因违规而出会，这样的会员就被标上信用差的标志，经营会非常困难，以此来促进会员提升标准及合规经营，净化网络借贷业环境。

2. 二元立法模式

根据《十部委指导意见》第 19 条的规定，协会要按业务类型制定规则。不同协会类型会有不同业务特点及业务对象，网络借贷业在推行行业自律时应该允许在网络借贷业建立多个行业协会，可以按地区也可以按业务类型建立。行业协会的立法可以参照英国的二元立法模式，即共同原则和单个原则。对于共同原则每个协会必须遵守，同时各个协会可以制订些自己特有的原则。

关于共同原则必须涉及这些方面，一是合法经营原则，要有反洗钱和防范犯罪的原则规定；二是市场秩序方面的规定，会员必须要维护市场的公平竞争环境，不得采取歧视政策对待客户；三是交易环境方面的原则，要树立诚信经营原则，要求市场信息透明、准确、无重大遗漏；四是风险防范原则，包括合理的风险提示及客户资金第三方存管原则，网络和信息安全原则；五是合格投资者制度原则，要求对投资者合格性及适当性进行审查；六是消费者权益保护原则，需要从相关知识和风险教育、纠纷解决机制及惩戒制度等方面来确立原则。各个协会应该就这些共同的原则制定一个行业标准,使每个协会制定规则的最低限必须要包括这些原则,每个协会可以在此基础上增加些内容以提高这些共同原则的标准。这样能统一网络借贷业行业最低标准,统一网络借贷业的经营环境,保护投资者权益和防范行业风险。

3. 行业协会具体职责

其一,经营管理规则。作为行业协会的经营规则,应该由总则来规范,适用于所有网络借贷业的行业协会,行业协会经营管理规则应该包括五个方面,第一,公司治理方面的规定。协会会员公司治理方面包括会员准入条件、会员资本金要求、会员高级管理人员要求、行业风险管理人员要求、借款人的具体要求、放贷人的相关要求、自营相关限制。第二,市场透明性要求。包括会员信息公开方式、公开内容、向借款人信息公开的内容、向出借人信息公开内容、营销及广告资料内容要求等,要求做到真实、准确和无重大遗漏。第三,市场公平性要求。包括客户进入的标准制定及相关条件,不同客户间区别原因及不得非正当区分客户原则。第四,平台风险管理原则。包括平台遵守监管的要求、平台信贷风险管理、客户资金管理、反洗钱和欺诈管理、文档记录与保留管理、坏账管理、退出制度管理、信息系统管理等方面。第五,行业发展数据报告。包括报送相关的经营报告、行业相关数据统计标准及要求、行业投诉数据及相关的保密原则。经营规则应该要制定行业基本标准,各个协会都要遵守。其二,行业具体标准。针对上述经营规则的确定,对于五大类经营规则方面还需要制定详细的行业标准,不同的行业协议可以根据自身特点制定行业内的不同标准,但这些标准应该要高于经营规则中的一般标准。对于经营规则中的五大方面应该制定标准的是会员最低基本金标准、高管人员标准、借款人进入最低标准、出借人最低及最高放贷标准、客户资金管理标准、反洗钱及欺诈禁止、项目信息及广告资料的内容类型及公开方式要求、文档记录及保留管理、退出管理、投资者保护等方面，允许不同协会对于这些标准在最低基础上制定高于基本标准的协会标准，使各个协会在基础标准上有自己特色的标准及更高于基本标准的高标准行业管理，提高行业标准，提升行业形象。其三，机构间的合作。行业协会职责除了制定行业规则和标准外，还要服务于行业发展，行业发展需要进行理论研讨和实务交流，行业协会应该承担起行业发展的研讨工作，及时发布行业面临的问题及新型业务的理论基本，组织不同协会间及同一协会不同会员间的交流，包括理论研究，协会应该定期发布些课题进行研究，以提升行业发展理论基础；同时，协会应该组织会员间进行实务交流，对于有特色的先进业务应组织会员去调研并在会员中进行推广；协会还应对于行业中信息进行收集，建立行业中借款人相关信息库、放贷人相关信息库，以及会员信息库，供行业统一使用，降低行业经营整体成本。其四，行业自律惩戒机制。行业协会需要对于制定的标准进行维护，要求会员对于行业标准严格遵守，对于会员违反行业标准的行为进行制裁，以保障标准的公信力。行业协会中应该有专门的惩戒委员会，对会员违规行为进行裁判，包括会员自我抗辩程序及事实认定程序、具体惩戒和会员申诉程序。具体惩戒可以包括警告、暂停业务、暂停营业、开除等制裁方式，申诉程序包括协会内部申诉，以及向仲裁机构申请仲裁和到法院进行诉讼。内部申诉应该重新指定专家进行再次裁判，会员可以有一次内部申诉的机会。其五，投资者教育。投资者教育应该无处不在，既应该在网络借贷平台方面进行教育，也应该在监管部分进行教育，还应该在行业协会层面进行教育。行业协会投资者教育除了像监管部门一样进行相关投资知识教育外，还应该对于本协会中出现的典型问题及损害投资者利益的行为进行及时信息披露，详细描述损害投资者利益表现形式，行为形成原因分析，相关知识介绍等；另外，投资者教育还包括纠纷机制的引导,教育投资者对于权益受损时的维权途径及维权途径的具体程序,使投资者能掌握自己的权益内容,知道如何及时维护自身权益。第六,互联网征信体系。应该建立网络借贷业征信体系,具体建议如下:其一,国家征信体系与互联网业发展。当前我国整个征信体系还不健全,目前只在金融机构间建立了由中国人民银行主导建立的金融征信体系,人民银行征信系统还没有向社会开放,对于互联网借贷业来说只能靠各个中介机构自行收集信息,这样会加大互联网借贷业的融资成本,同时会增加网络借贷业的风险,因为借款人信用等级越低,其违约率更高,①我国有必要向英国学习,将中央银行征信系统向互联网金融业开放,建立起金融业的统一征信系统,实现金融业的征信资源共享,这不仅可以降低信息收集成本,也使信息更全面,有利于降低网络借贷业的不良债权发生率,防范道德风险。其二,互联网业征信系统。当前由于人民银行征信系统并没有向互联网借贷业开放,互联网金融业也没有统一的征信系统,每个平台自行收集和整理数据,这样会造成征信的重复收集,加大征信收集的成本,同时互联网金融业平台各自收集信息会造成信息的不完整,形成碎片化信息。因此,应该在互联网金融业内实行行业统一征信系统,以供互联网金融业共同使用,将来再接入人民银行征信系统,建立统一的金融业征信系统。当前,应该由互联网金融业中各个协会建设征信系统,由网络借贷业协会来承担统一建设互联网借贷业征信系统,再由监管部门统一各行业的征信系统,建立统一的互联网金融业征信系统。其三,失信行为惩戒机制。征信体系建设不仅包括信用收集,还应包括信用惩戒,对

---

① Mingfeng Lin, N. R. Prabhala, and S. Viswanathan, "Judging Borrowers by the Company They Keep: Friendship Networks and Information Asymmetry in Online Peer-to-Peer Lending", *Management Science* 59(1), 2013, pp. 17 – 35.

于失信行为首先应该在借贷业中进行限制，对于逾期不偿还债务的借款人不应该再进行借贷。其次，网络借贷平台应该设置一定的信用评分门槛。从国外多国平台设置的信用评级标准来看，网络借贷平台一般都会对借款人的信用评分有最低进入门槛，以排除不良信用的借款人进入借贷业，我国网络借贷平台应该借鉴国外的这一做法，在将来建立统一互联网金融业征信系统后对于不良信用应该进行门槛设置。最后，对于失信人员应该限制其消费，最高人民法院于 2010 年出台了《最高人民法院关于限制被执行人高消费及有关消费的若干规定》，并于 2015 年进行修改，对于失信人员消费给予了具体限制，网络借贷业也应该引入这一规定，对于信用评分低的欠款人及担保人直接进行有关消费限制，不需要申请法院诉讼和执行，当然，为防止信用评分的错误导致不真实结果，允许失信人员享有对于自己的信用评分申诉的权利，以便及时纠错。

参考文献

一、著作类

[1]罗振辉编著:《互联网金融之 P2P 法律实务》,法律出版社 2017 年版。

[2][美]扬尼斯·阿齐兹迪斯、曼努埃尔·斯塔格斯:《金融科技和信用的未来》,孟波、陈丽霞、刘寅龙译,机械工业出版社 2017 年版。

[3]武长海主编:《P2P 网络借贷法律规制研究》,中国政法大学出版社 2016 年版。

[4]朱加麟主编:《新经济,新金融:新经济影响金融环境变迁与创新思考》,中信出版集团股份有限公司 2016 年版。

[5]杨涛主编:《真实的 P2P 网贷:创新、风险与监管》,经济管理出版社 2016 年版。

[6]中国互联网金融协会编:《P2P 网络借贷平台相关法律汇编及案例》,中国金融出版社 2016 年版。

[7]零壹研究院编著:《中国 P2P 借贷服务业行业发展报告(2016)》,中国经济出版社 2016 年版。

[8]谢平、陈超、陈晓文:《中国 P2P 网络借贷:市场、机构与模式》,中国金融出版社 2015 年版。

[9]黄震、邓建鹏主编:《P2P 网贷风云:趋势、监管、案例》,中国经济出版社 2015 年版。

[10]苗文龙:《互联网金融:模式与风险》,经济科学出版社 2015 年版。

[11]谢平、陈超、陈晓文:《中国 P2P 网络借贷:市场、机构与模式》,中国金融出版社 2015 年版。

[12]陈兴良:《刑法哲学》(第 5 版),中国人民大学出版社 2015 年版。

[13]史建平主编:《中国中小微企业金融服务发展报告(2014)》,中国金融出版社 2014 年版。

[14]黄震、邓建鹏编著:《互联网金融法律与风险控制》,机械工业出版社 2014 年版。

[15]冯果、袁康:《社会变迁视野下的金融法理论与实践》,北京大学出版社 2013 年版。

[16]席月民主编:《法律与经济:中国市场经济法治建设的反思与创新》(2013 年第 1 卷),中国社会科学出版社 2013 年版。

[17]蒋爱群:《法制经济学:经济转型和法制改革》,中央编译出版社 2012 年版。

[18]陈志武:《金融的逻辑》,五洲传播出版社 2011 年版。

[19]王利明:《合同法研究》(第 2 卷),中国人民大学出版社 2011 年版。

[20]刘萍等:《最新放贷人法律:南非〈国家信贷法〉和〈国家信贷管理规定〉》,中国金融出版社 2009 年版。

[21]费孝通:《乡土中国》,上海世纪出版集团 2007 年版。

[22]张维迎:《信息、信任与法律》,生活·读书·新知三联书店 2006 年版。

[23]盛洪主编:《现代制度经济学》(下),北京大学出版社 2003 年版。

[24] Ioannis Akkizidis and Manuel Stagars, *Marketplace Lending*,

Financial Analysis, and the Future of Credit: Integration, Profitability and Risk Management, New Jersey, John Wiley & Sons, 2015.

[25] Grahame Allen, *The Private Finance Initiative (PFI)*, London, Economic Policy and Statistics Section, Hose of Commons Library, 2001.

[26] Gunnar Myrdal & Paul Sitohang, *Economic Theory and Under-Developed Regions*, London, Gerald Duckworth & Co. Ltd., 1957.

[27] J. P. Rahoen & R. H. Schmidt, *Developing Finance Institution Building*, Boulder, San Francisco and Oxford, Westview Press, 2001.

[28] Jan Pieter Krahnen & Reinhard H. Schmidt, *Development Finance As Institution Building: A New Approach to Poverty-oriented Banking*, Boulder, USA, Westview Press, 1994.

[29] John M. Houkes, *An Annotated Bibliography on the History of Usury and Interest from The Earliest Times through the Eighteenth Century*, New Youk, The Edwen Mellen Press, 2004.

[30] Michael Taylor, *Twin Peaks: A Regulatory Structure for the New Century*, London, Center for the Study of Financial Innovation, 1995.

[31] P. D. M. Winner, *Wert und Preis im Zivilrecht*, Vienna, Springer, 2008.

[32] Robert W. McGee, *Commentaries on the Law of Accounting and Finance: 1997 Yearbook*, South Orange, NJ, Dumont Institute for Public Policy Research, 1998.

二、论文类

中文期刊

[33]黄梦怡、谢新文、黄凤萍:《P2P网络借贷监管的国际经验及借鉴》,载《福建金融》2017年第7期。

[34]丁国峰:《P2P 网贷平台异化经营的法律规制》,载《上海财经大学学报》(哲学社会科学版)2017 年第 4 期。

[35]冯博、叶绮文、陈冬宇:《P2P 网络借贷研究进展及中国问题研究展望 》,载《管理科学学报》2017 年第 4 期。

[36]杜明鸣、刘司墨:《我国互联网金融信用风险控制及监管研究——以 P2P 网络借贷模式为例》,载《河北联合大学学报》(社会科学版)2017 年第 4 期。

[37]任燕燕、徐美娟、王越:《P2P 网络借贷市场利率主导权偏离程度的研究——基于双边随机前沿模型》,载《数理统计与管理》2017 年第 4 期。

[38]乔远:《刑法视域中的 P2P 融资担保行为》,载《政法论丛》2017 年第 1 期。

[39]沈庆劼、叶蜀君、吴超:《我国 P2P 借贷平台监管套利的路径、危害及治理措施》,载《河北经贸大学学报》2017 年第 1 期。

[40]曹晓路:《金融消费者利益保护与互联网金融监管的规制路径——基于比较法视域的考察探究》,载《时代法学》2017 年第 1 期。

[41]曹兴华:《英国 P2P 网贷〈运营准则(2015)〉及其借鉴》,载《金融法苑》2017 年第 1 期。

[42]周新生:《P2P 网贷平台消费者基本权利保护——基于服务协议的分析》,载《法学杂志》2016 年第 10 期。

[43]彭红枫、刘歆茹:《P2P 网络借贷研究述评》,载《武汉大学学报》(哲学社会科学版)2016 年第 4 期。

[44]曹雨舟:《中国互联网金融的现状、存在的问题和解决问题的办法》,载《经济研究导刊》2016 年第 33 期。

[45]宋怡欣、吴弘:《P2P 金融监管模式研究:以利率市场化为视角》,载《法律科学》(西北政法学院学报)2016 年第 6 期。

[46]周耿、范从来:《货币政策对 P2P 网贷市场利率的影响研究》,载《中央财经大学学报》2016 年第 6 期。

[47]黄泽宇:《互联网金融冲击带来的监管问题及对策》,载《时代金融》2016 年第 15 期。

[48]李永升、胡冬阳:《P2P 网络借贷的刑法规制问题研究——以去了近三年的裁判文书为研究样本》,载《政治与法律》2016 年第 5 期。

[49]纪海龙:《P2P 网络借贷法律规制的德国经验及其启示》,载《云南社会科学》2016 年第 5 期。

[50]刘建民、蒋雨荷:《P2P 网贷的风险控制:金融分析与模式构建》,载《西南政法大学学报》2016 年第 2 期。

[51]刘宪权:《操纵证券、期货市场罪“兜底条款”解释规则的建构与应用抢帽子交易刑法属性辨正》,载《中外法学》2013 年第 6 期。

[52]郑扬扬、汪炜:《国内外 P2P 平台角色差异及对我国监管的启示》,载《现代经济探讨》2016 年第 4 期。

[53]赖丽华:《P2P 网络借贷平台的复合民事法律地位》,载《法学论坛》2016 年第 3 期。

[54]郑仁荣:《英国借贷众筹平台的法律规制及对我国的启示》,载《行政与法》2016 年第 3 期。

[55]刘建民、蒋雨荷:《P2P 网贷的风险控制:金融分析与模式构建》,载《西南政法大学学报》2016 年第 2 期。

[56]王立:《论互联网融资平台的准入监管》,载《证券法律评论》2016 年第 2 期。

[57]中央财经大学《个体网络借贷(P2P)监管办法(学者建议稿)》专家组:《个体网络借贷(P2P)监管立法例及解读》,载《财经法学》2016 年第 1 期。

[58]侯中力:《P2P网络借贷平台风险管理问题研究》,载《哈尔滨理工大学学报》(哲学社会科学版)2016年第1期。

[59]江苏省高级人民法院民二庭课题组:《互联网金融纠纷民商事审判实务问题研究》,载《法律适用》2016年第1期。

[60]曹晓路:《金融消费者利益保护与P2P网络借贷监管博弈分析:兼评现行网络借贷监管办法》,载《金融监管研究》2016年第11期。

[61]黄砚丽:《P2P网络借贷平台的法律问题研究》,载《法律适用》2015年第11期。

[62]杨东:《P2P网络借贷平台的异化及其规制》,载《社会科学》2015年第8期。

[63]何佳琪、田静:《我国P2P网络借贷异化模式及法律监管探析》,载《浙江金融》2015年第5期。

[64]易燕、徐会志:《网络借贷法律监管比较研究》,载《河北法学》2015年第3期。

[65]张永亮、张蕴萍:《P2P网贷平台法律监管困局及破解:基于美国经验》,载《广东财经大学学报》2015年第5期。

[66]雷华顺:《众筹融资之信息失灵与制度克服》,载《金融与经济》2015年第5期。

[67]黄薇:《P2P网贷平台营运模式及其非法集资风险探讨》,载《重庆科技学院学报》(社会科学版)2015年第8期。

[68]伍坚:《我国P2P网贷平台监管的制度构建》,载《法学》2015年第4期。

[69]刘然:《我国P2P网络借贷平台的法律性质》,载《法学杂志》2015年第4期。

[70]王林清:《民间借贷利率的法律规制:比较与借鉴》,载《比较

法研究》2015 年第 4 期。

[71]刘绘、沈庆劼:《P2P 网络借贷监管的国际经验及对我国的借鉴》,载《河北经贸大学学报》2015 年第 2 期。

[72]祝瑜敏:《我国 P2P 网贷新型模式的法律风险及防范》,载《法制与社会》2015 年第 13 期。

[73]刘宪权、金华捷:《P2P 网络集资行为刑法规制评析》,载《华东政法大学学报》2014 年第 5 期。

[74]贾晓楠:《浅析我国 P2P 网络借贷的模式风险及风险防范》,载《北京金融评论》2015 年第 1 期。

[75]万志尧:《P2P 借贷的行政监管需求与刑法审视》,载《东方法学》2015 年第 2 期。

[76]黄震、邓建鹏、熊明、任一奇、乔宇涵:《英美 P2P 监管体系比较与我国 P2P 监管思路研究》,载《金融监管研究》2014 年第 10 期。

[77]曹小艳:《美英 P2P 网络借贷监管经验及其对我国的启示》,载《武汉金融》2014 年第 9 期。

[78]张雪楳:《P2P 网络借贷相关方法律问题研究》,载《法律适用》2014 年第 8 期。

[79]柴珂楠、蔡荣成:《美国 P2P 网络借贷监管模式的发展状况及对中国的启示》,载《西南金融》2014 年第 7 期。

[80]廖理、李梦然、王正位:《聪明的投资者:非完全市场化利率与风险识别——来自 P2P 网络借贷的证据》,载《经济研究》2014 年第 7 期。

[81]魏鹏:《中国互联网金融的风险与监管研究》,载《金融论坛》2014 年第 7 期。

[82]赵渊:《直接融资视角下的 P2P 网络借贷法律问题研究》,载《交大法学》2014 年第 4 期。

[83]王曙光、孔新雅、徐余江:《互联网金融的网络信任:形成机制、评估与改进——以P2P网络借贷为例》,载《金融监管研究》2014年第5期。

[84]温信祥、叶晓璐:《法国互联网金融及启示》,载《中国金融》2014年第4期。

[85]葛庆稳:《对当前我国P2P网络借贷平台发展的思考》,载《时代金融》2014年第5期。

[86]高圣平、申晨:《论民间借贷利率上限的确定》,载《上海财经大学学报》2014年第2期。

[87]钟辉、梅亚琪:《东方创投案:P2P非法集资样本》,载《中国中小企业》2014年第9期。

[88]王朋月、李钧:《美国P2P借贷平台发展:历史、现状与展望》,载《金融监管研究》2013年第7期。

[89]姚海放、彭越、肖建国、刘东、左坚卫:《网络平台借贷的法律规制研究》,载《法学家》2013年第5期。

[90]冯果、蒋莎莎:《论我国P2P网络贷款平台的异化及其监管》,载《法商研究》2013年第5期。

[91]封延会、贾晓燕:《"人人贷"的法律监管分析—兼谈中国的影子银行问题》,载《华东经济管理》2012年第9期。

[92]强力:《我国民间融资利率规制的法律问题》,载《中国政法大学学报》2012年第5期。

[93]龚振军:《民间高利贷入罪的合理性及路径探讨》,载《政治与法律》2012年第5期。

[94]邱兴隆:《民间高利贷的泛刑法分析》,载《现代法学》2012年第1期。

[95]陈蓉、张海艳:《完善我国放贷人法律规制的路径选择》,载

《上海金融》2011 年第 11 期。

[96]李健男:《金融消费者法律界定新论——以中国金融消费者特别保护机制的构建为视角》,载《浙江社会科学》2011 年第 6 期。

[97]岳彩申:《民间借贷规制的重点及立法建议》,载《中国法学》2011 年第 5 期。

[98]叶茜茜:《影响民间金融利率波动因素分析——以温州为例》,载《经济学家》2011 年第 5 期。

[99]谢望原、张开骏:《非法吸收公众存款罪疑难问题研究》,载《法学评论》2011 年第 6 期。

[100]刘萍、孙天琦、张韶华:《有关美国非吸收存款类放贷人(NDTL)的考察报告》,载《西部金融》2008 年第 9 期。

外文资料

[101]A. Akintoye, Li Bing, P. J. Edwards & C. Hardcastle, "The Allocation of Risk in PPPIPFI Construction Projects in the UK", *International Journal of Project Management* 23, 2004.

[102]Anders Isaksson, "The importance of informal finance in Kenyan Manufacturing", *Statistics and Information Networks* (*SIN*, *Branch of UNIDO*) *Working Paper Series* 2002(5), 2002.

[103]Andrew Verstein, "The Misregulation of Person-to-Person Lending", *University of California Davis Law Review* 45(2), December 2011.

[104]Arthur Lewis, *Modern Business Law Principles and Practice* (2th edition, Tudor Business Publishing), Liverpool, Liverpool Academic Press, 1997.

[105]BaFin, "Auslegungsschreiben zum Crowdlending", *Bundesanstalt*

für Finanzdienstleistungsaufsicht ,09. Oktober 2015.

[106]Ba Fin,"Merkblatt-Hinweise zum Tatbestand des Einlagengeschäfts (Stand:März 2014)",*Bundesanstalt für Finanzdienstleistungsaufsicht*,Aug. 4, 2014.

[107]Brian M. McCall, " Unprofitable Lending: Modern Credit Regulation and the Lost Theory of Usury", *Cardozo Law Review* 2008 (2),2008.

[108]Coco Krumme,Andrew Lippman and Dawei Shen,*Follow the profit or the herd? Exploring social effects in peer-to-peer lending* (paper represented at Social Computing / IEEE International Conference on Privacy,Security,Risk and Trust,Minneapolis,Minnesota,USA,2010).

[109]Donato Masciandaro, " Why Shylock Can Be Efficient? A Theory of Usury Contracts",*Kredit and Kapital* 3,Jan. 2002.

[110]Douglas W. Diamond,"Reputation Acquisition in Debt Markets", *Journal of Political Economy* 97(4),1989.

[111]Eric C. Chaffee,Geoffrey C. Rapp,"Regulating Online Peer-to-Peer Lending in the Aftermath of Dodd-Frank: In Search of an Evolving Regulatory Regime for an Evolving Industry", *Washington and Lee Law Review* 69(2),2012,Rev. 485.

[112]Ernest Aryeetey et al., " Informal Financial Markets and Financial Intermediation in Four African Countries" in World Bank,*Africa Region Findings & Good Practice Infobriefs* No. 79,January 1997.

[113]G. Jeffrey MacDonald,"Web Sparks Person-to-Person Lending Around the World",*CHRISTIAN SCI. MONITOR*,Dec. 24,2007.

[114]Germidis Dimitri, " lnterlinking the formal and Informal Financial Sectors in Developing Countries", *Savings and Development* 14

(1),1990.

[115]Paul Aprofile Grout, "The Economics of the Private Finance Initiative", *The Economics of Public Private Partnerships*,2005.

[116]Gregorio Impavido, "Credit Rationing, Group Lending and Optimal Group Size", *Annals of Public and Cooperative Economics* 69 (2),1998.

[117]Harry Markowitz, "Portfolio Selection", *Journal of Finance* 7 (1),2012.

[118]Helmut Bester, "The role of collateral in credit markets with imperfect information", *European Economic Review* 31(4),1987.

[119]Ivan Light and Michelle Pham, "Beyond Creditworthy; Microcredit and Informal Credit in the United", *Journal of Developmental Entrepreneurship* 1998(3), Summer 1998.

[120]J. Howard and M. Jones, "Informal Finance and Rural Finance Policy in India: Historical and Contemporary Perspectives", *Contemporary South Asia* 16,2008.

[121]Jack R. Magee, "The Dodd-Frank Wall Street Reform and Consumer Protection Act: Peer-to-Peer Lending in the United States: Surviving After Dodd-Frank", *North Carolina Banking Institute*, March, 2011.

[122]Jane J. Kim, "Peer-to-Peer Lender Relaunched", *The Wall Street Journal*, Apr. 28,2009, at D5.

[123]Jeremy Bentham, *Defense of Usury* . Toronto, Books LLC, 2010.

[124]Joseph E. Stiglitz and A. Weiss, "Credit Rationing in Markets with Imperfect Information", *American Economic Review* 71(3),1981.

[125] Julian Veith, "Crowdlending-Anforderungen an die rechtskonforme Umsetzung der darlehensweisen Schwarmfinanzierung", *Bank-und Kapitalmarktrecht* 5, 2016.

[126] Karen E. Francis, "Rollover, Rollover: A Behavioral Law and Economics Analysis of the Payday-Loan Industry", *Texas Law Review* 88 (3), 2010.

[127] Katherine AnnKrumme and S. Herrero, *Lending Behavior and Community Structure in an Online Peer-to-Peer Economic Network* (paper represented at 12th IEEE International Conference on Computational Science and Engineering, Vancouver, BC, Canada, August 29 – 31, 2009).

[128] Kellee S. Tsai, "Imperfect Substitutes: The Local Political Economy of InformalFinance and Microfinance in Rural China and India", *World Development* 32(9), 2004.

[129] Li Bing, A. Akintoye et al., "The Allocation of Risk in PPP/PFI Construction Projects in the UK", *International Journal of Project Management* 23(1), 2005.

[130] M. Herzenstein, R. L. Andrews, U. M. Dholakia, et al., *The democratization of personal consumer loans? Determinants of success in online peer-to-peer lending communities*, Boston, Boston University School of Management Research Paper, June 2008.

[131] Mark Schreiner, "Informal Finance and the Design of Microfinance", *Development in Pracice* 11(5), November 2001.

[132] Matthias Raddant, "Structure in the Italian overnight loan market", *Journal of International Money and Finance* 41(3), 2014.

[133] Michael Klafft, *Peer to Peer lending: Auctioning Mircocredits over the Internet* (paper represented at Proceedings of the International

Conference on Information Systems, Technology and Management, A. Agarwal, R. Khurana, eds., IMT, Dubai, 2008).

[134] Michael Taylor and Alex Fleming, "Integrated Financial Supervision Lessons of Scandinavian Experience", *IBRD Working Paper*, September 1999.

[135] Michal Herzenstein, R. L. Andrews et al., "The Democratization of Personal Consumer Loans? Determinants of Success in Online Peer-to-Peer Loan Auctions", *Bulletin of the University of Delaware* 15(3), 2008.

[136] Michal Herzenstein, U. M. Dholakia, and R. L. Andrews, "Strategic Herding Behavior in Peer-to-Peer Loan Auctions", *Journal of Interactive Marketing* 25(1), 2011.

[137] MingfengLin, N. R. Prabhala, and S. Viswanathan, "Judging Borrowers by the Company They Keep: Friendship Networks and Information Asymmetry in Online Peer-to-Peer Lending", *Management Science* 59(1), 2013.

[138] Pamela Yip, "Person-to-Person Lending Is Networking Its Way Up", *Dallas Morning News*, Dec. 10, 2007, at 1D.

[139] Paul Aprofile Grout, "The Economics of the Private Finance Initiative", *The Economics of Public Private Partnerships*, 2005.

[140] Raffaella Barone, Roy Cerqueti, and Anna Grazia Quaranta, "Illegal Finance and Usurers Behavior", *European Journal of Law and Economics* 34(2), 2012.

[141] Paul Slattery, "Square Pegs in a Round Hole: SEC Regulation of Online Peer-to-Peer Lending and the CFPB Alternative", *Yale Journal on Regulation* 30, 2013.

[142] Peter Tufano, "Financial innovation and First-Mover advantages",

Journal of Financial Economics 25(2),Dec. 1989.

[143]Raddant Matthias, "Structure in the Italian overnight loan market",*Journal of International Money and Finance* 41(3),2014.

[144]RobertSchmidt & Jesse Westbrook,"An Online Lender Takes on the SEC",*Bloomberg Businessweek*,June 14,2010 at 25.

[145]RonLieber,"The Gamble of Lending Peer to Peer",*The New York Times*,Feb. 5,2011,at B1.

[146]Seth M. Freedman,Ginger Zhe Jin,"The Information Value of Online Social Networks: Lessons from peer-to-peer Lending",*International Journal of Industrial Organization* 51,2017.

[147]Seth M. Freedman,Ginger Zhe Jin,"The Signaling Value of Online Social Networks: Lessons from Peer-to-Peer Lending",*National Bureau of Economic Research* w19820,January 2014.

[148]Silla Brush, "Online Lender Lobbies Congress for Industry Consumer Regulator",*The Hill* 17(65),2010.

[149]Simla Ceyhan,X. Shi and J. Leskovec,*Dynamics of bid-ding in a P2P lending service: Effects of herding and pre-dicting loan success* (paper represented at Proceedings of the 20th International Conference on World Wide Web,WWW 2011,Hyderabad,India,March 28 – April 1, 2011 ACM,2011).

[150]Steven C. Bradford,"Crowdfunding and the Federal Securities Laws",*Social Science Electronic Publishing* 21(6),2012.

[151]Steven Toms, Matthias Beck and Darinka Asenova, "Accounting, Regulation and Profitability: The case of PFI hospital refinancing",*Critical Perspectives on Accounting* 22(7),2011.

[152]Sugato Chakravarty,J. S. Scott,"Relationships and Rationing

in Consumer Loans" ,*The Journal of Business* 72(4) ,1999.

[153] Sunstein Richard H. Thaler, "Libertarian Paternalism Is Not an Oxymoron" ,*The University of Chicago Law Review* 70(4) , 2003.

[154] Susan Johnson, A. Ashta, D. Assadi, "Online or Offline? : The Rise of 'Peer-to-Peer' Lending in Microfinance", *Journal of Electronic Commercein Organizations* 8(3) ,2010.

[155] The Group of Thirty (G30), "The Structure of Financial Supervision: Approaches and Challenges in a Global Marketplace", *G30 Report* 2008 ,2008.

[156] TimothyBesley, S. Coate, and G. Loury, "Rotating Savings and Credit Associations, Credit Market and Efficiency", *Review of Economic Studies* 61(4) ,1994.

[157] Treasury Dept (U. S.), "The Department of the Treasury Blueprint for a Modernized Financial Regulatory Structure", *Government Printing Office* 2008 ,March 2008.

[158] U. S. Gov't Accountability Office, "Person-to-Person Lending, New Regulatory Challenges Could Emerge as the Industry Grows", *Government Accountability Office Reports*, 2011.

[159] W. Arthur Lewis, "Economic Development with Unlimited Supplies of Labour", *The Manchester school of economic and social studies* 22(2) ,1954.

后　记

网络借贷主要服务于正规金融服务不到的弱势融资主体,属于普惠金融范畴,国家与社会发展需要这一新兴行业的支持。同时,网络借贷也是科技与金融相结合的产物,虽然其发源于英国,但在中国同样得到了快速发展,发展规模及科技水平方面都处于世界前沿之列。作为研究互联网金融的学者之一,我深感自豪。

我从2010年开始就一直关注民间借贷这个问题,由此就关注到了网络借贷问题。网络借贷在中国是从2012年后快速发展起来的,它属于民间借贷范畴,但又涉及互联网,属于互联网金融的典型代表,网络借贷经过了快速野蛮发展时期,也经历了增加监管后的严冬时期,当前正处于整顿和重新规范时期。不到10年的发展时期,对其的理论研究也是经历了只有网络借贷发展数据到理论研究、立法跟不上新兴行业发展速度的过程。庆幸的是随着本书的完成,学界理论研究成果日益丰富,立法也在不断完善,已能为实践提供服务。

网络借贷研究的主要内容是互联网金融发展研究、放贷人的主体制度研究、作为中介机构的网络借贷平台主体制度研究、作为借贷中重要内容的利率制度研究,以及作为互联网金融行业需要加强的金融监管研究,本书也以此为写作框架。通过对国内外理论研究及制度规范进行比较研究,分析我国网络借贷法律制度方面还存在的问题,提出我国当前制度完善的理论路径,通过微不足道的研究为这一新兴行业的发展提供建议。网络借贷业无论是理论、制度还是实践都发展得很快,因此,本书出版并不能全部涵盖最新的理论、制度和实践做法,只能等待在以后的研究中持续更新。

写作本书的过程中,我深深发现自己研究水平的浅薄,研究能力的有限,庆幸的是得到了多方的支持才能得以完成。首先,我要感谢各位学者,在写作过程中我参考了大量学者的研究成果,成为完成本书的动力源泉和理论基奠。其次,我要感谢身边的老师和朋友们,本书写作过程中,受到了老师及朋友们的关心与支持,提供了许多建设性的建议,为本书写作框架奠定了基础。再次,我要感谢法律出版社,各位编审人员的精心修改及校对才使本书能够面世。最后,我要感谢我的家人们,在写作最艰难的时候是他们陪伴在我身边,安抚我焦虑的心情,包容我暴躁的言行,鼓励我向前行进。

终于,本书即将付梓出版,可能逻辑思维不够严密,数据不够合理,论证不够充分,言语不够优美,还存在很多问题,只能敬请读者给予包容,期待将来继续完善。

图书在版编目(CIP)数据

网络借贷法律规制研究 / 秦康美著. -- 北京 : 法律出版社, 2019
ISBN 978 - 7 - 5118 - 6954 - 8

Ⅰ. ①网… Ⅱ. ①秦… Ⅲ. ①互联网络－应用－借贷－法律－研究－中国 Ⅳ. ①D923.64

中国版本图书馆 CIP 数据核字(2019)第 300875 号

网络借贷法律规制研究
WANGLUO JIEDAI FALÜ
GUIZHI YANJIU

秦康美 著

策划编辑 邢艳萍
责任编辑 邢艳萍
装帧设计 汪奇峰

出版 法律出版社
总发行 中国法律图书有限公司
经销 新华书店
印刷 北京建宏印刷有限公司
责任校对 杨锦华
责任印制 吕亚莉

编辑统筹 法律应用出版分社
开本 A5
印张 12.25
字数 320 千
版本 2019 年 12 月第 1 版
印次 2019 年 12 月第 1 次印刷

法律出版社/北京市丰台区莲花池西里 7 号(100073)
网址/www.lawpress.com.cn
投稿邮箱/info@lawpress.com.cn
举报维权邮箱/jbwq@lawpress.com.cn

销售热线/400 - 660 - 8393
咨询电话/010 - 63939796

中国法律图书有限公司/北京市丰台区莲花池西里 7 号(100073)
全国各地中法图分、子公司销售电话:
统一销售客服/400 - 660 - 8393/6393
第一法律书店/010 - 83938432/8433
重庆分公司/023 - 67453036
深圳分公司/0755 - 83072995

西安分公司/029 - 85330678
上海分公司/021 - 62071639/1636

书号:ISBN 978 - 7 - 5118 - 6954 - 8

定价:49.00 元

(如有缺页或倒装,中国法律图书有限公司负责退换)